商社就是大网

白益民◎编著

“互联互通”与“产业整合”启示录

永续控制产业链核心的秘密

日本经济=∑综合商社

美国通用电气的商社本质

重塑东方经济学体系

建立中国人自己的综合商社

中国经济出版社
CHINA ECONOMIC PUBLISHING HOUSE
·北　京·

图书在版编目（CIP）数据

商社就是天网——“互联互通”与“产业整合”启示录 / 白益民编著．
—北京：中国经济出版社，2018.10
ISBN 978 - 7 - 5136 - 5334 - 3

Ⅰ.①商… Ⅱ.①白… Ⅲ.①企业管理—商业模式—研究 Ⅳ.①F272

中国版本图书馆 CIP 数据核字（2018）第 199082 号

责任编辑　李煜萍　吕国新
责任印制　巢新强

出版发行　中国经济出版社
印 刷 者　北京科信印刷有限公司
经 销 者　各地新华书店
开　　本　787mm×1092mm　1/16
印　　张　22.75
字　　数　364 千字
版　　次　2018 年 10 月第 1 版
印　　次　2018 年 10 月第 1 次
定　　价　68.00 元
广告经营许可证　京西工商广字第 8179 号

中国经济出版社 **网址** www.economyph.com **社址** 北京市西城区百万庄北街 3 号 **邮编** 100037

本版图书如存在印装质量问题，请与本社发行中心联系调换（联系电话：010 - 68330607）

中国不是美国，中国的政治制度跟美国完全不一样，同时文化、理念也都是不一样的。我们有货币发行权吗？我们占据了全球的资源吗？没有！所以我们不能玩儿美国那一套，玩不动。如果按照美国的游戏规则去做肯定只能亏损，我们应该采取东方文化的围棋思维去运作，而不是欧美国际象棋的搏杀方式去竞争。

以日本、韩国的综合商社为代表的东方财团模式，围绕“全套完整产业链”构造组织结构，主办银行、综合商社和制造企业“三位一体”，集研发、技术、情报、争夺原料、抵御外资、海外市场扩张等功能于一身。学习日韩，建立中国人自己的综合商社以及财团体制正是中国之所需。

跨国公司经营的产品比较单一、专业性较强，而与其不同的是，综合商社实行的是跨行业的综合性经营。它的每一产业都是专业化经营，整体输出，产业互补，因此具有综合竞争能力强，抗御风险能力强，能扬长抑短、避重就轻的特点，把触角尽可能地伸向全球经济生活中人们想得到甚至想不到的角落。

综合商社源自中国的商业文明，并不是日本特殊的东西。传统的晋商就是先做贸易，有了贸易公司，而贸易公司就相当于现在的综合商社，只不过后者进行了改造；然后开始做钱庄，钱庄和贸易公司合起来；再跟产业进行结合，并对产业形成宏观的控制，最终培育起一套完整的体系。这其实就是我们中国传统的商业智慧。

看点提要

——为什么我们说综合商社不只是一种单纯的企业组织模式，而更重要的是一种文化、理念和制度？

——究竟是什么样的力量，能够让中国能源巨头神华集团选择采用与日本三井物产合资的方式去竞标蒙古国的矿产资源？

——作为缺少资源的国家，日本为什么愿意主动接受巴西铁矿石的涨价协议？这背后到底隐藏着怎样的秘密？

——日本综合商社的情报系统甚至被认为在中央情报局之上，它们是如何做到让信息与情报快速汇集和流动的呢？

——在日本，物流领域真正的“大家伙”并非是宅急便那样的物流企业，而是一群从不轻易崭露头角的“影子公司”？

——日本政商之间的关系一直处于相互依存、相互支持的状态，三井在历史上还被称为“政商三井”，那么这种政商关系是如何形成的呢？

——韩国学者曾经指出“财团就是韩国经济之全部”，为什么要说没有综合商社就没有韩国经济的腾飞？

——如何扭转加工贸易模式，重构中国国内价值链？实体经济转型的过程中是否应该建立起中国人自己的综合商社？

商社就是天网

梦系中国人自己的综合商社
倡导中国新经济的财团机制
促进国民企业的振兴与发展
捍卫国家经济的主权与安全

近年来，“商社无用论”使得中国企业对日本综合商社和财团模式避之不及，因为它们只看到综合商社和日本财团模式在“社会发达阶段”存在的问题，而忽视了综合商社在“社会发展阶段”的重要作用和贡献。

受部分舆论的严重影响，中国企业家们现在更迷信美国人编纂的《财富》世界500强排名，同时我们的一些企业家和经济领袖们也过于相信美国开出的“经济药方”，而不结合企业自身发展阶段和情况，“见药就吃”无异于饮鸩止渴。

事实上，日本综合商社也在不断进行战略调整和强化新的机能。“商社无用论”本身是日本制造企业走向成熟的标志，但它却成为妨碍中国人探究日本崛起奥秘的烟幕。真正意义上的综合商社不仅是产业、商业和金融之间的纽带，更应该是民间与政府对接的桥梁。

对于目前仍处于青春发育期、成长型的中国企业，我们应更多地研究20世纪60年代日本和20世纪70年代韩国的企业集团发展经历，特别是综合商社的学问。我们不能将综合商社的建立看成是一个简单的企业行为，从本质上而言，东方文化才是综合商社生存和发展的根本。

西方的经济、商业并不是最先进、最发达的，我们传统的中国商业文明同样也非常的发达，中国的晋商、徽商其实很早就形成了商社体系。如果想要扭转目前我们的经济颓势，就必须重新构建起东方经济学体系，进行东方经济学人才的培养。

自　序

PREFACE

我曾经在日本最大的综合商社三井物产工作过十多年的时间，也一直想结合自己的亲身体验，把综合商社最本质的特征概括出来。

在外人看来，三井物产这样的日本综合商社只不过是一个主营国际贸易的公司。即使是长期在这里工作的中国职员，每天也都忙于处理手边的一项项业务，很少仔细地审视它的内在精神。

事实上，综合商社在金融和投资领域的巨大威力并没有引起中国企业界的注意，而其背后的经营哲学和社会理念也没有被学术界充分挖掘出来。综合商社既不能简单定义为一种单纯的商业资本，也不是一种完全的产业资本，日本的综合商社大都拥有 150 年以上的历史，它们蕴藏着独特的东方文化内涵。

我曾经有幸在三井物产东京总部不曾被外国人接触的核心营业部门研修和工作过，主要课题是粮食期货市场、日本粮食贸易和管理及其综合商社在东亚（日本、韩国、中国台湾地区）的粮食贸易运行机制。实际上，这套运营机制也同样适用于石油、矿砂、钢铁、有色金属、化工等一系列大宗原料商品的贸易及其管理。

我们知道日本并不产出玉米，甚至需要每年进口 1600 万吨玉米用于饲料行业。但其综合商社居然在承担从美国、巴西、中国向日本国内提供玉米的同时，参与了大量的对韩国和东南亚国家等第三国的玉米供应工作。在日本国内一套完整而复杂的政府政策和制度下，综合商社扮演着粮食稳定供应和存储的组织者和管理者的角色，俨然行使着经济管理的职能。

因此，我将综合商社定义为：一个按照特有的市场经济模式行事的、跨国经营的、由政府政策扶持的、贸易与投资一体化的、经济管理型的社会企业。日本人称它为民间企业，可是在这里工作的中国职员却感觉它更像是日本的国营企业。在我看来，甚至可以将综合商社定义为规范而有序地进行市场经济微观运营和管理的次级政府。

现在的日本综合商社随着环境的变化不断进行事业整合和战略调整，寻找集权与分权的新的平衡形式。近年来特别加强了对全球战略资源的控制力，并不断加强对物流领域的渗透。同时，其贸易风险管理和投资功能也进一步加强。随着许多日本大型制造业企业的壮大，以及它们在海外事业的成熟，商社对它们的服务功能逐渐弱化。

值得注意的一点是，今天的综合商社更加注重在世界范围内寻求成长型企业，以少量投资参股（10%左右）的方式与某些制造企业建立商业上的伙伴关系，以便通过稳定的代理关系，在国际贸易和商品物流营运上，从资金、信息、组织和人才等方面发挥作用。

综合商社在财团中占据着核心位置，它通过与财团中金融机构的紧密联系，获得大量的资本支持，并以融通资金和构筑企业之间的信用平台为开端，增加生产企业在生产过程和流通过程中对其的依赖程度，因而综合商社也被称为“财团的综合商社”。日本和韩国的各大综合商社正带领它们的财团企业在全球范围内积极推进市场战略，一张张大网正在打开。

日本的综合商社是一种十分奇特的企业组织形式，虽然韩国、巴西、墨西哥、菲律宾等国都曾企图效仿日本，搞自己的综合商社，甚至连美国国会也于1979年8月和1980年2月分别提出《关于促进建立出口商社的法案》和《反垄断法不适用于出口商社的法案》，但除韩国以外，几乎没有成功的案例。由此可见，综合商社不只是一种单纯的企业组织模式，更是一种文化、理念和制度。

产商融结合的综合商社模式实际上是符合中国现阶段发展的，日本和韩国在后进追赶先进的过程中进行产业升级，最后甚至进入高端的产业链，在短时间内就是依靠的产商融结合。我们为什么不能这样做呢？其实中国本身就拥有着能形成综合商社的东方文化基因，晋商、徽商很早就懂得这种模式。

说到底，综合商社模式不是日本的，是中国的，是中国传统的商业文明智慧，所以不存在说我们学习日本。中国必须沉下心来打造自己的产业技术、贸易网络和金融力量，构建中国人自己的综合商社，才能真正赢得和保持经济独立，才能将“商权”和“股权”运营自如，才能在世界上获得更多的商权并规避各国民族主义情绪，成为一个能够输出资本的真正的经济大国。

在前一部“财团商道系列文集”《能源就是命脉》一书中，我对日本财团领导下的综合商社是如何通过政商联手、官民并举获取资源并最终掌握商权的手段进行了深度剖析，希望能够为中国的海外拓展和能源安全提供积极的借鉴经验。而在本书中，我将从不同的角度通过具体案例解读综合商社在物流掌控、情报网络以及产业链布局等领域的强大实力，全方位展示综合商社“产业整合者”的形象。

值得一提的是，我对日本财团商社的研究，得到了国资委研究中心原主任楚序平的高度重视及肯定，并且受国资委研究中心支东升处长的邀请，参与了“央企境外风险管理”等方面的专题研讨。2015 年，在支东升处长的主持下，“一带一路国别风险和安保体系”课题研究组成立，我应邀成为课题组专家顾问，同诸多央企的领导进行了面对面的深入交流。

自 2008 年畅销书《三井帝国在行动》出版后，近十年来本人接受了上百家媒体的采访，发表文章三百余篇，涉及经济、商业、产业、能源等诸多领域，本次“财团商道系列文集”对这些散落在各处的文章进行了搜集分类。

在我的指导下，我的优秀学生兼助手杨履明、乔梓效进行了系统整理编辑，分别围绕财团体制、产业强国、能源暗战、商社模式四个主题，形成逻辑体系后，重新以四部文集的形式呈现出来，以飨读者，希望能为国家的全面深化改革、经济产业的健康发展、海外的扩展与繁荣提供有益的借鉴和参考。

《商社就是天网》收录了本人多年来发表的文章，我的媒体朋友梁志坚、杨达卿在初期资料收集、整理和文章写作等方面都作出了重大贡献。这本书中还收录了许多媒体，如《第一财经日报》《现代物流报》《环球财经》《时代周报》等对我的采访或撰写的与我相关的新闻稿，均为本文集的成书贡献了力量。

在此感谢中国华信集团董事局主席叶简明先生对我的大力支持。自2011年始，我作为中国华信集团首席战略顾问，有幸参与到中国华信的发展当中，并将学识和智慧奉献给这家肩负国家能源保障使命的集体所有制民营企业。

值得庆贺的是，2017年，中国华信集团以437亿美元的营业收入连续四年入围《财富》世界五百强榜单，位列第222位。并且，中国华信集团正以财团商社的模式践行“一带一路”和“能源安全”的国家战略。我的研究成果能为中国华信集团的发展贡献力量让我深感荣幸和自豪。

2018年1月15日

前　言

PREFACE

重拾“东方力量”，关于发展模式的反思

美国鼓吹世界是平的，实际上世界应该有山峰，中国借助山势才能攻守。中国应该形成自己的山，就是财团，来保护自己。美国希望世界是平的，好带领游资大军四处打猎，但这样的“蒙古大军”打到山区，是玩不转的。中国需要做自己的模式，来抵抗游牧大军。必须这样，才能把实体经济做起来。**如何扭转加工贸易模式、重构中国国内价值链，成为中国实体经济转型的重要课题。同处东亚的日本，由于地缘、文化等因素相近，其模式一度引起国人兴趣。然而，随着松下、索尼、夏普曝出创纪录巨亏，一时间日本电子企业乃至日本的企业模式受到广泛质疑。不过，个人认为质疑者只看到日本企业的“面子”，却没有真正参透其“里子”。**事实上，现在的中国企业被过度美国化，而当前国内实体经济困难的一大原因就是这种企业模式存在缺陷，而学习财团模式是强盛实体经济的一个可选项。

GDP 超日本是表面现象

索尼是个美国化的企业，而且是二战后发展起来的企业，松下也是二战后起来的，在日本不是真正有代表性的企业。真正有代表性的都是二战前的百年企业，例如财团、装备制造企业，所以不能把索尼等日本企业的亏损，放大看成日本企业经营模式的失败。

日本家电企业类似组装企业，这种 OEM 企业已被日本过渡给韩国、

中国大陆和台湾了。联想、长虹基本用的是全套日本东西；富士康生产苹果电脑，大规模的生产线都是日本的，只不过是台湾人管理，在中国大陆开血汗工厂——真正赚钱的是提供零部件的日本企业，这些企业围绕财团运作。

索尼是亏损，但把与之配套的中小型零部件企业带活了，而且技术也掌握了——所以大家看到的面子和里子实际上是不一样的，不应该以表面现象否定日本企业真正具备的产业核心竞争力。再者，索尼也不仅仅是做电子的企业，它现在是财团了，索尼财团还在赚钱，例如其购买的哥伦比亚电影公司、娱乐电影文化产业以及金融领域，都在赚钱。有人喜欢把索尼和苹果公司比较，说苹果市值高。其实市值是面子。请问，苹果的核心技术、专利有多少？就算有些专利，能不能实现工业化生产？它都是外包的。工业化生产的生产线、关键设备、原材料（比如感光精细化学合成材料）——这些不是一下子就能发明出来的，得靠几十年的积累，这些方面美国的很多东西都要外包给日本。

这些年，日本在全球的扩张既隐蔽又让人震惊，我们要看真实的日本经济，而不是表面的数据。日本2011年的海外直接投资额达1156亿美元，比上年翻了一番多。

所谓中国GDP超日本的论调是何其片面！日本在中国的5万家企业的产值相当于中国GDP的15%，应该把这部分拿到日本那边算。再一个，日本不是靠GDP增长，它主要靠海外增长，日本GDP只占其GNP的40%。这就跟温州人一样，多年来，温州GDP都是浙江GDP倒数第一，但温州人在全国、在海外赚了大钱。我们不愿拿日本当榜样，总说它这不行那不行，请问，它在海外大量收购资源，钱从哪里来的？是它们在海外投资和经营赚的！日本强大的背后是财团模式。

财团的实质：森林共生体

日本在华的5万家企业如果是散沙没什么可怕，但它们都是有关联的。在三井、三菱、住友等六大财团构成的体系中，财团底下有集团，集团底下有事业公司，再下面有子公司，它用子公司跟中国企业玩合作——这么分下来的枝杈意味着，它的干和根你根本没摸着，而且它形成的根本不是大树，而是森林！日本的企业做成森林，和更多的企业共生，像丰田就是大树型企业，在它身边的“灌木小草”也活得很好；美国的跨国企业往往是一棵参天大树，但却不让灌木小草活，生态就荒漠化了。所以，美国百年的大型工业企业只剩下通用电气，而通用电气的本质是综合商社——产业、金融、商业的结合体。韦尔奇在自传中写道，通用电气从来就是一家贸易公司，而且它还做金融和制造。这就是综合商社，就是财团模式。

现在全球都在去杠杆化，美国甚至鼓动制造业回归，准备再工业化。如果拿美日比较，两者在实体经济上的竞争，谁将胜出？日本做全面的产业体系，做核心零部件、装备制造——那些生产线都是专用的机床，都在日本、德国手里，美国也许能设计出来，但要量产必须用日本机床。所以我们看到的是这样的全球产业生态：美国现在很多产业实际上都被掏空了，搞的是面子上的东西，例如金融、专利，但专利变成产业还有一段距离，而且现在需要越来越多的专利池才能组成产品；而专利池大部分是日本的，日本现在是申请专利最多的国家，做的是应用专利，美国很多东西必须跟它配套才能产出产品。华为的模式比较接近日本——任正非说我们不怕欧美站在技术的高峰，我们在山脚下把他们包围。日本人、韩国人正是以这样的应用专利包围欧美。

所以，我认为美国的再工业化、制造业回归，是回不去了，这不是一两年的事，钱生钱模式让人都浮躁了，而且实业体系都不在了，灌木和小草都没有了。美国搞的所谓创新，就是有钱后吸收全世界的人才，日本都是本地培养人才。美国的环境更适合发明创造，但创新不只是发明，创新有两条路径——发明、集成。日德走集成道路，不断升级，这必须靠稳定的组织体系才能完成；而美国的公司环境不是稳定体，人随便流动，公司一旦出现问题人就走，甚至跑到竞争对手那里，企业不具备可持续状态。日本的终身雇佣制、产业之间的链接（财团、企业之间交叉持股，或者公司之间存在关联交易，肥水不流外人田），人才相对稳定，利于技术的延续、升级。

美国是游牧文化，哪里有肥水肥草，就放牧到哪里，属于粗放式经营。日本是农耕文化，在地上一点点耕作，不仅要制造工具（装备制造业），还要抗旱挖水库（金融），有这样一套体系，哪怕老天有一些变化，也能保证稳定产出，并不断改进生产。中国以前基本是放牧打猎型，精耕细作可能是未来中国需要发展的一个模式——形成大企业集团，产业跟商业、金融捆绑在一起，产业才具备发展的环境，不然稍微有点问题，金融就把水抽走，发展不起来了。

从“游牧”向“农耕”演进

现在，中国发展的一个大问题在于，大的经济环境体制模式完全参考美国。20 世纪 90 年代初大量留美博士回国，满脑子美国的自由经济思想，作为智囊，他们出的主意是把产业和金融分离。特别是 1997 年亚洲金融危机后，大家认为是日韩产业和金融结合的模式造成的，这其实是被美国人灌输的思想误导了。最后，我们把金融从产业剥离，导致当时很多企业没有资本，美国投行乘虚而入，我们的一些企业不得不廉价卖给别人。

出现问题时，到底首先要保金融还是产业？在美国一定是先保金融，那些犹太人一定是要到处打游击、钱生钱的。日本则是反过来，牺牲金融保产业，它不会轻易清理坏账，不随便抽走资金，坏账慢慢清理，产业渡过危机后再赚钱；金融业跟着赚钱，因为金融不仅持股产业，同时也和产业是放贷关系，贷款最后回来，但这里面有个痛苦的忍受期。

为什么中国现在要发展民间金融？民间金融实际是和产业捆绑的，金融公司很多就是搞产业的企业家投资的。中国现在需要的，不仅是产业公司搞金融，金融公司也要持股产业，不一定是直接持有，可以交叉持股，或者共同投资，让产权模糊化。美国人喜欢产权明晰化，日本则是产权模糊化。越模糊，越让产业互相渗透，企业间互相结合形成了产业，而不是某个企业形成产业，有关联的企业集群才形成共生体。

这个体系背后需要金融、商社。商社原来是贸易公司，现在是产业投行，长期持有股权，进行产业链编织，在成百上千家企业各投百分之几，变相地把这些企业都编织起来，通过做物流把产业链打通，物流背后是金融。综合商社本身也是金融体，帮很多中小企业融资，包括帮助承担赊账。这样，制造业可以心无旁骛地做产品升级，商社靠服务赚钱，金融靠钱生钱。金融也不是简单的钱生钱，而是通过和商社、产业的结合，通过循环来挣钱。这不像美国，美国就是纯粹的钱生钱，打游击，造概念，至于产业能不能存活、活好，不管。

不过，中国很大、很复杂，与日本有着显见的差别。我们应该如何借鉴日本的经济模式？应该说，日本的产业生态体，是未来中国可以选择的一个道路。中国过去十几年靠粗放式经营是有道理的，因为产业是空白的，打游击能赚钱，但现在打猎的人太多，往往容易自相残杀。人类历史是从游牧发展到定居、农耕，中国面临的发展模式选择也应是从游牧到农耕。因为中国没有别的选择：资源相对少，不能像美国那样到处抢；美国有货币主导权，日、德、中国都没有。所以从条件上看，中国更像日德，如果经济按美国的走，只能死路一条。

日本的经济模式，对社会也有巨大的影响。正是这种共生体系形成的经济模式，产生了终身雇佣制、年功序列制，才使得日本成为共同富裕的国家。日本的基尼系数很低，日本的经济学者总结说，日本从外看是资本社会，从内看是社会主义，这个一点也不假，我在那个环境待过。它的财团是国民性企业，是真正为全民造福的。

中国现在讲产融结合，是有风险的，应该是产、商、融结合，三角形结构最具有稳定性。产业是陆军，商业是海军，金融是空军。我们现在的企业基本是驾着小舢板就出海了；但日本，航空母舰是综合商社，舰载机是金融，登陆舰是产业，靠这样的方式出海。中国的企业还停留在邓小平在40年前说的摸着石头过河阶段。40年前我们都没有见过海，只见到河，可以摸着石头过河；现在我们不是过河，而是全球化，我们要出海，摸着石头能过海吗？必须打造航空母舰才能出去，所以要进行国家经济制度的顶层设计。在政策层面，放开民间金融是对的，同时尽量避免外国资本进入，最后国家、民间赢，外资输。

中国经济需要一国两制，要以农耕为主、游牧为辅，产业立国、金融为辅。汉朝是以农耕为主的，也学了游牧民族的胡服骑射，最终把游牧民族打走了。

中国企业要想借鉴日本经济的发展模式，要从政府和企业两个层面考虑。

从政府层面上讲，政府得树榜样，把符合可持续发展、有社会意义的榜样企业做出来，然后让国内的资本追随这些企业，这些资本也会得到回报，而不是整天打猎。这几年还能打到东西，过几年可能就是互相打，容易死得很惨。像鲁冠球搞的万向集团就是财团，复星系、希望系也可以学。如果企业想向综合商社方面升级，却存在金融短缺瓶颈，政府应该给它们配置金融资源。这方面就要搞拉郎配，如果自己搞，花100年，早被跨国公司灭了。

从企业层面说，每个人得找对标。如果没有好的样板，可能就走歪了，比如德隆。可以学日企，也可以学韩国，三星、现代、大宇都做得不错。想搞家族控制的，可以学台湾家族控制型财团，规模不大，适合民间。日韩、中国台湾的财团，都是以中国文化作为根基。人家已经走过的路，你为什么还摸着石头过河？

财团是商帮，要形成财团，必须有几十家企业的联合。日本二战后形成的三和、第一劝银这种松散型财团，就是企业联合体。民营企业做财团，第一要有意志，第二要有宽松的环境，企业家要有国家利益的概念，搞财团是为国家利益服务而不是谋求私利。

从长远来看，中国当前实体经济面临的困难，并非难以克服。东亚国家毕竟有着共同的文化渊源，它们的经验对于我们，可以说是正衣冠的一面铜镜。比如对外资的引进，我们并没有消化吸收。日韩为什么能消化吸收？因为财团可以把人积累起来。中国什么都买，但买不到人，而财团模式却可以。

说到底，日本的模式不是日本的，是中国的，是中华文化，有人说真正的中国在日本。宋代江浙很发达，市场经济最先是在中国搞得最发达。所以不存在什么我们学日本。日本是我们的老师，我们是日本的祖师。

目　录
CONTENTS

第三章 掌控物流 扼住流通命脉

第四章 综合商社的隐秘布局

第五章 产业链的终极掌控

第六章 产商融结合的日本

第一章　铁矿石的真实“暗战”

2008年2月18日，日本新日铁与巴西淡水河谷达成了涨价65%的协议，并最终逼迫中国企业也接受了如此巨大的价格升幅。日本企业到底想干嘛？作为缺少资源的国家，日本为什么愿意主动接受一个高价格，而不和中国的需方一起联手争取一个低价格呢？这背后到底隐藏着什么秘密？

我们如果了解铁矿石市场的一些内幕，就会发现，三井物产掌握了上游的矿石资源，新日铁做的是生产环节，下游还有丰田汽车、索尼家电这样的制造企业。因此，不管是铁矿石价格的变化还是钢材价格的变化，对于日本财团来说都只不过是利润的内部分配而已。

通过化整为零，隐藏于各类大小企业背后的日本财团，事实上有着自己的一套行动逻辑。正是通过不断适应国内外经营环境的巨变，在激烈的市场经济竞争中，寻求变化，深谋远虑，做出快速反应和有效布局，日本财团才能够获得微观经济世界的“王者之位”。

作者题注：

中国企业总想着去拿铁矿石，但没有意识到如果物流被人掌控了，即使有了铁矿石也无法运出，实际上中国企业就变成了一个取款机。而日本则是渗透到了铁矿石上中下游的各个领域，建立起了大规模的物流体系。

本章提要

早在1960年，澳大利亚铁矿石出口正式启动，第一船货就供给了日本。从1965年开始，日本介入澳大利亚铁矿业的步伐进入快车道。在此期间，日本的投资策略很简单，就是"悄悄地进村，开枪地不要"。

20世纪90年代初，商船三井、川崎汽船等日本海运企业建立了很完善的海运市场和中介服务体系，甚至操纵特定领域的定价。特别是针对在中国沿海的布局，已经控制了包括中国钢铁业在内的众多进口原料运输业务。

实际上，中国的钢铁产业已陷入了一个恶性的循环，原材料严重依赖进口，就像戴上了紧箍咒，而海运物流也成了日本财团设置的一道关卡。日本财团全方位布局，层层盘剥中国的钢铁企业，中国钢铁企业可谓在夹缝中挣扎生存。

通过一定投资拥有项目上游部分股权，参与项目的上游开发和管理，进而占有项目资源的优先购买权，保证生产企业大量资源的安全供应——这种方式由于被日本的财团企业广为采用而被称为"日本模式"。

日本的综合商社并不追求控股，持股一般在10%以下，主要不为分享股东红利而是把资金重点投入物流设施上，进而控制和分享这一部分的权益。而且，通过承揽基础设施的建设，综合商社可以带动财团的制造企业获得大笔订单。

企业之间的竞争，像下象棋，双方拼完车马炮是一场和棋。但是一些国际大财团的竞争观，更像是在下围棋，它们不在乎一城一地的得失，看重的是如何掌控全局。只有最后，你才能看到赢家。

第一节

日本综合商社的全球矿业布局

2009 年 8 月，负责对中国销售铁矿石的力拓公司高管胡士泰，被上海市检察机关以涉嫌侵犯商业秘密罪、非国家工作人员受贿罪逮捕。这一事件，掀开了国际铁矿石谈判中隐藏多年的秘密。清华大学高级研究员周世俭说：“谈判最根本的因素是一个国家的实力。就是拿现在来讲，在铁矿石上我们这么大的需求量，理应有话语权。”

时任中国冶金科工股份有限公司监事会主席的徐向春说：“作为钢厂来讲，钢厂目前矿石的库存情况，进口矿使用的比重，还有进口矿的采购计划，矿石的采购成本，这些都是属于商业机密。如果让对手掌握了企业的这些情况，那么在谈判中他就会抓住了钢厂的软肋。”

作为谈判最根本的因素就是一个国家的实力，现在来讲，在铁矿石上我们这么大的需求量，理应拥有话语权

周世俭说：“最近这一年的发现是，有的铁矿石巨头采取这种不正常的手段，盗取我们的钢铁企业的商业机密。”

徐向春说：“三巨头在中国公司的雇员有很多都是有钢铁行业的（从业）背景，在以前的主管钢铁工业的政府部门以及钢厂都有过从业的经验，他们在钢厂和相关的一些部门都有比较广泛的关系。通过这些关系获取一些钢厂的一些内部的情况，应该是可以想象得到的。”

铁矿石贸易中的暗战，并非只是刺探商业机密那么简单，除了三大国际矿业巨头，还有一些国际大财团做出各种动作。

解码“大财团”

究竟是谁在暗算中国的钢铁企业呢？这一切还要从铁矿石价格涨价的历史说起。2005 年 2 月，当中国企业与三大矿商的谈判陷入僵局的时候，全球第二大钢铁厂——日本新日铁公司主动与巴西淡水河谷达成涨价71.5%的协议，中国企业最后只能接受了这个价格；2008年2月，新日铁再次率先和巴西淡水河谷达成涨价65%的协议，中国钢企陷入被动；2009年5月，正当中国寄希望于达成降价40%～45%的谈判结果时，还是新日铁抢先和卖方达成33%的降幅协议。

中国社科院日本经济学会理事白益民说："当时，很多中国人的想法是日本缺少资源，那么新日铁这样的公司应该跟中方还有韩国这样的缺少资源的国家的利益一致。为什么日方会有此举动？如果了解新日铁背后的一些内幕，会发现其更多的利益是和巴西淡水河谷联系在一起的。"

白益民，一位常年研究日本企业的中国学者。他告诉记者，之所以会出现新日铁帮着三大巨头提高价格的反常情况，和一家叫三井物产的日本财团是有关联的。白益民曾经在三井工作过12年，他十分了解这家日本财团的情况。

白益民表示："了解新日铁背后的内幕，要从三井物产这个日本财团说起。**财团的概念是什么呢？我给它定义为利益共同体。实际上三井物产，它是三井财团的一个核心。如果大家不太熟悉三井物产的话，肯定知道丰田汽车，肯定知道东芝，肯定知道索尼，在这个财团里头，就包括这样的企业。值得一提的是，索尼虽然不算是它核心的二目会成员（所谓的二目会就是它的总经理会议），但是它也被归在三井财团的外围。**三井物产实际上是一个很老牌的日本财团的综合商社。从明治维新以后，这个企业一直是日本在海外拓展资源的先锋，同时它保证了日本的资源的稳定供应。"

三井物产的公开信息显示，它和三大矿商有着千丝万缕的联系。三井物产持有巴西淡水河谷母公司15%的股份，并且与力拓、必和必拓有众多合作项目。三井物产甚至在网站上这样写道："基于三井物产拥有权益比例的铁矿石控股产量已跃居世界第4位，年开采权益已超过4000万吨。"而另一方面，三井物产和新日铁公司的关系也非同一般，它们通过交叉持股和共同投资的方式，形成了一个紧密的利益共同体。

控制产业链 掌握定价权

白益民告诉记者，三井财团是按照产业链进行投资布局的。三井物产掌握了上游的矿石资源，新日铁做的是生产环节，下游还有丰田汽车、索尼家电这样的制造企业。不管是铁矿石价格的变化还是钢材价格的变化，对于财团来说都只不过是利润的内部分配。

周世俭说：“日本（企业）它具备这么一个特点，从20世纪60年代开始在海外的，就是澳大利亚、巴西、印度、南非的铁矿石企业有投资。”

徐向春说：“它在海外投资的权益矿占整个进口矿的比重接近六成，而中国在海外的权益矿有投资份额的，仅仅占我们进口矿比重的大概一成左右。”

周世俭说：“日本可以做到堤外损失堤内补，我们损失是一点办法也没有。”

徐向春说：“也就是说在谈判的过程中，日本钢厂既是买方又是卖方。那么这样的话，如果说是谈判的价格，卖给它的价格高了，我的采购成本是高了，但是另外一方面我有投资收益。这个投资收益可以在相当的程度上弥补我采购成本的提高，而中国钢厂是做不到这一点的。”

不仅如此，作为大宗国际贸易的铁矿石，主要靠远洋船舶进行运输。海运费也是铁矿石价格的重要成本之一。以2009年10月21日的价格为例，西澳大利亚到中国的海运费是每吨12美元，巴西到中国的海运费是每吨29美元，分别相当于进口矿离岸价的25%和40%。

三井财团旗下既有世界排名第十的造船厂三井船舶，又有全球第一大船运公司商船三井，所以三井财团可以在迅速增长的铁矿石海运业务中获取利益

数据表明，即便是同样的谈判价格，铁矿石到达中国的价格也远比到日本高出不少。2004年，中国进口铁矿的平均到岸价比日本每吨高31.48美元，2005年每吨高24.77美元，2006年每吨高10.84美元，2007年每吨

高24.35美元，2008年每吨高41美元，以中国当年的进口量计算，多付出181.9亿美元。这一数字，几乎是中国钢铁企业利润的总和。

而三井财团旗下既有世界排名第十的造船厂三井船舶，又有全球第一大船运公司商船三井。商船三井作为物流，把上游和下游连接起来。因此，三井财团还从迅速增长的铁矿石海运业务中获取了利益。在整个产业链上，其旗下企业都在获得红利。但原本的资源国巴西和中国这个生产国，所获得的权益就非常的小。

以中国的钢铁龙头企业宝钢为例，2003—2009年，商船三井先后获得了宝钢6份长期铁矿石运输合同，约定在未来的25年里，每年都将为宝钢承运从巴西和澳大利亚进口的上千万吨铁矿石。**其实早在1992年，三井物产就与宝钢签署了综合合作协议，建立定期干部交流机制，并联合新日铁公司，与宝钢建立了许多合资企业。这些因素，也为三井准确判断中国市场提供了机会。**

企业的有些情报实际上来自平时的买卖，在交易的过程中，可以看到对方库存的情况，了解对方的生产情况。这种情报一旦被上游方掌握了以后，它知道你成本是多少，你的库存是多少也就是你能坚持多长时间，那么它在谈判中就有主动权了。在这种情况下，还有一个最大的（问题），上游方甚至知道你的利润是多少，如此一来，它知道你肯定能接受涨价的底线。如果它知道一旦涨价会让你亏损，也不会敢提这个65%或71%。实际上，三井财团是在对中国的钢铁生产的各个环节的成本、利润都算得很清楚的情况下，来跟你谈判。中国企业也就一直处于被动的状态。

一般来说，企业之间的竞争像下象棋，双方拼完车马炮，往往是一场和棋。但是在如同三井这样的一些国际大财团的竞争观中，企业之间的竞争更像是在下围棋，它们不在乎一城一地的得失，看重的是如何掌控全局。只有最后，你才能看到赢家。

“高价”买进铁矿石

在这几年中国钢企与国际铁矿石供应商的价格和供货谈判中，日本钢铁企业扮演了某种特殊的角色。熟悉这个市场的人士都晓得，2009年5月

26 日，力拓公司发布公告，称与日本新日铁公司已经达成新财年铁矿石合同价格降价 33%，而此时中国企业正谈判要求降价 40%。

在 2005 年 2 月 22 日，日本新日铁与巴西淡水河谷公司（CVRD）也单方面达成协议，将铁矿石价格涨幅定为 71.5%，随后新日铁与另一铁矿石巨头澳大利亚必和必拓公司也达成类似协议，之后中国钢企被迫接受了这一价格。至 2008 年 2 月 18 日，日本新日铁又与巴西淡水河谷率先达成了涨价 65% 的协议，最终再次逼迫中国企业接受了如此巨大的价格升幅。

很多读者不免想问，日本企业到底想干嘛？它们为什么愿意主动接受一个高价格，而不和中国的需方联手，争取一个低价格呢？这背后到底有什么关系？

表面上，新日铁主动地接受了比中国钢企要求的更高的价格水平，但由于新日铁关联方三井物产（三井财团的综合商社）在铁矿石上游的资源布局，整个三井财团获得了更大的利益。新日铁公司和三井物产是一个利益共同体，它们之间存在相互持股或共同投资的关系。

也就是说，铁矿石价格上涨，拥有巴西淡水河谷股份的三井物产就多赚一些，然后在铁矿石贸易时让利给新日铁。这就是为什么在铁矿石谈判中，新日铁总是与淡水河谷率先达成涨价协议。

根据三井物产的官方网站显示，目前海上贸易份额占全世界 21% 的世界第一大铁矿石供应商淡水河谷（Vale）公司和三井物产之间有着“特别的关系（特に深い関係にあります）”

在三井物产的官方网站上，我们可以看到如此清晰的叙述：“从 20 世纪 60 年代开始，三井物产株式会社就积极地参与投资开发铁矿石资源，长期以来稳定地供应铁矿石。2003 年收购了世界最大铁矿石生产销售商 Vale（旧称 CVRD 淡水河谷）公司的母公司 Valepar 公司 15% 的股份，并且还持续地扩大了与力拓公司和必和必拓公司之间共同合作的铁矿石事业。”

在资源端提前布局

对于有长远理想的中国钢铁行业来说，有必要系统地梳理三井物产与淡水河谷、力拓、必和必拓的联合关系。

先说淡水河谷。三井物产与巴西淡水河谷真正走向联合，是从2001年三井物产帮助淡水河谷成功并购巴西资源公司CMM公司开始的。三井物产本就拥有CMM公司40%的股份，后又从CMM创始人的孙子Frering兄弟手中买进60%具有表决权的股份，彻底并购了CMM。之后，三井物产将一半的CMM股份卖给淡水河谷，帮助后者成功控制了CMM公司。

淡水河谷的前两位股东是巴西当地金融机构，没有商业经验，而三井物产则派遣业务主管进入了淡水河谷的行政委员会，成为事实上的公司经营决策者

此后，三井物产继续深化与淡水河谷的合作，双方于2002年4月签署了战略联盟协议，正式将合作关系扩展到铁矿石业务之外，包括三井物产向淡水河谷出售采掘机械，提供运输铁矿石的铁路车厢，以及建立沿海集装箱运输和物流合资企业等。合作中，三井物产还为淡水河谷提供金融援助，在日常工作中，双方也有着非常密切的人员交流，例如三井物产派人出任淡水河谷的客户经理，双方还建立了情报互换机制。

事实上，早在2003年9月，三井物产出资8.30亿美元收购了Valepar公司1960.7万股的普通股，而Valepar公司是巴西淡水河谷的控股公司。此次收购的股份相当于淡水河谷总股份的5.05%和淡水河谷公司7.84%的普通股。由此，Valepar的股份构成是：Littel（四家巴西养老基金）持股58.0%、Bradespar（巴西发展银行的投资公司）持股17.4%、三井物产持股15.0%。然而，前两位股东是巴西当地金融机构，没有商业经验，并非实际经营者，而三井物产则派遣业务主管进入了淡水河谷的行政委员会，成为事实上的公司经营决策者。

再谈三井物产与力拓和必和必拓的联合。三井物产在澳大利亚投资经营铁矿山已经有很多年，与力拓公司关系密切。三井物产已经部分拥有力拓的一项核心资产，即位于澳大利亚 Robe River 的铁矿石业务。1965 年，三井物产投资 Robe River 铁矿山。1967 年，继续投资澳大利亚的 Newman 铁矿山。目前，位于西澳大利亚的 West Angelas 铁矿山和 Pannawonica 矿山由力拓公司、三井物产、新日铁、住友金属工业公司共同拥有和开采。

三井物产与澳大利亚必和必拓公司的关系也非同一般。三井物产在西澳大利亚经营三座铁矿合资企业 Mt. Newman、Yandi 和 Mt. Goldsworthy，必和必拓、伊藤忠商事和三井物产在这些合资企业的股权分别为 85%、8% 和 7%。三井物产还连续出台增资计划，以提高共同经营的西澳大利亚铁矿合资企业的年产能。

此外，三井物产与必和必拓在澳大利亚以外也有联盟关系。早在 2006 年 11 月，必和必拓向三井物产出售了其在西南非洲纳米比亚油气田 15% 的权益，此宗交易标志着日本公司首次获得纳米比亚的勘测许可。

日本商社的全面出击

除了三井物产以外，尤其值得一提的是，日本另外两家财团住友财团和三菱财团，也和力拓、必和必拓有密切的合作关系。

比如，力拓拥有澳大利亚新南威尔士州的 Northparkes 铜金银矿 80% 股权，其合资方住友商事拥有 6.7%，住友金属矿山公司拥有 13.3%。另外，力拓加铝与住友商事合资拥有新西兰 Boyne 岛铝冶炼厂，其中力拓加铝拥有该厂 79% 的股份，其余 21% 股份由日本住友商事持有。说明一下，三井财团与住友财团的金融系统合并成了三井住友金融集团，两家是亲兄弟关系。

三菱财团的综合商社三菱商事则与必和必拓共同在澳大利亚经营全球最大的炼焦煤供应商——必和必拓三菱联合公司（BMA），双方各持有 50% 股份。三菱商事与必和必拓在铝和铜项目上也展开密切合作，三菱商事持有莫桑比克 Mozal 铝冶炼厂 10% 股份，必和必拓持有 47% 股份。三菱商事持有智利 Escondida 铜矿少量股份，必和必拓持有 57.5% 股份。三菱商事持有秘鲁 Antamina 铜锌矿 10% 股份，必和必拓持有 33.75% 股份。

以上我们系统梳理了日本财团与国际三大铁矿石供应商千丝万缕的合

作关系。随着中国资本在该领域的深入，我们也看到更多的日本财团和铁矿石供应商联合的身影。鉴于日本财团在铁矿石资源长期的深入布局，可以想见，中国企业要走的路还很长。

■来源：CCTV－2 中国财经报道，2009 年 12 月 5 日

第二节

澳洲铁矿石争夺：日本财团的身影

2009 年 8 月 17 日，中钢协公布了 2009 年度中国进口铁矿石价格谈判结果，与澳大利亚第三大矿石企业 FMG 公司达成协议：确定此次铁矿石下降幅度为 35%。这与 2009 年 5 月 26 日力拓与日本新日铁公司达成的下降 33% 相差不多。

但在笔者看来，中钢协与 FMG 公司达成的协议更多的是象征意义，可操作性方面较差。因为，FMG 公司开采的铁矿石，必须通过必和必拓和力拓的铁路系统和港口设施才能运输出去。

物流层面的主导权同样重要

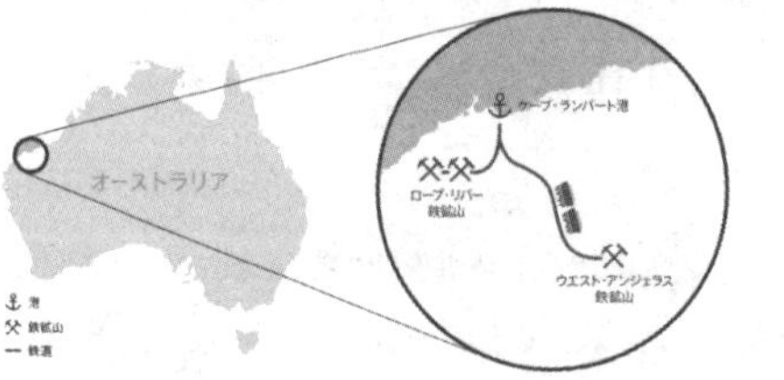

能源物流层面的主导权同样重要，日本积极进军澳大利亚的铁路和港口设施

在澳大利亚著名铁矿石产区——皮尔巴拉地区，FMG 公司拥有总面积 5.2 万平方公里的采矿领地，毗邻澳大利亚铁矿石巨头力拓和必和必拓的矿区。

自 1960 年以来，必和必拓和力拓两大铁矿集团就在铁路和港口实施垄断，造成皮尔巴拉地区庞大的铁矿资源无法充分开发。一直到 2008 年 4 月 27 日，FMG 公司才获得澳大利亚公平竞争委员会初步裁决，有权进入必和必拓铁路线，为中国钢企提供铁矿石运输。但是无论如何，

FMG公司的铁矿石物流仍然受到必和必拓与力拓的限制。

如此看来，中钢协高调宣布与FMG公司的合作，可能将进一步刺激必和必拓和力拓采取措施“围堵”FMG公司的出海通道。

如此，中国湖南的华菱钢铁公司在2009年2月获得FMG公司16.48%的股份，成为其第二大股东，似乎也不能说这就是中国企业获取海外铁矿石资源的一次完美胜利。因为，掌握铁矿石在物流层面的主导权也同样重要。

此时，日本三菱财团已经在与中国公司的竞争中获胜，其持股50%的公司拿到了位于澳大利亚中西部的Oakajee港口和铁路项目的开发权。而且，日本财团与澳大利亚铁矿石巨头们的密切合作，也形成了对中国公司的“围堵”之势。

日本夺得主导权

澳大利亚中西部地区的铁矿储量超过86亿吨，但一直因为基础设施的不完善而制约了资源的开发。为了改变现状，西澳大利亚州政府计划修建吞吐量超过1亿吨的Oakajee深水港，以及贯穿西澳中西部矿区南北、连接Oakajee港口和中西部矿区，共计约700公里的两条铁路。项目预计总投资35亿美元，是澳大利亚近年来推出的最大规模的基础设施建设项目。

基础设施对西澳地区矿产开发至关重要，该地区的铁路和港口建设就是能源输出的咽喉。即使无法完全控制澳大利亚的资源公司，通过参股矿区的基础设施建设，也可以达到控制产业主导权的目的。

日本三菱财团在与中国公司的竞争中获胜，其持股50%的公司拿到了位于澳大利亚中西部的Oakajee港口和铁路项目的开发权

中国公司并非不想参与矿区的基础设施建设。最初，中国铁路物资总公司、中钢集团等五家央企控制的澳大利亚Yilgarn基础设施公司参与了竞标，但最后败给了日本三菱商事（三菱财团的综合商社）。

2008年7月末，在争夺西澳大利亚州价值15亿澳元的Oakajee港口项目中，中国公司控制的澳大利亚 Yilgarn 基础设施公司，败给了日本三菱商事持股 50% 的 Oakajee 港口和铁路公司（OPR）。这一项目最终由默奇森公司（Murchison）和三菱商事各自拥有 50% 股权的 OPR 公司中标，负责整个项目的开发。

早在 2007 年 6 月 18 日，日本三菱商事就决定与默奇森公司在西澳共同开展有史以来最大规模的铁矿石开发项目，各自控股 50% 的合资公司于当年 9 月成立，双方出资逾 30 亿澳元，开发铁矿、建设铁路和海港。

默奇森公司位于西澳中西部地区，是当地新兴的铁矿生产商。默奇森主要拥有 Crosslands 资源有限公司 50% 的股权，后者是 JackHill 铁矿项目拥有者，JackHill 于 2006 年投产，年产量将近 100 万吨，其远景规划是将产能扩大到每年 2500 万吨。2008 年年初，日本三菱商事和默奇森公司签订协议，约定收购其 50% 的铁矿石资产，包括默奇森公司西澳大利亚州的主体项目 JackHills 铁矿。两家公司还将联合收购该区域内的其他铁矿石开发项目。

在成功获得物流、资源层面的主导权之后，三菱商事开始寻找“打工者”。2009 年 7 月 26 日，OPR 公司在中国进行了关于 Oakajee 项目的推介，并参加了西澳大利亚州州长科林·巴奈特以及多家中国公司举行的联合会议。9 月，西澳大利亚州政府和 OPR 公司还联合为意欲参与 Oakajee 项目的中国企业举办西澳贸易及投资考察团。

日本和澳大利亚已经完成磨合

之前的文章也系统阐述了日本在巴西钢铁上下游和物流的布局，在澳大利亚钢铁业，日本财团同样实现了这一点。**早在 1960 年，澳大利亚铁矿石出口正式启动，第一船货就是供给日本。从 1965 年开始，日本介入澳大利亚铁矿业的步伐进入快车道，一直到 1974 年，十年中每年都保持数倍增幅。在此期间，日本的投资策略很简单，就是“悄悄地进村，开枪地不要”。**

多年来，到澳大利亚谈判的日本企业就是三井物产、三菱商事、伊藤忠商事等几家综合商社，它们甚至还可以联合起来，买下资产后再悄悄分配。日本企业的成功在于三井物产等综合商社扮演产业组织者的角色，对日系企业的协调性很强，使其能够主动、有序地融入澳大利亚。

目前，全球铁矿石的开采主要分布在澳大利亚、巴西以及印度等国家。在澳大利亚24个主要铁矿中，日本企业重点投资8家、参股16家。

事实上，三井物产在澳大利亚投资经营铁矿山已经有很多年，与“两拓”关系密切。三井物产已经部分拥有力拓的一项核心资产，即位于澳大利亚罗布河的铁矿石业务。三井物产还与必和必拓共同合资经营西澳大利亚州的3座铁矿企业。它们在澳大利亚之外也有联盟关系。

日本的综合商社并不追求控股，持股一般在10%以下，主要目的不是为了分享股东红利而是把资金重点投入物流设施上，进而控制和分享这一部分的权益。而且，通过承揽基础设施的建设，综合商社可以为财团旗下的制造企业带来大笔订单。

青年参考
ELITE REFERENCE
专家:“日本不是资源匮乏国,中国才是!”
中国竟买了日本铁矿石?
日本放纵热比娅造谣的玄
胡说 机枪扫射了四五个小时

2009年国内相关媒体的报道：中国所购铁矿石幕后卖家竟是日本

2009年6月，西澳大利亚州政府发展部投资服务局资深经理比尔·晋莱斯顿对中国媒体表示：“澳大利亚和日本已经完成磨合，目前是一种唇齿相依的关系，我们合作中的不确定性很小，都知道下一步将会发生什么。但我们和中国，还在学习期。”其实，仔细看看日本综合商社与力拓、必和必拓这两家澳大利亚铁矿石巨头的关系就知道他说的是事实了。

怎样走出去？在澳大利亚铁矿石资源市场，日本的做法值得深思。

日本布局

根据海关总署数据，2009年上半年中国进口煤炭4826.9万吨，同比增长130%；出口1167.5万吨，下降54.2%。半年间，中国煤炭净进口量达到3360万吨。以“富煤”著称的中国也缺煤吗？

值得留意的是，早在2005年3月16日，在国内还在谈论铁矿石价格飞涨71.5%的时候，负责宝钢项目的中国问题专家、日本新日铁海外事业企划部部长入山幸接受中国媒体采访时即指出：“原煤问题、用水问题是中国钢铁业更严峻的资源瓶颈，中国迟早会成为原煤的纯进口国。”

而更值得关注的是，日本早已积极在煤炭领域深入布局。2005年之前，在煤炭资源丰富的澳大利亚，三井物产在11家煤矿公司、伊藤忠商事在6家煤矿公司平均参股20%，三菱商事在15家煤矿公司平均参股35%，住友商事在3家煤矿公司平均参股8%。日本通过这种方式共锁定了每年4200万吨煤炭的供应。

澳大利亚目前是全世界最大的煤炭出口国，动力煤排列第一，焦煤排列第二。在澳大利亚，主要煤炭供应者近年来都在努力扩大现有矿和新增冶金煤（焦煤）生产能力。特别是澳大利亚最大的冶金煤生产者必和必拓公司。

必和必拓计划把自属矿的年生产能力从2004年的5800万吨扩大到2010年的1亿吨，其中与日本财团联合设立的合资公司担当着重要角色，包括必和必拓—三菱联合公司（BMA，必和必拓和三菱分别占50%股份），以及必和必拓—三井联合公司（BMC，必和必拓占80%、三井物产占20%）等。

至2008年7月，BMA收购了澳大利亚资源企业新希望公司在昆士兰州一处矿区的权益。因此，三菱商事相当于投资1260亿日元（约12亿美元），获得了澳大利亚一矿区的50%原料煤权益。据悉，这个矿区的原料煤储量约6.9亿吨，相当于日本国内10年的消费量。

近年来，日本各大财团的综合商社加快了在澳大利亚的投资布局，参与开发澳煤炭资源，以应对全球对冶金用煤（焦煤）和动力用煤的需求增长，特别是瞄准了中国等亚洲国家的潜在需求。

三菱商事认为，今后世界钢铁产量依然会维持在高水平，用于钢铁生产的冶金煤需求也将继续增加，因此公司决定投巨资开采冶金煤，这也是三菱商事历史上在原料煤生产领域投入的最大一笔资金。预计量为800万吨，这将使占全球原料煤总产量约两成的BBA公司的产量增加10%以上。

通过一定投资，拥有项目上游部分股权，参与项目的上游开发和管理，进而获得项目资源的优先购买权，保证生产企业大量资源的安全供应。这种方式由于被日本的财团企业广为采用而被称为“日本模式”。日本在钢铁煤炭领域的携手，再次演绎了这种“日本模式”。

为实现钢铁产业与煤炭产业的充分协作，2008 年 2 月，新日铁与住友商事（住友财团的综合商社）分别出资约 6300 万美元，共同收购了三井矿山公司 4000 万股优先股，使各自的持股均提升至 21.7%。在 2009 年 4 月把优先股转为普通股后，其成为三井矿山最大股东。在全球对钢铁需求上升的情况下，此举是为了保证新日铁主焦炭的稳定供应，供其制钢之用。三井矿山公司创立于 1893 年，是三井物产从政府手中廉价收买三池煤矿后，向产业部门扩张而形成的公司。

从上述案例中可以发现，钢铁行业的上游不只是铁矿石，中国在努力布局铁矿石上游资源的同时，同样应该关注钢铁行业另外的上游——煤炭和水资源，2009 年上半年煤炭资源的净进口即昭示了这个问题的迫切性。

■来源：《第一财经日报》2009 年 8 期，作者：白益民

第三节 三井物产：帝国攻略

铁矿石全球攻略

通过化整为零，隐藏于大小各类企业背后的三井帝国，事实上有着自己的一套“行动逻辑”。资源、贸易、金融以及信息是为关键词。逐一看来，全球贸易网络、产业资本与金融资本的融合，以综合供应链管理为特征的物流体系，以及强大的信息搜集系统，正是如此庞大的商业帝国得以高效运转的关键所在。

2007 年 4 月，三井物产决定将核能、生物燃料等新兴能源从原有的钢

三井物产原有的钢铁原料/有色金属本部改名为矿产/金属资源本部，将精力更集中于矿产资源尤其是铁矿石的开采和交易上

铁原料/有色金属本部划出，成立新的能源本部。原有的钢铁原料/有色金属本部改名为矿产/金属资源本部，将精力更集中于矿产资源尤其是铁矿石的开采和交易上。

日本关西大学经济政治研究所的教授小松原聪在接受《商务周刊》采访时指出：“铁矿石等原材料上游产业，是三井综合商社海外扩张的重点，不仅给企业带来巨大利润，同时也支撑着整个日本钢铁业在全球的翘楚地位。”

如果将三井比作帝国，那么，铁矿石就是这个帝国王冠上最璀璨的一颗明珠。而这颗明珠的诞生过程，是对三井“帝国攻略”的最好诠释。三井自20世纪60年代开始投资钢铁原材料，几十年来已经通过从采购到融资买矿再到直接参与矿产开发等手段，成为全球第四大铁矿石出口商。

日本原本是一个资源贫乏的岛国，明治维新以后的100多年间，日本迅速完成了工业化，也造成了本国资源的消耗殆尽。二战结束之后，日本经济迅速恢复和发展，尤其在钢铁制造领域，不仅满足了国内汽车、机械制造等工业发展对原材料的需求，还培养出了新日本制铁株式会社（新日铁）这样的跨国钢铁企业。长期以来，国际铁矿石价格就是由新日铁与淡水河谷、必和必拓以及力拓等铁矿巨头谈判制定的。而三井财团对于日本钢铁业崛起以及日本钢铁企业在国际铁矿石定价上话语权的形成，起到了决定性的作用。

清华大学经济管理学院中国零售研究中心李飞教授在谈到三井物产的竞争优势时曾经指出：“三井物产的优势之一主要体现在它对商品价格的控制力度上，三井物产力求价格稳定，部分情况下甚至可以控制商品价格走势。”三井物产通常采用控股或贸易合作关系来实现价格稳定，与合作方在业务往来中互相照顾与信息共享，互惠互利。

在全球范围内，三井财团通过股份投资聚集大量连带企业，目前持股超过10%的连带企业已达到100多家，这种持股方式尽管不能完全控制对方，但也使得三井物产可以参与到更多企业的经营活动中去，从而利用自己在信息和网络上的优势来影响对方。李飞认为：“在部分情况下，三井物产的雄厚资金实力甚至可以控制上游能源产品的价格走势，从而挟制下游企业。”

目前，全球铁矿石的开采主要分布在澳大利亚、巴西以及印度等国家。在澳大利亚24个主要铁矿中，日本企业重点投资8家，参股16家。1965年，三井物产开始投资澳大利亚的罗布河（Robe River）铁矿山。1967年，继续投资澳大利亚的纽曼（Newman）铁矿山。位于西澳大利亚纽曼西北112公里处的西安吉拉斯（West Angelas）矿山和潘那沃尼加（Pannawonica）的罗布河矿山由澳大利亚力拓公司、三井物产、新日铁、住友金属工业公司共同拥有和开采。

根据三井物产公布的资料，三井还和澳大利亚必和必拓、日本伊藤忠商社共同拥有距离Port Hedland以南353公里的MAC铁矿和距纽曼以东15公里的BHP－OB23/25铁矿；在纽曼西北90公里处的BHP－Yandi铁矿、Port Hedland以东175公里处的Goldsworthy铁矿，以及位于纽曼山的威尔巴克矿山（Mount Whaleback），也由必和必拓、三井物产以及澳大利亚CI矿产有限责任公司三家公司共同开发。

在巴西，三井物产早在2001年就开始介入淡水河谷对Caemi Mineracao Metalurgia（CMM）公司的收购。三井物产首先从CMM创始人的孙子Frering兄弟手中买进CMM公司60%具有表决权的股份，加上之前已经拥有的40%的股份，三井物产彻底并购CMM后，再将一半的CMM股份卖给淡水河谷，帮助后者成功控制CMM。

在合作过程中，三井物产不仅为淡水河谷提供产品和技术，还积极给予后者以金融援助，帮助后者扩展业务范围。双方同时还有着非常密切的人员交流。例如，三井物产派人出任淡水河谷的客户经理，率领三井物产的客户管理团队常驻巴西，在现场推进与淡水河谷开展的各项业务。2003年，三井最终拿到了巴西Valepar S. A.公司15%的股份。这家公司正是控制淡水河谷的母公司。

在印度，三井的势力同样根深蒂固。2006年，淡水河谷与德国蒂森－

克虏伯旷日开展了持久的铁矿石谈判，印度最大的私营铁矿石出口商 Sesa Goa 公司表示，该公司将把铁矿石价格上调 19%，从而积极策应淡水河谷的价格谈判。原来，三井物产拥有印度 Sesa Goa 公司 51% 的股份，该公司年产矿石量大约 900 万吨，其市场多元化，覆盖日本主要的钢铁厂及欧洲大的钢厂，在中国的主要客户包括宝钢、马钢、重钢、昆钢、南钢等重要的钢铁生产商。

可以说，三井物产不仅通过参股或控股提高了自有矿的供给能力，在某些情况下，它还可以成为控制供需关系平衡的制约力量，形成定价权而影响价格走势。因此，对于新日铁这家由三井控股的钢铁公司来说，不仅每年可以和必和必拓、力拓以及淡水河谷就国际铁矿石价格讨价还价，而且无论铁矿石价格是上涨还是下跌，新日铁都可以从中获益。

身后的财团体系

其实，如果没有巨大的筹融资能力，三井是很难做到这一点的。白益民对《商务周刊》说，三井物产的成功，在很大程度上有赖于金融机构的贷款支持，而金融机构之所以能够满足三井物产源源不断的贷款需求，深层次的体制背景则是其作为综合商社大股东的地位和相互持股关系、长期持续资金交易关系的存在。

商社金融发展历史

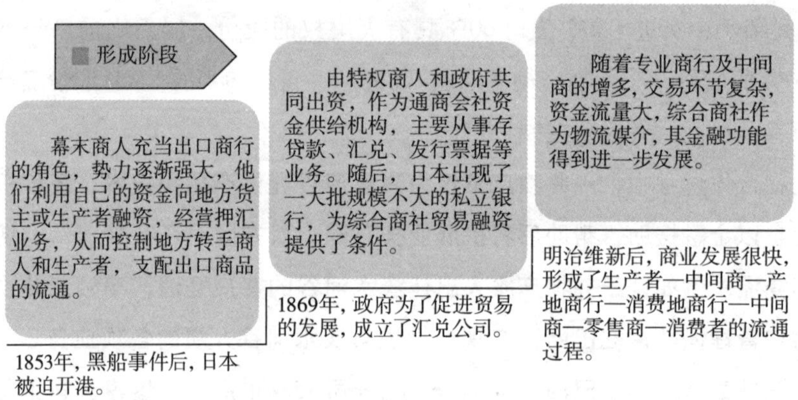

从 1853 年黑船事件到明治维新是日本商社金融的主要形成阶段

从三井物产的股份构成可以看出，三井物产的主要股东都是金融机构，包括三井住友银行、中央三井信托银行、三井生命保险、日本生命保险相互会社等等。作为三井综合商社的核心企业，三井物产与集团的内部企业樱花银行、三井信托银行形成了交叉持股关系。这两家企业对它的持股率分别为4.83%和3.88%。同时，三井与外部大企业间也存在交叉持股关系，例如，东京三菱银行持有三井物产3.19%的股份，形成了集团内外企业相互参股、互派董事、互换信息、相互制约、规范发展的局面。

然而，小松原聪对《商务周刊》强调：“商社金融的本质要求是，不论采取什么金融形式，其核心只能是对综合商社和交易功能的补充、完善和确保商权的稳定扩大，从来不是为了获利。”

事实也是如此，三井虽然与大银行有千丝万缕的联系，但彼此间仍保持着相对独立的经济实体地位。三井财团与住友财团共同属于三井住友金融集团，但作为综合商社，并不必完全听命于大银行。白益民介绍说，日本法律也规定银行持有综合商社的股份不得超过商社股本总额的10%，因此商社并不受制于大银行。

也正是在这样雄厚且独立的金融资本支持下，三井得以在钢铁领域扮演一个“跨境的供需组织者”角色。这也是三井一直致力发展的目标。“作为一个中介，三井既知道供应方的条件，又知道需求方的需要，”钢铁/金属原材料本部首席运营官饭岛彰己说，“三井的目标就是成为全球资源发展的贸易中介。”

三井钢铁/金属原材料本部共有17个子公司，其中包括位于澳大利亚的三井铁矿石发展有限公司、印度的Sesa Goa有限公司、澳大利亚的三井伊藤忠铁矿有限公司、美国的原材料发展有限公司、巴西的三井物产金属销售会社以及位于日本的三井物产原材料发展会社等，再加上三井自身在澳大利亚、巴西、印度、智利等国设立的三井贸易有限公司，以及其他分布在世界各地的12个相关联公司，三井已构建起了一个钢铁原材料的全球交易网络。

三井物产直接获利于这一流动的交易网络。该公司2007年的年报披露，三井通过铁矿生产获得的直接利润为1723亿日元，其他金属原料销售利润为1487亿日元，其提供中介服务和攫取价差所获得的利润达到267亿日元。

驾驭链条

在控制核心生产企业的同时，三井还着力打通生产链条上的各个辅助环节，以保证自己对整个上游资源领域的驾驭。在与废钢、硅锰等其他钢铁原材料生产企业的合作过程中，三井仍然以少量持股的形式进行参与。

其中，三井参与了美国的太平洋西海岸回收有限责任公司的废钢储存业务，这一废钢出口终端对于亚洲日益增长的钢铁需求非常重要，目前，该公司由三井麾下的原材料发展公司全资控股。三井在内蒙古与鄂尔多斯电力冶金有限公司以及日本的JFE钢铁公司成立了合资厂（ERDOS EPM），持股比例为25%。该合资厂自2006年7月开始生产，初步年产量达到75000吨。

利用同样的方式，三井将自己在原材料领域的控制优势，逐渐延伸到了产业链的下游，钢铁成品的分销以及物流领域。

三井的钢铁制品本部下属19个分公司，包括三井物产建筑材料有限公司、新津田株式会社、立臻亚洲有限公司等，与其有股权相关联的企业包括新日铁钢铁贸易有限公司、上海宝井钢铁销售有限公司等16家。钢铁本部的产品通过这些子公司和关联公司的贸易网络，被广泛用于汽车、电子、运输、建筑以及能源领域。

以立臻亚洲为例，2004年1月，三井将自己收购的丰隆亚洲的钢铁结构部门与立臻钢铁材料合并成为立臻亚洲，目前主要客户是新加坡、马来西亚、印尼、中国以及印度等国家的海事与海外工程建筑商，因此三井收购立臻亚洲的主要目的就是满足亚洲市场对钢铁批发业务不断增长的需求。

事实上，根据三井钢铁制品本部首席运营官渡边清贵的介绍，三井不仅仅提供分销服务。例如，钢铁产品部在全球建立了很多钢铁服务中心、镀锌钢铁厂以及镀锡厂，以满足汽车、电器以及大型电子机械的需求；同时三井还提供各种附加服务，包括IT设备和系统的安装，以及SCM（供应链管理系统）的应用。

通过从上游对淡水河谷以及澳大利亚和印度的资源控制，到下游钢铁分销的影响，三井实际上实现了对中国最大的钢铁制造商

让渡边清贵颇为骄傲的是，在中国，三井已经远远走在了其他综合商社的前面。2002 年，三井与宝钢建立伙伴关系，成立了宝井钢铁分销有限公司。渡边清贵对该项合资的解释是：“通过与宝钢的合作，三井得以实现在中国逐步建立覆盖全中国的钢铁加工物流网络，其中包括将中国国内的钢铁服务中心都纳入我们高效的系统中来。”

白益民认为，通过从上游对淡水河谷以及澳大利亚和印度的资源控制，再到下游钢铁分销的影响，三井实际上实现了对中国最大的钢铁制造商——宝钢直接或间接的影响，进而影响到中国整个钢铁体系。

2008 年的新年致辞中，渡边清贵提出，希望将在中国的这种模式在俄罗斯、印度以及巴西等新兴的经济体内复制。这样的新年寄语可谓意味深长。从正在逐步扩大的宝井钢铁分销系统来看，三井物流网络为达到在全国范围内快速分销的目的，同样采用了通过成员企业和投资持股来完成生产资料的分销。

三井物产首先通过投资持股扩张分销配送网络。在中国，三井物产持有香港保昌控股有限公司 25% 的股份，而香港保昌控股是亚洲地区主要的物流企业，在内地共有 14 个分支机构；同时，三井物产还通过与成员企业的合作，借助成员企业的网络进行分销。

以铁矿石的运输为例，日本占有绝对优势，其中商船三井和日本邮船具有极大的影响力。商船三井同属三井财团，在全世界有 500 个网点，经营包括国际进出口空运、海运、进出口清关、供应链管理、第三方物流、保税仓、内陆运输在内的综合物流服务，在中国的上海、北京、大连等主要城市均开设有分公司。

此外，在三井物产的物流发展战略中，其企图通过与已有和新增的战略合作伙伴的协同，成为亚洲地区钢铁制品的首要物流供应商。

亚洲之外，三井也已经拥有了高效的物流体系。在俄罗斯物流市场，三井物产持有 Toyo 运输公司 30% 股份；在资源丰富的巴西市场，三井物产与巴西顶尖物流提供商 Libra Group 合作提供仓储服务；在印度，三井物产投资物流的基础设施建设，并与当地企业建立合作联盟；在中东，三井物产在迪拜的 Jebel Ali 自由贸易区内进行物流基础建设投资，并以此作为三井物产扩张中东市场的门户。基于这样全球化的物流体系，三井进入各国建设钢铁的分销网络实在是易如反掌。

占据产业制高点

事实上，无论是在中国、巴西还是在印度等国家，无论涉足哪一个产业，三井几乎都遵循着同样一套行动逻辑。在一个由 100 多家子公司和上千家股权管理企业组成的全球交易网络和信息情报网络中，三井通过子公司或者少量参股相关企业的形式，以产业资本和商业资本结合的高效形式渗透到产业的上下游链条中，通过强大的贸易能力和物流网络建设能力，将上下游资源流动起来，从中获取高额的交易利润并占领商业机会的制高点。

这也正是三井综合商社在微观经济世界中无往不利的“法宝”。三井物产株式会社前任社长上岛重二对此详细阐述说：“商社如果是一种比较僵硬的或者说很固定的组织的话，将不会取得成功。再进一步讲，如果能像生活在海上的人那样，或者像软体动物一样随时变化，适应水来改变自己的形状，来与人、资源、资金等进行交往，这是必要的。”

上岛重二道出了综合商社真正的竞争优势所在，即灵活性。起源于封建家族，又与财阀有着密不可分关系的综合商社，伴随着日本经济经历了瓦解、复兴、重组、停滞等历史历程，屹立不倒且仍盘踞称雄于全球经济的主要原因，在于综合商社不断适应着国内外经营环境的剧变，在激烈的市场经济竞争中，不断寻求变化，深谋远虑，做出快速反应和有效布局，从而获得微观经济世界的“王者之位”。

■来源：《商务周刊》2008 年 1 月，作者：袁瑛，王晓君

第四节

日本财团瓦解中国铁矿石保卫战

中国企业面临重重夹击

新一轮铁矿石价格谈判启动之际，三巨头多次暗示价格上涨势在必行，这意味着“中国价格”将再遭挑战。祸不单行，FMG执行董事Grae-meRowley表示与中国就2009年第四季度是否继续采用折扣定价进行协商，善变的澳洲人又让中国人稍微舒缓的神经紧张起来。

不过，最需要警惕的是FMG寻求与巴西淡水河谷（简称CVRD）成立一家铁矿石合资公司，把淡水河谷的粉矿与FMG的块矿混合销售，以获取更高效益。2009年10月19日，FMG集团执行董事Graeme Rowley表示，该公司的目标是从2010年开始与日本和韩国钢铁厂谈判。Rowley表示：“这些工厂已经测试了我们的铁矿石，并对质量非常满意，所以当他们续签合同时，我们预计可能会收到一些（合同）。”表面上看“合资”只是介于FMG与淡水河谷两者之间，但突然之间又欲向日韩出售铁矿石，两件事情的同时发生让我们相信日本财团又在暗中搅局。

持续了一年的中国钢铁保卫战在FMG合约履行一个月之后终于出现了裂痕，而三井财团准成员企业淡水河谷及日本财团的出现就如半路出现的程咬金，力图瓦解中国铁矿石保卫战。当然，很多读者不免想问，同为铁矿石进口国的日本，怎会不希望中国的钢铁保卫战成功？日本和澳大利亚企业又怎么会是一条心？

同为铁矿石进口国的日本，怎会不希望中国的钢铁保卫战成功？日本和澳大利亚企业又怎么会是一条心

在三井物产的官方网站上，我们可以看到如此清晰的叙述：“从20世纪60年代开始，三井物产株式会社就积极地参与投资开

发铁矿石资源，长期以来稳定地供应铁矿石。2003 年收购了世界最大铁矿石生产销售商 Vale（旧称 CVRD 淡水河谷）公司的母公司 Valepar 公司15%的股份，并且还持续地扩大了与力拓公司和必和必拓公司之间共同合作的铁矿石事业。基于三井物产拥有权益比例的铁矿石控股产量已跃居世界第四位，年开采权益已超过 4000 万吨。”

在澳大利亚 24 个主要铁矿中，日本企业重点投资 8 家、参股 16 家。多年来，到澳大利亚谈判的日本企业就是三井物产、三菱商事、伊藤忠商事等几家综合商社。而铁矿石是日本财团的一大收益来源，铁矿石涨价，控制矿山权益的三井物产、三菱商事等商社的利益均得以增加。三井物产作为淡水河谷的第三大股东（前两位为巴西养老基金、巴西发展银行的投资公司），于 2003 年分别向 Valer 和 CVRD 派遣了两名董事，且参与经营，成为事实上的公司经营决策者。

考虑到这些情况，就不难理解日本财团为何要阻挠中国的铁矿石保卫战了。其实，不管是资源竞购，还是海运物流，中国钢铁公司都面临着日本财团的重重夹击。

竞购被阻击

2008 年 7 月，巴西国家钢铁公司（CSN）意图出售铁矿石子公司 Namisa。中国的沙钢集团参与竞购，竞争对手包括日本和韩国钢铁商组成的联盟、印度塔塔钢铁公司、俄罗斯第二大钢铁企业谢韦尔钢铁集团、安赛乐米塔尔公司等。最终，由新日铁、伊藤忠商事、JFE 钢铁、住友金属工业、神户制钢和日新制钢以及韩国浦项制铁组成的联盟击败了沙钢等对手，以 31.2 亿美元的现金，获得 Namisa 40% 的股份。

CSN 是巴西乃至拉丁美洲最大的钢铁公司和铁矿石生产商之一，也是巴西最早的全流程钢材生产商。铁矿石子公司 Namisa 年产铁矿石 2000 万吨，早就被新日铁等日本财团企业视为囊中之物。为在竞购中杀出重围，日本财团不仅充分发挥其在当地长期经营的优势，而且由新日铁和伊藤忠商事（综合商社）牵头组成庞大的竞购企业联盟，形成了巨大的资金优势。

在 2007 年中钢集团的一次收购中，日本财团也扮演了搅局者的角色。

2007 年年底，中钢集团与澳大利亚 Murchison 金属公司同时对 Midwest 发起收购提议。中钢集团报价 5.6 澳元/股，遭 Midwest 董事会拒绝。2008 年 4 月，中钢提高报价 13.9%，达 6.38 澳元/股（总价 13.6 亿澳元），获对方董事会首肯，当时已持有中西部 19.98% 股份。

2008 年 5 月 26 日，中钢在此次收购中的竞争对手 Murchison 公司提出更优惠的股票 + 期权换购方式（相当于 7.12 澳元/股），中钢对此表示反对，并称不会提高对 Midwest 的收购报价。

这时，一个神秘的对冲基金出现了，那就是来自美国纽约的 Harbinger Capital Partners。它在同年 5 月末时已经买下了 8.1% 的 Midwest 股份，同时还持有 18.9% 的 Murchison 股份。该对冲基金的立场对陷入胶着状态的收购战举足轻重。

然而，中钢集团发现事情有些不对劲。2008 年 6 月，中钢向澳大利亚并购委员会提出申诉，怀疑 Murchison 与美国对冲基金是关联方，它们串通起来哄抬 Midwest 股价，恶意阻挠中钢收购。

2008 年 6 月 23 日，澳大利亚并购委员会对中钢诉求作出裁决，认定 Murchison 违规。7 月 7 日 Murchison 退出争夺战，中钢终于完成了这桩好事多磨的收购。

实际上，Murchison 金属公司只是台前的收购主体，幕后的操刀者为日本三菱集团和韩国浦项制铁。三菱集团是 Murchison 金属公司的合作伙伴。早在 2007 年 6 月 18 日，日本三菱商事就决定与默奇森公司在西澳共同开展大规模的铁矿石开发项目，各自控股 50% 的合资公司于当年 9 月成立，双方出资逾 30 亿澳元开发铁矿、建设铁路和海港。而浦项也增持 Murchison 金属公司股权至 9.3%（现已达到 12.3%）。

虽然最终中钢集团成功收购 Midwest 公司，但日韩钢铁联盟哄抬 Midwest 股价也让中钢集团付出了额外的溢价。

港口遭垄断

中国与日本争夺的不仅仅是铁矿石，彼此争夺的还有第二个战场——铁路和港口。

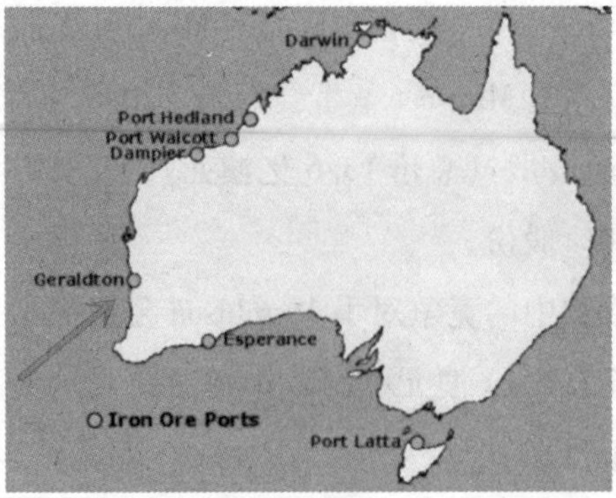

由鞍钢、南钢使用的 Geraldton 港口位于澳大利亚西南海岸，是内陆默奇森地区金矿和科拉诺卡地区铁矿石的出口港及生活用品的进口港

如果铁矿石是血，那么铁路港口就是血管。澳大利亚中西部地区的铁矿储量超过 86 亿吨，但资源开发一直因为基础设施不完善而受到制约。像必和必拓（BHP Billiton）和力拓（Rio Tinto）这些巨头都拥有自己的运输铁路，而且还不允许其他采矿者使用。

为了改变这一状况，西澳大利亚州政府计划修建吞吐量超过 1 亿吨的 Oakajee 深水港，以及贯穿西澳中西部矿区南北、连接 Oakajee 港口和中西部矿区的共计约 700 公里的两条铁路。项目预计总投资 35 亿美元，是澳大利亚近年来推出的最大规模的基础设施建设项目。

中国公司控制的澳大利亚 Yilgarn 基础设施公司，与日本三菱集团控制的 Oakajee 港口和铁路公司（OPR），共同竞争价值 15 亿澳元的 Oakajee 港口项目。2008 年 7 月末，中国公司败下阵来，OPR 公司获得了 Oakajee 港口项目的开发权。

更过分的是，在成功获得物流、资源层面的主导权之后，日本人开始到中国来寻找廉价的“打工者”。2009 年 7 月 26 日，OPR 公司在中国进行了 Oakajee 项目的推介，并参加了西澳大利亚州州长科林·巴奈特以及多家中国公司举行的联合会议。9 月，西澳大利亚州政府和 OPR 公司还联合为意欲参与 Oakajee 项目的中国企业组织了一个西澳贸易及投资考察团。

然后，西澳州政府宣布将鞍钢、南钢使用的 Geraldton 港口的铁矿石年出口量限制在 1200 万吨，以等待 Oakajee 码头项目在 2014 年竣工。澳方的意图已很明显，不帮日本人把 Oakajee 码头修好，中国人就甭想用澳大利亚的矿。

西澳州州长在中国对时任上海市长韩正说过一句话，中国公司可以持有当地大型项目少数股权，对小型项目可持有多数股权。看来在澳大利亚的港口建设方面，中国公司败局已定。

海运遇钳制

随着全球钢铁产业链的制造环节加速向中国转移，日本海运企业通过持续不断的投资，逐渐巩固其在铁矿石海运市场的垄断地位。2003 年以后，日本一跃成为世界船运力量最大的国家。而中国钢铁企业则明显陷入被动，成本越来越难控制。

在 20 世纪 90 年代初，商船三井、川崎汽船等日本海运企业已建立了很完善的海运市场和中介服务体系，甚至可以操纵特定领域的定价。特别是在针对中国沿海的布局中，日企已经控制了包括中国钢铁业在内的众多进口原料运输业务。

宝钢、沙钢、首钢、鞍钢、武钢、马钢等几乎所有进口铁矿石的中国钢铁企业，都与日本三大航运公司签有二十几年或十几年的长期运输合同。2007 年 5 月 22 日，商船三井与中国最大的钢铁公司宝钢签署第六份长期铁矿石运输合同，这一签就是 25 年，也就是说商船三井将在未来 25 年控制从澳大利亚西澳州至中国上海的铁矿石发运。2009 年 8 月 18 日，FMG 的第二大股东中国华菱集团与日本邮船签署了合作协议。日邮将为华菱提供从澳大利亚黑德兰港发运澳大利亚铁矿石至中国湛江港或防城港的运输服务。

除了与钢厂签订长期协议，日本海运企业也与处于产业上游的矿山企业签订了很多“垄断式长期协议”。日本邮船与巴西淡水河谷签订了长达 20 年的铁矿石运输合同，专门供应中国的中小钢铁企业。2009 年 7 月，商船三井与力拓第二次签署了铁矿石运输协议，商船三井计划于 2010 年 1 月起，对力拓的铁矿石运输量将从 400 万吨/年提高 2.5 倍至 1000 万吨/年。

日本海运企业在中国成功布局后，刮起了海运费用的飞涨之风。事实上，对中国钢铁企业影响更大的不是铁矿石涨价，而是海运价格的翻番。2005 年 5 月，巴西至中国航线的铁矿石海运费只有 17 美元/吨。两年之后，2007 年 5 月，巴西图巴朗港至北仑、宝山港平均铁矿石海运费超过 55 美元/吨，涨幅已经接近 4 倍。2007 年从巴西运往中国的铁矿石的离岸价格约为每吨 48 美元，但是海运费的价格超过了 50 美元。铁矿石的海运价已远高于铁矿石成本价，这对中国铁矿石进口造成了极大压力。

2007年9月5日，作为国际海运价格指标的波罗的海干散货指数（BDI）已经到达8090点，创历史新高，但在2003年底之前，BDI还没有突破过2400点。当日的巴西、澳大利亚至中国平均铁矿石海运费也再次创下历史新高。巴西图巴朗港至北仑、宝山港平均铁矿石海运费为68.563美元/吨，比2006年全年平均运费上涨148.15%；澳大利亚西澳港至北仑、宝山港平均铁矿石海运费为26.123美元/吨，比2006年全年平均运费上涨120.01%。

2007年9月5日，作为国际海运价格指标的波罗的海干散货指数（BDI）已经到达8090点，而在2003年底之前，BDI还没有突破过2400点

而在中国的铁矿石海运市场上，中资企业难见踪影。这一领域几乎被日本财团完全垄断。由于没有先位优势，中方航运企业匹配运力不足，很少拿到中方钢厂的货量。航运企业不敢放开手脚通过造船、租船来扩大运力，更满足不了中方钢厂的需求，中方钢厂只能寻求日本等国外航运企业的支持。

中国怎么办？

截止到2009年初，中国进口铁矿石中，权益矿所产铁矿石为8000万吨，仅占总进口量18.03%，其中有相当部分是仅握有有限股权且声明放弃董事会资格的投资权益矿。中国一些公司在非洲等地投资开发或重建有潜力的新矿，但形成规模效益尚需时日。

我们应该清醒地看到，中国的钢铁产业已陷入了一个恶性的循环，原材料严重依赖进口，就像戴上了紧箍，而海运物流也成了日本财团设置的一道关卡。日本财团通过协调财团成员之间战略合作，联合两拓，全方位布局，力求层层盘剥中国钢铁企业，中国钢铁企业可谓在夹缝中挣扎生存。而回过来看中国企业却都是单兵作战，没有配套的机构来组织中国钢铁企业，在争取资源的同时也去争取物流。

2008 年 9 月 4 日，沙钢集团副董事长、全国工商联冶金业商会秘书长贾祥容表示，商会的十几家会员企业正在组建一家铁矿石联合投资公司，其未来的主要使命是赴海外进行铁矿石投资，也可能适当参与铁矿石价格谈判，其中沙钢集团将是联合公司大股东。看来，中国企业已经从日本竞争对手身上学到了东西。

第五节 铁矿石金融化之后

中国抵制了几年的铁矿石指数，2011 年终于浮出水面。国家发改委的内部会议上，中国钢铁工业协会被要求尽快拿出中国的铁矿石价格指数，以加强在铁矿石价格谈判中的话语权。中钢协在 2011 年 6 月推出国内矿价格指数，而后还将推出进口矿价格指数（2011 年 9 月 20 日，正式中国铁矿石价格指数推出）。庞大的铁矿石市场一旦如其他大宗商品一样彻底金融化，影响将波及全球的钢铁产业链。

铁矿石日渐金融化

近年来，铁矿石日渐金融化，直接给中国的信息安全带来了巨大危害。

铁矿石最初只是生产者和使用者之间达成的一种贸易协定，没有大的资本参与，但在过去的十几年，特别是中国加入 WTO 以后，呈现出一种反向的趋势。中国的钢铁企业越来越分散，铁矿石的厂家却在走向垄断。

中国这种情况的形成与加入 WTO 过早有关，中国加入 WTO 时并未完全做好自身的内部整顿，这直接导致中国在消除关税壁垒、开放国内市场之后未能及时建立起新的非关税壁垒。

中国的铁矿石企业在和外商进行铁矿石价格的谈判时，时常处于劣势。一是因为国内的企业太过分散，没有形成整体，而铁矿石金融化的趋势就是要形成一个整体。二是中国的这一弱点被资本方识破，他们瞅准了中国本土的铁矿石因品质较低、开采成本高、环境压力大等问题而无法采用，便趁机垄断海外矿产资源。

中国的大型钢铁生产企业对海外的高品类铁矿石是有着严重依赖的，外商们只要联合起来，便可随意抬高价格，而中国只能被动接受

中国的大型钢铁生产企业对海外的高品类铁矿石是有着严重依赖的，虽然目前中国关闭了很多小企业，但仍旧有将近几百家企业在向外国资本询价。中国的铁矿石库存信息等情报因此泄漏，从而给外方资本提供了金融化的可乘之机。

由于掌握了情报，外商们只要联合起来，便可随意抬高价格，而中国只能被动接受。这个形式一旦形成，大金融资本便有机会进入铁矿石市场，对全球的矿产资源进行整合，这也是为什么力拓公司和必和必拓公司的背后有很多相同的股东。

日本在加入世贸总协定的时候采取了一系列非关税贸易壁垒的措施，将所有企业进行链接，形成财团，使企业间形成一个内部相互持股的有机整体，这就加强了日本企业对外进行价格谈判的能力，因此关税的开关对日本来说也就没有那么重要了。比如说日本的三井、三菱等商社，基本上就是垄断了股权，垄断的结果是这些商社具有了一定的话语权，它们表面上看起来是相互独立的，但其实对外是一个声音。

所以，“铁矿石的金融化”就是指企业以资本为纽带，组建一些金融体系，这些金融工具表面上是用来避险的，或者说是定价机制，但实际上是用于获取情报，类似期货市场。在此前提下，它们将大量的信息进行炒

作，如散布某些信息，然后左右铁矿石价格的涨跌。当中国企业高价进入市场时，对方散布信息出来，中方就会陷入被动，导致中国企业即使没有进行实际的买卖，也会亏损。

中国企业形势严峻

铁矿石与黄金、石油之间本应有一个合理的比价，超过这个比值就属于不合理增长。但现在铁矿石价格的大幅度升高和海运价格的不断上涨，导致三者之间的比值倍数大大增加。而在三者中，黄金和石油有一个很多人都在参与的期货市场，因此不容易被操控，市场相对公平。但铁矿石既非期货市场，又有些类似于金融市场，就被完全当作了一个工具，极易被操控。

另一方面，钢铁的需求受房地产的拉动很大，但国内的房地产业开始压缩，导致钢铁吃紧。铁矿石资源的价格很高，钢铁的价格却走低，生产钢铁的企业就会因此亏损，企业的资产因而变成不良资产。当企业濒临破产之时，外国资本就会过来反控中国企业资本。

当到达一定程度之后，中国的钢铁企业泡沫最终破灭，中国的这些金融资产、不良资产就会转包成另一种资产卖给外国资本，而转包者却只是从中赚取低廉的中介费。这个时候，中国的国家利益会被侵害，中国独立自主的产业就被渐渐吞噬。

中国钢铁企业还有一个劣势所在——很多钢铁企业都处于膨胀期。中日的银行体制不同，中国的银行是企业效益好时给钱，企业出现危机就往外抽钱；而日本的企业是产商融结合的，危机出现时，资金不会被抽走，银行会想方设法进行扶持。类似宝钢这样的大型钢铁因为有综合授信，所以它的贷款大概只有6~7折的实际利率。这几乎相当于全国人民在给它进行利益输送，在这种低利息的前提下，其年平均收益是1%~2%，即如果按照正常的利息结算，宝钢实际上是亏损的。

事实上，这些钢铁企业如果倒闭反而会从某种意义上调节钢铁的价格，但是由于大量的钢铁金融资产进入房地产和钢铁产业之后被牢牢捆绑住了，因此金融资产并不希望这些企业倒闭，这就导致外国资本变相地通过钢铁企业抽取中国的金融资本。

所以，中国的银行有必要介入铁矿石的谈判中去，这也与银行自身的利益息息相关。

资源就是金融

日本商社能够在海外铺点买矿，是因为商社的持股方表面是贸易公司，但实际上是金融机构。

所谓资源就是金融，就好比美元的发行和石油挂钩，而华尔街的资本家们，实际上和石油公司、媒体都是一体的

但是，中国的企业从西方请来的所谓专家将中国的金融和产业进行了分离，五矿成为金融公司，却未将金融放入股权。这导致在过去十几年，中国的大型贸易公司基本瘫痪，成为空壳。表面的壳为国有，而实际为个人承包，分产到户，然后各自为政，这就是中国的体制。企业用壳做担保，自担风险进行谈判，从另外一个角度说是损害了国家的利益。但目前企业们只顾自身利益，无暇顾及国家利益。

相反，日本商社在工作中往往都会考虑如何保护国家利益，如何获取海外资源，如何保护国内市场，日本的商社是在承担保护国家利益的职责的，但中国没有商社这样的机构。

同时，所谓资源就是金融，就好比美元的发行和石油挂钩，美国为什么一定要进入利比亚？因为美国的产业已经被掏空，进攻利比亚是为美元寻求新的资源性的支撑，也就是石油。

华尔街的资本家们，实际上和石油公司、媒体都是一体的。他们掌握了舆论，掌握了金融，掌握了资源，其次，他们还掌握了评级标准和会计审计。例如美国会计师协会在中国推广的风险控制，中国的风险控制由美国来设计，那么中国所有的情报美国都会知道得一清二楚，表面看是在帮中国做风险，实际上是在控制中国的风险。

而日本则将产业链、物流等中游占领了。铁矿石实际上渗透到了物流各个体系，因为日本不是欧美那样的控股型资本，而是属于参股型资本，因此日本建立了大规模的物流体系，将更多的投资放在了物流上。中国人总想着去拿铁矿石，但没有意识到如果物流被人掌控了，即使有了铁矿石也无法运出，中国企业实际上就像一个取款机。譬如宝钢，表面上看是中国最好的企业，实际上只不过是日本财团的一个车间。

中国现在强调的是市场经济，越来越走向分散化。西方国家的垄断资本实际上就是帝国主义，是一种“软垄断”，只是不像以前那样大张旗鼓了，而是躲在背后悄悄进行。

寻求最佳模式

今后钢铁行业的整合应该是金融、商业、产业的结合体的模式。

商业是指像商社这样的组织，它将企业的采购能力组合在一起，而不是由企业自己去询价；金融躲在商社的背后起输血的作用；产业实际上是真正做生产的。

产业型国家在面对资本型国家时应采取的模式，按道理应该是商业和金融谈价格（最好是商社谈价格）的体系，但是由于目前中国还没有形成这样一个体制，因此中国的工厂天天还是在议价。但是日本和韩国在这方面都做得很成功。

有人根据两拓的生产量提出，中国可以找一个借口，让十大工厂全部检修，然后半年以后全部破产。这种想法其实是对的，但前提是首先要做好足够的钢铁储备，其次在这段时间内对钢的利用要做好。

比如国家可以拿出1000亿，储备够半年的使用量，然后再将所有的大小企业全部停产，也就是先将贸易口堵死，再用这些储备往外放，同时将废钢也利用起来。

至于最终两拓和中国谁能胜利，这就要取决于情报了。如果两拓算不出中国能坚持的时间，就有可能会先发生改变。反之，如果对方能算出中国实际只能坚持半年，两拓就会也坚持半年，因为中国半年之后不得不再次从两拓购买铁矿石，这样中国就会失败。

日本经济学家小岛清（Kiyoshi Kojima），著有《日本的综合商社》《综合商社的挑战》等书

其次是制造危机，由于钢铁和石油、粮食等存在捆绑关系，单线作战肯定是要输的，一定要从整体去较量。

中国可以选择调整 GDP，将媒体利用起来，发布大量的负面报道，让对方得出错误结论，然后中国再将之放到国际市场，让 2009 年的那次危机再次出现。这其实是一种壮士断腕的做法，虽然中国也会因此受到损失，但是该断的时候也得断。

采取这种做法之前，一定要做好扛过危机的准备，危机过后，钢铁、房地产都会受到影响，这个时候应该引导好投资方向和就业方向，包括就业的体系、失业救助等都需要事先准备好，安定民心。

■来源：《能源》2011 年 6 月，作者：白益民

第二章 日本的全球资源统合

2011年7月5日，在日本三井物产的大力帮助下，中国神华集团力拔头筹，获得了“世界最大的未开采煤矿”——蒙古塔本陶勒盖煤矿40%的股权。那么为什么中国神华集团要和一家日本贸易企业三井物产合作？究竟又是什么力量，让中国能源巨头需要采用合资的方式来竞标蒙古的矿产资源？

以三井财团为代表的日本财团就像一个个航母战斗群，而三井物产就是其中统筹全局的航空母舰，带领各个制造企业护卫舰和金融银行组成的空军，立体化全方位向全世界每一块有资源的地方进攻。无论市场如何变换，对于日本各大财团来说，无非都是左手换右手的把戏，自己始终是最大的获益者。

世界级的矿产资源正不断地减少，而新矿的开采成本在提升。资源，对于日本，不仅是单纯的暴利行业，也是确保日本重工业拥有绝对优势的首要因素，并且与重工业共同构成日本控制力。日本在对全球资源生产几极间进行统合的同时，也将触角伸向了中国、印度等新兴市场。

作者题注：

在综合商社的协调下，日本各大企业就像是一个树林，树林里不仅有丰田、东芝这样的大树，还有许许多多围绕着这些大树的灌木和小草——中小企业，整体就构成了一个森林体系，一个生态环境。

本章提要

日本政府、商社、企业组成同盟，官民一休，全力争取海外资源权益。日本人认为："中东地区的资源早被欧美公司买下，日本公司若要在资源产业上大显身手，就必须放眼于这些还未进行开发的地带。"

日本历来将蒙古高原视为亚欧大陆核心，是自身扩大在亚欧大陆影响的桥头堡。蒙古在日本的对外关系中占有重要位置，这一点毋庸置疑。除了政治上的交流之外，日本还一直通过扶贫来笼络蒙古民心。

如果用"一帆风顺"来形容日本公司在蒙古铀矿中的活动，那么中国企业投资蒙古铀矿的历程可谓困难重重。不仅仅是在铀矿领域，中日两国的企业在蒙古其他矿产资源的获取上也面对着蒙古迥然不同的态度。

面对强劲的稀土需求，日本一方面向中国施压，寄望继续获得廉价的稀土供应，另一方面，暗地里也开始积极拓展新的稀土来源。中国以世界1/3的储量供应了目前95%的稀土消费，同时也滋养了日本的电子工业。

日本有计划的市场经济模式的突出特征就是，以"综合商社"为核心对国民经济进行细致的微观经济管理。综合商社不仅是产业资本、商业资本和金融资本的纽带，而且是日本寓军于民体制的核心，是民间与政府对接的桥梁。

背负日本民族的不是政府，而是财团企业，财团始终以民族的强大为己任。在面对日本紧密团结的财团企业时，中国却往往暴露出松散的弱点，进而成为日本的打工者。不断有国家和民族赖以生存的企业被日本财团吸纳。

第一节

蒙古能源中日争夺战

一边是天上的飞龙，一边是西伯利亚森林沉睡的北极熊，夹在中俄之间的蒙古，对中俄两国从来都是又敬又畏，而有“八咫鸟”之称的日本却日益受到蒙古的“青睐”。对蒙古能源的合作开发、曲线合围，也在中、俄、日三国间展开。

由于日本自身基本没有任何能源资源，它在能源争夺战中的表现也就格外抢眼。首相安倍在出访蒙古时也指出，“丰富的矿物资源可谓蒙古的强项，希望推动这方面的合作”，表达了日本对资源外交的期待。

三菱“杀入”蒙古铀矿

其实日本“进军”蒙古能源的步伐早已开始。2009 年 12 月 21 日，法国核电巨头阿海珐宣布邀请三菱商事加入其在蒙古的铀矿项目的投资，三菱商事将支付阿海珐在蒙铀矿项目地质勘探费用及铀开发费用的 34%，并分享未来阿海珐在蒙古国铀勘成果的 34%。

这标志着日本公司真正进入蒙古铀矿的开采领域。三菱商事选择的时机可谓恰到好处。此前由于开采成本较高，以及没有相应的核能管理机构及法律，蒙古铀矿的开采环境一直很乱，风险较大，所以日本公司在铀矿上并未有太多的活动；而此次三菱商事则是在等待条件成熟之后，一举拿下巨大的权益。

2009 年初，蒙古成立了原子能机构，并在当年 7 月中旬推出了《原子能法》。就在蒙古推出《原子能法》的同时，2009 年 7 月 16 日，时任蒙古总理桑吉·巴亚尔便奔赴东京与时任日本首相的麻生太郎进行了会谈，双方一致同意加强合作，共同开发蒙古国的铀矿资源。

蒙古国对日本参与其铀矿开发的强烈诉求使得日本占据了主动，不过日本在等待一个最好的时机，那就是蒙古关于铀矿国有化的法律在2009年11月15日彻底执行完毕。在此之后，观察到事态明朗化的日本三菱财团的综合商社三菱商事果断插手，于当年12月21日收购了阿海珐在蒙古铀矿的部分权益。

事实上，日本财团在蒙古的铀矿领域早就有活动。2008年12月丸红就与在蒙古从事铀矿开采的加拿大公司可汗资源（Khan Resource）签署了一份意向书，取得了对东方铀矿（Dornod）、马岱（Mardai）和古尔班布拉格（Gurvanbulag）三个铀矿床进行可行性研究的权利。可汗资源董事长表示："我们非常高兴丸红对可汗资源的东方铀矿项目有兴趣，并且对日本投资者在蒙古矿产投资环境的影响持乐观态度。"

2010年11月18日傍晚，时任蒙古国总统额勒贝格道尔吉在日本参院全体会议上向众参两院议员发表演讲，称蒙古需要日本的直接投资与高新技术，开展互惠商贸符合蒙古的国家利益，强烈期待日本企业参与稀土、铀矿等资源开发，并表示"两国可以通过加强经济伙伴关系，树立东北亚的典范"。

铜金矿的中日对垒

如果用"一帆风顺"来形容日本公司在蒙古铀矿中的活动，那么中国企业投资蒙古铀矿的历程可谓困难重重。不仅仅是在铀矿领域，中日两国的企业在蒙古其他矿产资源的获取上也面对着蒙古迥然不同的态度。

"很多蒙古人将矿产开发看作是掠夺资源与破坏环境。特别是由于历史与现实上的一些原因，中国人在蒙古经常受到不友好待遇。"中国驻蒙大使馆参赞柴文睿在接受采访时说。而就是在这样一种敏感的背景下，中核集团在蒙古的收购战略曾两度折戟。

2004年底，加拿大艾芬豪矿业公司在奥尤陶勒盖地区发现预计储量超过60亿吨的煤矿，蒙古政府以此为基础提出了"南戈壁政府开发计划"，决定将这里打造成向中国以及其他海外市场输出铜、煤矿以及铁矿石的主要基地。

然而这一计划虽然前景看好，但要实现奥尤陶勒盖铜金矿的完全开发，至少需要12亿美元的投资，其中不包括地区基础设施的投资，这显然不是艾芬豪矿业公司一家所能够承担起的。看到艾芬豪缺钱以及奥尤陶勒盖如此巨量的矿产资源，日本三井财团的三井物产开始按捺不住，在与韩国、中国公司激烈的竞争之后，最终赢得了和艾芬豪公司的合作。

2005年4月，三井物产与加拿大艾芬豪矿业公司在乌兰巴托签订了谅解备忘录，建立战略联盟，在蒙古南部戈壁地区进行基础设施建设，以支持艾芬豪矿业公司的铜金和煤炭勘探及其他资源计划，包括建设一座达到最新技术水平的现代化发电厂，并建设电力传输线、公路和铁路。

蒙古的奥尤陶勒盖铜金矿是世界规模最大的铜金矿之一，主要由全球矿业巨头力拓公司投资开采，其矿产品目前基本全部出口中国

在艾芬豪公司看来，与蒙古接壤而且能源需求旺盛的中国以及日本无疑是最好的合作伙伴。然而，就在中国企业踌躇满志的时候，事情却节外生枝。蒙古人民的资源民族主义思想在媒体的大肆报道之下迅速膨胀，时任中国矿业协会秘书长的刘益康回忆：“当时很多媒体为了突出报道主题，在措辞方面很不注意。这让蒙古觉得奥优陶勒盖项目的背后还有着强烈的政治色彩。”

由于艾芬豪矿业公司的奥尤陶勒盖金矿潜在的巨大财富，世界第三大矿业公司澳大利亚力拓集团闻风而至。2006年10月，力拓与艾芬豪公司达成协议购买其10%股份，在此之后，力拓集团宣布将根据与加拿大艾芬豪矿业公司签署的蒙古南戈壁省奥尤陶勒盖铜金矿项目共同开发协议，以6.91亿美元购入其19.9%战略性股份。并且与艾芬豪公司建立了技术委员会，联合管理作为全球最大的铜矿之一的奥尤陶勒盖金矿的开发和运作。

在与艾芬豪公司经过多次的谈判和股权收购之后，截止到2011年底，力拓已经持有艾芬豪矿山公司42.1%的股份，稳坐第一大股东的身份。而艾芬豪公司通过奥尤陶勒盖有限公司（Oyu Tolgoi LLC）拥有奥尤陶勒盖铜金矿66%的股份，其余34%由蒙古政府持有。

凭借着三井物产在奥尤陶勒盖项目合作的良好铺垫，日本住友财团的住友商事也通过销售设备获得了利益。2011 年 3 月 3 日，住友商事赢得了奥尤陶勒盖有限公司一份 1.32 亿美元的设备供应订单，其核心成员小松制作获得 28 辆大型小松自卸卡车和 6 辆大型小松推土机以及其他矿山机械的订单。

谁是蒙古煤矿的最大股东

本应尘埃落定的蒙古国塔本陶勒盖煤矿项目悬念再起，时任蒙古国总统额勒贝格道尔吉在 2011 年 8 月 20 日称，“因国民不支持，总统也无法支持”，表示出于对舆论调查结果的重视，将对方案进行重审。2011 年 7 月，该煤矿的招标正式公布，中国神华集团和日本三井物产商社合资组成的财团获得了这一煤矿 40% 的股权，成为最大的股东。

与此同时，美国博地能源公司获得该项目 24% 的股权，剩余 36% 股权由韩国资源公司、日本伊藤忠商事株式会社、住友商事株式会社、丸红株式会社、双日株式会社和俄罗斯铁路股份公司组成的财团获得。

在蒙古煤矿争夺战中，尽管以神华集团为首的财团在表面上获得了 40% 的股权，但实际上隐藏在幕后的日本财团才是最大受益者。

蒙古塔本陶勒盖煤矿被誉为当今世界上“最大的未开采煤矿”，矿区煤炭储藏面积达 400 平方公里，煤层厚度 190 米，共 16 层，该煤矿属优质炼焦用煤，原煤出焦率 60% 以上，属于世界上的紧缺煤种。初步探明的焦煤储量约为 64 亿吨，其中主焦煤 18 亿吨，动力煤 46 亿吨，价值高达 3000 多亿美元。

争夺已久

塔本陶勒盖煤矿高储量的优质煤炭令国际能源巨头们垂涎。巨头们围绕该煤矿的开发权进行了激烈的争夺。除了中国神华集团之外，美国矿业巨头博地能源、巴西淡水河谷、瑞士斯特拉塔、欧洲钢铁巨头安赛乐米塔尔以及俄罗斯国企俄罗斯铁路集团共 6 个竞标者参与开发权竞标。

随着神华和蒙古政府谈判的时间推移，局势依旧深海暗涌。2009 年，中国投资有限责任公司同意向拥有蒙古资产的几家采矿企业投资 12 亿美元。这大约相当于当年蒙古国内生产总值的1/4，但不到中投公司3000亿美元总资产的0.5%。中国的金融影响力让蒙古政治家们非常紧张，一位参与外交工作的议员说，在他这一代，一半以上的工程师都是在俄国受的教育，必然地，只有270万人口的蒙古国的领导层似乎更倾向于在包围着它的两个大国间维持一种平衡。

时任蒙古总理苏赫巴托尔巴特包勒德在接受媒体采访时说，他欢迎中国投资，但他也小心翼翼地推进多个国家的“利益平衡与投资平衡”。显而易见，他们担心中国会吞没蒙古体量微弱的经济，中国已经是蒙古最大的外来投资者，新资金却还在源源不断地涌入，在一些蒙古人心里，似乎始终存在着一种威胁感。

谈判随后出现重大转机，2010年9月14日，日本三井物产宣布已经与中国神华集团达成一致，将在分销、海外矿产开发、煤化工和煤炭使用效率等煤炭业务上进行广泛合作。而此次合作无疑将使得双方海外布局更加顺畅。

中日两家公司计划联合竞投蒙古的塔班陶勒盖煤田的开发权。联合公告称，业务主要涉及扩大日中两国煤炭物流、海外煤炭资源的共同开发、共同研究煤化工项目以及促进能源与环境的有效推进这四项。实际上此前三井物产早已长期代理神华集团所产发电用煤的在日销售业务，而此次业务合作则更加全方位。

在三井物产的帮助下，中国神华集团的竞标之路开始顺风顺水，三井物产靠着自己强大的人脉网络和物流优势，帮助神华集团疏通各方环节，终于在2011年7月5日，经过8年的激烈角逐，中国神华集团力拔头筹，获得塔本陶勒盖煤矿40%的股权，这似乎标志着中国人从此成为这座世界最大未开采焦煤矿的最大股东。

然而事实确实如此吗？

日本的珍珑棋局

为什么中国神华集团要和一家日本贸易企业三井物产合作？究竟是什么力量，让中国能源巨头需要采用合资的方式来竞标蒙古塔本陶勒盖煤

矿？三井物产是日本六大财团之一，属于三井财团旗下的核心企业，是日本特色的产商融结合体制的核心环节商。

日本财团由主办银行、综合商社和制造业企业组成，其中最核心也是最独特的部分就是综合商社，综合商社是财团的情报机构，同时又是拓展海外市场的急先锋，它在财团内部有巨大的协调能力。一家日本制造业企业最初进入一个地区和国家的时候，一定会第一时间找到本财团综合商社在当地的分支机构，寻求它们的协助。日本各大财团为了发展和壮大自己的综合商社，都不遗余力地提供各种支持。1994 年，世界 500 强的前 4 名都是日本综合商社，前 10 名中有 6 家是日本综合商社。

日本财团就像一个个航母战斗群，综合商社就是其中统筹全局的航空母舰，带领各个制造企业护卫舰和金融银行组成的空军立体化全方位向全世界每一块有资源的地方进攻

综合商社和主办银行在财团内进行资金融通及集团内交易，同时也组织成员企业参与巨型项目、共同投资和拓展海外市场等，这种集团进攻的案例在中国市场也屡见不鲜。但是，现在的日本财团不存在上下级支配关系，而是成为主办银行、综合商社、众多大型制造企业的三位一体的组织结构。

以三井财团为代表的日本财团就像一个个航母战斗群，而三井物产就是其中统筹全局的航空母舰，带领各个制造企业护卫舰和金融银行组成的空军立体化全方位向全世界每一块有资源的地方进攻。与其说这次是中国神华集团联合三井物产组成合资财团，倒不如说三井物产成功地把中国神华集团纳入到自己“利益共同体”中，并将其打造成一台“超级提款机”，方便今后随时“剪羊毛”。

这次招标中还有 36% 股权由韩国资源公司、日本伊藤忠商事株式会社、住友商事株式会社、丸红株式会社、双日株式会社和俄罗斯铁路股份公司组成的财团共同获得，因此日本实际上才是塔本陶勒盖煤矿的最大股东，只不过日本早就学会了退居幕后，将中国和俄罗斯推上前台，蒙古政治家们要平衡中国和俄罗斯，实际上再怎样平衡，日本财团两头下注，左右都是利益的最大获得者。

如同当年的宝钢一样，日本三井物产通过控制作为资源源头的巴西淡水河谷与作为物流运输的商船三井，就牢牢地控制了铁矿石的定价权。再加上下游的日本新日铁，可以说，中国各大钢铁企业早已被日本人死死地绑在其钢铁业的超级航空母舰之上，再也下不来了。塔本陶勒盖煤矿事件表明，中国神华集团似乎又走上了宝钢的老路，同样是国内行业的龙头大哥，同样被三井物产卡住产业链的咽喉。我们不禁反问，若干年后，中国煤炭定价权会否落入日本人之手?

■来源：《环球财经》2013年6月，作者：白益民

第二节

日本能源战略的“大蒙古阳谋”

名为援助，实为绑架

日本历来将蒙古高原视为亚欧大陆核心，是日本扩大在亚欧大陆影响的桥头堡。蒙古在日本的对外关系中占有重要位置，这一点毋庸置疑。

除了政治上的交流之外，日本还一直通过扶贫来笼络蒙古民心。从1991年起，日本连续15年成为蒙古最大的外援国，援助额高达蒙古受援额的1/3。2002年起，日本政府又在蒙古实施“草根计划”，主打“文化交流牌”。

这一“曲线”战略也最终收到成效。2004年11月，日本驻蒙古国大使馆进行的民意调查结果显示，超过70%的人回答“对日本抱有亲近感”。二战前，臭名昭著的“田中奏折”便提出，如欲控制亚洲，必先控制中国；如欲控制中国，必先控制满蒙，其野心昭然若揭。当前对蒙古国下如此大的力气，其深层次含义不言而喻。

瞄准资源

臭名昭著的“田中奏折”提出，如欲控制亚洲，必先控制中国；如欲控制中国，必先控制满蒙，其野心昭然若揭。图左为田中奏折，图右为田中义一

蒙古在日本的对外关系中占有重要位置，早在1998年蒙古前总统巴嘎班迪访问日本时，就同日方发表了联合声明，宣布两国建立面向21世纪的“全面伙伴关系”。此后，两国一直保持频繁的政治互访，而日蒙两国的关系也有了突飞猛进的发展，日本一跃成为蒙古最大的援助国。

日本“拉拢”蒙古表面上看是符合两国“利益诉求”的，但其真实的目的是瞄准蒙古丰富的矿产资源。截至2010年，日本提供给蒙古共计1.1亿美元的贷款，其中6000万是用来矿产开发的。日本政府、商社、钢铁企业组成同盟，官民一体，全力争取蒙古煤炭利益。它们均认为：“中东地区的资源早被欧美公司买下，日本公司若要在资源产业上大显身手，就必须放眼这些还未进行开发的地带。”

早在2004年10月，三井物产社长枪田松莹就前往蒙古考察石油开发的可能，并成功争取到蒙古当局的支持，为以后煤炭布局奠定了人脉基础。此外，三井物产对外还表示，将在蒙古进一步开展资源产业的投资。

半年后，2005年3月30日，三井物产与加拿大艾文霍矿业公司签订谅解备忘录，结成战略联盟，使得三井有机会参与蒙古的另外一个储量非常丰富的纳林苏海特矿煤田项目。与三井一样，第一劝银财团的伊藤忠也按捺不住蒙古“乌金”的诱惑，就在枪田松莹前往蒙古考察后的一个月，该公司社长横田昭也匆忙赶到蒙古考察，同时还“曲线”投资永晖焦煤集团，率先在蒙古布局物流。

这一重要举措意味着，伊藤忠将与永辉焦煤形成更为坚固的“利益共同体”，从而借助永晖焦煤购买煤炭，并利用其强大的物流来保证未来日本煤炭供给的稳定。值得注意的是，早在2008年伊藤忠就曾大胆尝试将数万吨蒙古煤炭运往日本，但大规模运输还尚未开始。

此外，蒙古煤炭巨头与日本企业关系也非同一般。2011 年 7 月 29 日，蒙古国企塔本陶勒盖煤炭公司与中国铝业公司签署了 2.5 亿美元的销售合作。可是，让人感到意外的是，声明中还指出，中国铝业公司要将上述煤炭的 30% 转售给日本的伊藤忠商事和三井物产，以及韩国矿业振兴公社。从此举也不难看出，蒙古在中国与日韩之间取得了某种平衡。

绑架蒙古金融业

借着蒙日两国关系的迅猛发展以及蒙古私有化的浪潮，日本企业成功进驻蒙古金融业。2003 年 3 月，日本 HS 证券以 658 万美元接受了可汗银行 100% 的股份，然后将 40% 出售给蒙古的塔温博格达贸易公司（Tavan Bogd Trade）。截止到 2013 年，日本泽田控股拥有可汗银行 40.22% 的股份，泽田控股的全资子公司 HS 国际（亚洲）有限公司拥有 12.76% 的股份。

可汗银行是蒙古第一大商业银行，在全蒙古有 500 个分支机构，为蒙古 80% 以上的家庭提供金融服务。可汗银行为大、中、小企业和广大公民提供金融服务，是有着蒙古银行（蒙古央行）特别许可证的有限责任制银行。2011 年 11 月 6 日，可汗银行总裁西蒙莫里斯（Simon Morris）宣布辞职，并由在东京三菱 UFJ 银行工作 25 年的高层管理人士担任代理总裁。

日本在蒙古的金融布局并不仅限于此，2011 年 7 月，日本三菱商事联合世界银行集团下属的国际金融公司（IFC）和欧洲复兴开发银行（EBRD）共同出资，设立了在蒙古投资的蒙古机会基金（Mongolia Opportunity Fund）。值得注意的是，国际金融公司也持有可汗银行 9% 的股份。该基金将主要投资蒙古煤矿、铜矿、铀矿等资源开发相关的道路、供水、供电等基础设施和餐饮等服务设施建设。

2007 年 2 月 26 日，蒙古国总统恩赫巴亚尔访问日本期间，与日本首相安倍晋三举行会谈，并签署了《未来十年蒙日合作基本纲要》。此次会谈之后，日本经济产业省、日本国际协力银行、日本贸易保险等行政法人和财团企业与蒙古政府及能源企业每年都举行共同磋商会议。

通过两国政府官员及企业高层频繁的往来和经贸合作，日本已经从当初蒙古眼中的“第三邻国”升级为蒙古重要的战略合作伙伴。需要审视的是，日本政府以及财团对蒙古的资金和技术援助不仅赢得了蒙古国在国际政治上对日本的支持，同时也在蒙古获得了大量日本所需的资源。日本才是最终的赢家，而蒙古只是垫脚石。

煤矿争夺战

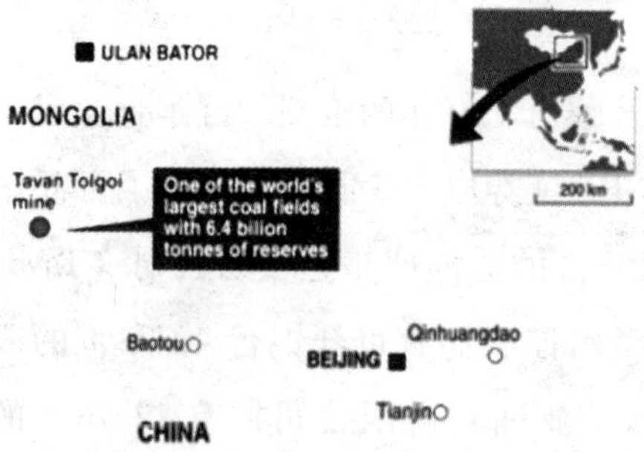

世界最大的未开发煤矿——蒙古塔本陶勒盖煤矿位置示意图

塔本陶勒盖这个名字对于许多人来说也许并不陌生，因为2011年中国神华几乎就要将其拥入怀中。然而谁也不曾想到，这个被世界能源巨头竞相追逐的巨型煤矿竟以这样的方式重新亮相。与上一次的剧情截然不同的是，日本成为此次被蒙古邀请的唯一主角。

塔本陶勒盖煤矿被誉为是当今世界上“最大的未开采煤矿”。初步探明的焦煤储量约为64亿吨，其中主焦煤18亿吨，动力煤46亿吨，价值高达3000多亿美元。一位曾有意参与投资的人士形容说，这是“全世界都想要的项目”。

如此巨大的煤炭储量，让所有世界能源巨头为之倾心。除中国神华集团外，美国矿业巨头皮博迪能源公司、巴西淡水河谷、瑞士斯特拉塔、欧洲钢铁巨头安赛乐米塔尔以及俄罗斯国企俄罗斯铁路集团都对此项目垂涎三尺，希望参与该煤矿的开发，各方围绕煤矿的开发权展开了激烈的争夺。

而早在2003年，神华集团便开始关注塔本陶勒盖煤矿，并与内蒙古巴彦淖尔市组成经贸团前往蒙古首都乌兰巴托，就开发塔本陶勒盖煤矿进行了会谈，并从各个层面准备了合作开发的布局。

众所周知，物流一直是制约蒙古煤炭发展的重要因素。为了在谈判中获得更大的优势，2009年1月，神华开始筹建由内蒙古甘其毛道口岸至包头市万水泉车站的甘泉铁路。该铁路是国家Ⅰ级单线电气化铁路，并于2011年顺利通车，其北端的甘其毛道口岸距塔本陶勒盖煤矿南端仅180公里。

除了超前布局物流，神华还为能够顺利加入塔本陶勒盖煤矿的开采准备大量的银子。神华集团董秘黄清曾表示，公司账上有700亿元现金可用于收购。与此同时，为了在竞争中占据优势，神华集团高层领导也忙碌不已。2010年3月，时任神华集团副总经理、中国神华能源股份有限公司总裁凌文透露，已就塔本陶勒盖煤矿与蒙古政府进入第二轮谈判。

可惜神华的努力始终没有得到蒙古政府的青睐，由于中蒙双方在各个方面都有分歧，2009年谈判遭遇搁浅。蒙古国内的政治局面以及蒙古政府自身的政治顾虑是导致各项谈判延缓的主要原因。蒙古新总理苏赫巴托尔巴特包勒德在接受外国媒体采访时说，他欢迎中国投资，但他也小心翼翼地推进多个国家的"利益平衡与投资平衡"。言下之意是，他希望更多的国家和企业参与到蒙古煤炭的开发上来，以平衡中国的利益，不希望中国独大。

伙伴还是跳板？

正值神华受挫之际，三井财团的综合商社三井物产欲联合神华共同竞标，使得谈判出现转机。至于为什么会选择和神华合作竞标，三井物产发言人回复《中国经济时报》称："在此之前，两家公司就共同探讨了参与该项目（塔本陶勒盖煤炭）的方法。该公司和神华集团是在2000年以后，在对日本销售煤矿的业务中，双方结成了紧密的合作关系。我们两家公司业务互补，所以一直合作至今。"

在三井物产加盟之后，神华联合团体的谈判之路也变得顺风顺水。2011年3月19日，神华集团发布公告称，该公司与另一公司共同组成的联合体，已顺利进入2010年底启动的蒙古国塔本陶勒盖煤田Tsankhi矿区西区块全球公开招标的6家公司（联合体）短名单。毫无疑问，另一公司就是大名鼎鼎的三井物产。

2011年7月5日，在蒙古国政府召开的一次非例行会议上，塔本陶勒盖煤矿项目西部 Tsankhi 区块的招标结果出炉。“抗战八年”的神华集团终于力拔头筹，获得塔本陶勒盖煤矿 40% 的股权，成为该项目的最大股东。在榜单上没看到日本企业踪影，意味着日本惨遭滑铁卢，没有得到丝毫的权益，可是事实真的如此吗？

众所周知，此次塔本陶勒盖煤矿由神华和三井共同竞标，所以神华的权益里面必定包括三井的权益。此外，凭借跟皮博迪公司的人脉往来，三井日后获取资源可以说不费吹灰之力。更值得注意的是，此次招标的俄罗斯财团由俄罗斯铁路股份公司、伊藤忠、住友商事、丸红、双日株式会社和韩国资源公司共同组成。所以，事实上日本才是最大的股东和最大的受益者。

日本综合商社由于有着近百年的投资经验，往往通过“幕后操纵”就能达到目的。此轮竞标，日本将中国、俄罗斯、美国三家企业推到风口浪尖，其实无论蒙古政治家怎样平衡中美俄三方的利益，对于日本各大财团来说，无非是左手换右手的把戏，日本始终都将是最大的获益者。

两个月后，原本尘埃落定的塔本陶勒盖煤矿协议又掀波澜。2011 年 9 月 17 日，蒙古总统发言人巴图吉雅表示，蒙古国家安全委员会已否决该国在 7 月份与外国公司达成的一项开发大型煤矿塔本陶勒盖的初步协议。此前，时任蒙古国总统额勒贝格道尔吉在 8 月 20 日称，“国民不支持，总统也无法支持”，表示出于对舆论调查结果的重视，将对方案进行重审。

这一决定给对该项目寄望极大的中国神华集团当头一棒，也使围绕塔本陶勒盖煤矿的争夺战暂时告一段落。对塔本陶勒盖煤矿竞争的重新洗牌让日本公司得以从幕后走到台前，成为蒙古最大的意向合作伙伴。

三菱的如意算盘

在蒙古煤炭争夺中，我们发现了众多日本大型综合商社的名字，其中有三井物产、伊藤忠、住友商事、双日和丸红。事实上，还有一家规模、名气不亚于三井物产的大型综合商社没有露面，那就是三菱财团的综合商社三菱商事。难道蒙古煤炭的诱惑力不足以使该公司趋之若鹜？其实不然，三菱商事早已借助神华之手将触角伸向了蒙古煤炭。

三菱商事社长小岛顺彦（Mr. Yorihiko Kojima）

2007年10月下旬，正值神华与蒙古国谈判之际，时任三菱商事社长小岛顺彦访问中国，与神华能源高层就合作事宜等进行了会谈。在会上，双方协商不仅将共同进行在中国和国外的煤矿开发，还将联手开展二氧化碳排放权交易和煤矿污水处理等环保事业。与此同时，双方还将建立管理层定期协商机制，以及具体协商合作细节。

紧接着，11月6日，三菱商事与神华集团实行资本合作，携手开展煤炭、矿山开采、环保事业和引进矿山发电设备等业务，三菱商事出资约150亿日元，购买了神华集团旗下最核心的企业神华能源控股3000万股，约占总发行股本的0.2%。三菱商事此前每年从神华集团进口约200万吨煤炭。三菱商事希望通过此次资本合作，不断扩大其在华煤炭业务。

随着资本合作的达成，三菱与神华联系日益紧密，高层往来也日益增多。2009年7月22日，神华能源股份公司副总裁王金力与三菱商事澳洲公司首席执行官Kirk Yamanaka一行就海外项目有关的人力资源、行政管理、项目收购等方面事宜进行了交流。2011年6月12日，三菱商事通用化学品第一本部喜代吉龙也一行在神华大厦拜访了中国神华煤质化工有限公司副总裁岳国，希望在下游产品领域与神华建立合作关系。

如此一来，与其说是神华集团与三井、三菱组成“联合体”，倒不如说三井、三菱已经成功将神华整合到自己的“利益共同体”里面。日本不再需要担心蒙古煤炭的运输，完全可以借助神华集团的超强物流，轻轻松松将其运回日本。

统合野心

日本三井财团的综合商社三井物产在整合蒙古国煤矿的同时，另一只眼则瞄准了中国内蒙古的煤炭行业，从而内外通吃，更好地整合蒙古煤炭

资源。这样做不仅可以借助内蒙古企业的物流将蒙古煤炭运输出去，其次还可以将内蒙古打造成自己的煤炭冶炼基地，从而延伸整个煤炭产业链。

2010年7月2日，在与神华商讨联合竞标蒙古煤炭的同时，三井物产与内蒙古鄂尔多斯集团也达成增资协议。根据该协议，三井物产继续向鄂尔多斯电力冶金股份有限公司（以下简称“电冶公司”）追加投资3.5亿元，以维持原先的25%股权不变，此次投资意味着三井物产已向该公司投资了共17.5亿元。

电冶公司是鄂尔多斯羊绒集团的下属公司，自2003年成立以来，经过多年发展，已初步构筑起煤炭开采——煤炭洗选——发电——供电——硅铁及其他硅系产品冶炼的循环经济产业链条。

三井物产一直希望将电冶公司打造为其中国区的战略伙伴，并且通过自身强大的组织力，帮助后者在新项目中实现拓展。2004年，三井物产、电冶公司与第一劝银财团的JFE钢铁投资建设了EJM锰合金事业项目并达成协议，并于2005年4月正式成立了合资公司——鄂尔多斯EJM锰合金股份有限公司。其中电冶持有该公司51%的股份，三井物产、JFE钢铁各持有剩余的24.5%的股份。此举进一步加深了鄂尔多斯集团与三井的业务联系。

三井物产在整合蒙古国煤矿的同时，更是瞄准了中国内蒙古的煤炭行业，从而内外通吃，更好地整合蒙古煤炭资源

为进一步巩固与电冶公司的合作伙伴关系，三井尝试着以入股方式获取主动权。2006年9月，三井物产与电冶公司就接受该公司实施的扩股增资方案以及承接现有电冶公司股东的股权转让，最终获得该公司25%的股权的事宜，达成了基本协议。当确认该协议中规定的具体条件被满足之后，三井物产将正式对电冶公司投资14亿元，获得该公司25%股权。

此次投资于2007年8月得到了中国商务部有关部门的批准。2007年8月7日，鄂尔多斯集团在首府举行新闻发布会，就所属鄂尔多斯电力冶金股份有限公司已与三井物产成功进行战略合作向媒体进行了通报。三井物产的社长枪田松莹、鄂尔多斯集团董事局主席王林祥都出席了新闻发布会。据三井物产中文官网显示，在三井物产近30多年的对华投资中，该项目是单一项目投资金额最高的项目。

三井物产与电冶公司的母公司鄂尔多斯羊绒集团一直保持着密切的联系，鄂尔多斯羊绒集团也是三井物产一手栽培起来的“摇钱树”。而不可否认的是，假手电冶公司渗透蒙古能源才是其更大的战略野心。

■来源：《环球财经》2013年6月，作者：白益民

第三节
日资全球统合资源

其实，铁矿石涨价造成的轰动，已经反映出中国钢铁被日本牢牢操纵，而铜矿石等其他资源也正在重走老路。即便有政府出面，中国企业在海外投资矿产仍无法摆脱悲哀的命运。

资源捆绑

2008年12月18日，日本与澳大利亚在东京签订“共同防卫宣言”，双方的外务和防务大臣出席会议，这标志着日澳军事同盟的正式确立，日澳双方在矿产等方面形同一体的合作，则是同盟牢固的经济基础。

铜是重要的金属资源。三井物产与澳大利亚的必和必拓、力拓，在全球展开的关于铜的合作，说明双方的关系非同寻常。

2001年2月23日，蒙古国宣布，必和必拓在位于蒙古南戈壁省汗包格德县的敖尤陶勒盖地区发现巨大的铜矿。初步探测结果表明，该地区的铜储量在7.5亿吨以上，处于地表、储量在5000万吨的铜矿两处，是蒙古现存最大的额尔敦特铜矿的2倍。随后必和必拓将许可证转让给加拿大的艾芬豪矿业公司。

2006 年 3 月 28 日，正在日本访问的时任蒙古总理恩赫包勒德（左）与时任日本首相小泉纯一郎会面

2004 年底，加拿大艾芬豪矿业公司又在敖尤陶勒盖地区发现预计储量超过 60 亿吨的煤矿，其中适合钢铁生产的优质煤炭占 40%，距中蒙边境约 80 公里。紧接着，2005 年 4 月，三井物产与加拿大艾芬豪矿业公司在乌兰巴托签订谅解备忘录，建立战略联盟，共同开发敖尤陶勒盖铜金、煤炭工程，并提供铁路运输、电力和其他基础设施建设。

2006 年 8 月 10 日，在三井物产的敦促下，小泉纯一郎首相访问蒙古，稳固关系。早在同年 3 月，时任蒙古总理恩赫包勒德访问了日本。双方互访充分营造出日蒙友好氛围。蒙古国民对日本的亲近感也与日俱增。此前，有报道称，蒙古近 1/3 的国际援助来自日本。例如 1977 年 3 月由日本扶持建成的蒙古纺织产业，截至 2009 年，占世界羊绒市场的份额约为 25%，创汇占蒙古外汇收入的 50%。

2006 年 10 月，澳大利亚力拓收购加拿大艾芬豪 10% 的股份，并有权将持股比例提高到 40%，其宣称敖尤陶勒盖铜金、煤炭工程为世界最大规模工程，预估可使蒙古的国内生产总值和国民可支配收入分别上升 34.3% 和 11.5%。

2008 年 3 月 5 日，蒙古外国投资和外贸代理机构负责人奥特冈巴特在多伦多称，国会将讨论项目协议草案以及可能的矿业法修正，敖尤陶勒盖铜矿将在 2009 年正式投产，2014 年产量将达到 41 万吨。

整个进程中，三井物产与必和必拓、力拓虽未直接接触，却有着连贯而通力的协作，从意志到行动都相当统一。尤其是在敖尤陶勒盖进行的决定，更是体现了一个经济体投入国计民生事业的决心。

另外，离蒙古不远，由三井物产统筹的中国内蒙古鄂尔多斯煤炭、冶金、电力、黄河引水工程也与它相互配合。

与在蒙古国的发展道路相同，三井物产在鄂尔多斯也是先扶植纺织产业。1979年，三井物产开始帮助当时还很弱小的鄂尔多斯羊绒公司购置纺织设备，并且将生产的原毛和羊绒产品出口到日本，充抵设备款项，从此鄂尔多斯经济起飞。经长年发展，鄂尔多斯纺织产业已占世界羊绒市场的40%，地位难以撼动。时机成熟后，三井物产便深入到鄂尔多斯的资源产业。

2003年，三井物产投资190亿日元，持有鄂尔多斯电力冶金公司25%的权益，主持鄂尔多斯煤炭、冶金、电力、黄河引水工程。鄂尔多斯电力冶金公司迅速成为拥有世界最大硅铁工厂的企业，每年生产硅铁55万吨和硅锰15万吨，满足了日本的总需求量。2004年，鄂尔多斯电力冶金、JFE钢铁和三井物产建立合资的EJM锰合金公司。鄂尔多斯也变成中国最富裕的地区——2007年，该地区人均国内生产总值高达1.0451万美元，超过北京和上海。通过对一个庞大工程的把握，三井物产将日本、蒙古国、澳大利亚、中国甚至俄罗斯的资源捆绑在一起，运筹帷幄，对全球资源格局产生深远的影响。

无所不能

三井物产始终努力保持某种内部相对的平衡。以其积极扶持巴西淡水河谷（Companhia Vale do Rio Doce，CVRD）为例，三井物产原本就拥有巴西Valepar S. A.公司（CVRD的母公司）18.24%的股权，属于幕后决策者。2008年6月13日，三井物产再次表示，Valepar准备行使优先认购权，维持其在淡水河谷的控股权，而三井物产会按比例向Valepar投入资金750亿日元左右，约合6.9亿美元。

智利的埃斯康迪达铜矿是世界最大的私营铜矿，占全球铜产量近1/10，其中必和必拓持有57.6%股份，力拓持有30%股份，三菱商事持有10%股份

淡水河谷以铁矿石生产为主，也在向铜、镍等非铁重金属以及石油、

煤炭、天然气等领域进军，开始逐步完善综合的价值体系。其中，铜矿项目已占到淡水河谷2008年预算的25%。

淡水河谷的Salobo位于巴西北部Carajas地区，是巴西最主要的铜矿，计划全部投产后，每年铜精矿的产量将达到40万吨。

又例如淡水河谷与斯卡博罗矿业公司（Scarborough Minerals）正在哈萨克斯坦共同开发沃斯托克铜矿。该矿区占地111平方公里。根据苏联时期的数据，矿区500米深处可能拥有200万吨铜。

智利最大的3家私营铜矿为埃斯康迪达、洛斯佩兰布雷斯和科亚瓦西。参照伦敦金属交易所（LME）现货铜价，埃斯康迪达为世界最大的私营铜矿，销售额83.8亿美元，净利润53.2亿美元。它由必和必拓持有57.6%的股份，力拓持有30%的股份，三菱商事持有10%的股份，国际金融公司持有2.5%的股份。

洛斯佩兰布雷斯销售额27.3亿美元，净利润18.4亿美元。它由安托法加斯塔矿业（Antofagasta Minerals）与三菱商事控股。

科亚瓦西销售额32亿美元，净利润17.9亿美元。它由斯特拉塔（Xstrata PLC，总部在瑞士）持有44%的股份，英美公司（Anglo American PLC）持有44%的股份，三井物产持有12%的股份。

此前，智利国有铜公司（Corporacion Nacional del Cobre，CODELCO）同期销售额则为129.7亿美元，可比净利润71.4亿美元。如此庞大的矿产巨头，自然会是整合的重大目标。2008年1月29日，力拓与CODELCO签订协议。力拓与CODELCO的全资子公司SCM Los Andes共同向双方的合资公司提供位于智利的几处矿权。力拓将获得利润的55%，并有望增加到60%。

只要经济复苏，原材料需求回暖，铜的价格下跌局面就会扭转。因为从长期看，价格的暴涨是必然趋势，而盈利状况也会再次剧增。

淡水河谷这座由巴西总统亲自任命总裁的超级企业，在三井物产的决策推动下，不断地吞并、垄断，逐渐与必和必拓势均力敌。2008年初，淡水河谷提出收购斯特拉塔，总额为900亿美元。与必和必拓以1010亿美元收购力拓遥相呼应。两宗收购均以失败告终，但淡水河谷保留收购斯特拉塔的权利。

仅仅几个月后，2008 年 6 月 13 日，摩根大通银行表示，淡水河谷可能收购美国自由港迈克墨伦铜金矿公司（Freeport – McMoRan Copper& Gold Inc.）。此时，由自由港迈克墨伦、布埃纳文图拉矿业公司（Compania de Minas Buenaventura SAA）和住友商事控股的秘鲁绿山铜矿，爆发工人罢工，震惊全球。该矿生产的铜精矿的 50% 出口给住友金属矿业公司。

两天后，6 月 16 日，英国《观察家报》报道，淡水河谷也在考虑收购英美。英美当前市值为 435 亿英镑，约合 850 亿美元。英美是基于智利的矿业公司，其智利部门 2007 年铜产量为 65. 2791 万吨，同比增长 1. 9% 。其中，包括控股 44% 的 Collahuasi 铜矿（即科亚瓦西）。它旗下的 Los Bronces 铜矿，产量也高达 23. 1216 万吨。

世界级的矿产资源正不断地减少，而新矿的开采成本在提升。资源，对于日本，不仅是单纯的暴利事业，也是确保日本重工业拥有绝对优势的首要因素，并与重工业共同构成日本控制力。日本的 200 海里专属经济区是国土面积（37. 79 万平方公里）的 10 倍，此次，日本又向联合国申请 74 万平方公里的延伸大陆架。其中储藏丰富的矿产，特别是替代性能源，已使日本成为资源大国。而日本在对全球资源生产几极间进行统合的同时，亦将触角伸向中国、印度等国家。

新的势力

泛太平洋铜业公司（Pan Pacific Copper）预测，2009 年全球铜需求量将增长 3. 5% ，至 1916 万吨。而中国作为最大的铜消费市场，将增长 8% 。

三井物产几十年间一直将目光聚焦在江铜、云铜、金川、铜陵有色等中国主要冶炼厂。中国铜精矿相当短缺，三井物产就把它在海外的巨大矿山介绍给它们，或者帮助它们对海外的矿山投资和开发，扩大业务。从中国金属冶炼发展的起初，它就在默不作声地渗透。

铜陵有色是新中国最早建设起来的铜工业基地，位居世界铜精炼企业第五位，2007 年，进出口贸易总额达到 28. 29 亿美元。而在 1985 年 11 月，铜陵有色就与三井金属矿业株式会社结成友好企业。

在印度，三井物产的策略较为隐蔽。2007 年，印度韦丹塔公司（Vedanta Resources）收购三井物产所持印度铁矿石公司 Sesa Goa 的 51% 的股份。安赛乐米塔尔（Arcelor Mittal）与淡水河谷均失败。在近年全球铁矿石价格飞扬中，均会看到 Sesa Goa 的身影。

在收购 Sesa Goa 的 51% 的股份后，韦丹塔迅速壮大。三井物产通过韦丹塔，顺利在印度复制日本早已在其他国家建立的模式，并孕育出一支介入全球资源的新的势力。

2007 年 6 月，韦丹塔与澳大利亚最大的铜生产公司 WMC 洽谈收购其铜资产。韦丹塔目前年铜产量为 31.3 万吨，旗下杜蒂戈林炼铜厂投产后将增加至 40 万吨。WMC 的年铜产量为 27.5 万吨。同年 12 月，韦丹塔购入赞比亚铜业投资公司所持孔科拉铜矿 28.4% 股份，以将其所持股份由 51% 提高至 79.4%。2008 年 5 月，韦丹塔以 26 亿美元收购美国铜业公司 Asarco。6 月，又提出未来 4 年计划在印度投资 200 亿美元，扩展金属和电力业务，俨然一头咄咄逼人的巨兽。

在那些世界级的矿产资源，或许三井物产的资本不大，并没有实现控股。但是三井物产会让三井金属、住友金属、日矿等公司从事矿产的冶炼，支配矿产的输出，从而形成具有压倒性的势力。住友金属矿业是三井·住友大财团体系中一个重要部门，住友财团最早就是以铜而起家的，每年住友金属与必和必拓的谈判都会改变全球矿业走向。

2008 年 7 月 31 日，住友金属与必和必拓达成协议，对于铜精矿处理和精炼费用的设置低于年初谈判的 45 美元/吨处理费和 4.5 美分/磅精炼费。孰料 2008 年 12 月，日本冶炼厂（以住友金属为主）提出将争取在 2009 年提高铜加工费用至三倍。铜原料市场价格取决于铜矿石价格和加工费用。2008 年 12 月，LME 铜价已经由 4 月的 8600 美元/吨震荡下行到 2900 美元/吨。同时，住友金属可能将从 2009 年 1 月起削减铜产量 10% 以提升铜价，以应对全球经济不景气带来的汽车及电子产品需求的下滑。

早在 2008 年 1 月，住友金属就与必和必拓达成协议，同意将铜矿石价格提高 1%，日本矿石和冶炼产业的利润得到保证。虽然日本重工业成本回升，但作为财团成员，整体利益获得最大的维护，而居于底端的外国企

业则无法避免受到打击。

泛太平洋铜业是日矿与三井矿业冶炼建立的合资公司。2006 年，它们将大部分铜冶炼业务合并到泛太平洋铜业公司，以增强铜业务。它已经与韩国 LS 日光铜业公司（LS – Nikko Copper）组建同盟，计划未来几年在智利与秘鲁等国投资 2000 亿日元以开发铜矿。它的规模仅次于智利国有铜公司和美国菲尔普斯 – 道奇公司（Phelps Dodge，隶属于自由港迈克墨伦）。

谁受影响？

电解铜箔是电子工业的基础原材料，主要用来制作印制电路板。全球电解铜箔的生产几乎由日本控制。三井、日矿、古河、福田等大公司在世界各地都建有工厂。近年电解铜箔的供需缺口迅速扩大，中国大陆、台湾、香港以及东南亚地区每年都有数万吨的缺口，这就为三井这个铜箔年产量占世界市场 35% 份额的企业提供了广阔的天地。

电解铜箔是电子工业的基础原材料，全球电解铜箔的生产几乎由日本控制

2008 年 4 月，三井金属表示，将在中国台湾的台湾铜箔（TCF）和马来西亚的 Mitsui Copper Foil（MCF）两个公司内，增强厚度在 12μm 以下的电解铜箔的产能，还将增产需求稳步增长的带树脂的铜箔，创造能够实现稳定供应的体制。

2008 年 9 月，三井矿业冶炼决定投资 150 亿日元在马来西亚建立新工厂，该工厂将拥有每月 1200 吨的铜箔生产能力。

在中国大陆，1999 年和 2001 年，三井金属在苏州和珠海分别投资建立工厂。这两家两座工厂尚处于试水阶段。中国大陆铜箔市场成熟后，三井金属将会在中国大陆发展整个生产体系。三井金属贸易（上海）公司是三井金属设在中国大陆的核心机构，具有综合商社的职能。它已经在中国大陆进行大量的产业链条铺设。

随着电子工业的普遍发展，尤其是中国大陆、台湾和韩国等经济体涌现出大批消费电子类企业，日本作为世界第一的电子工业大国，非但没有被撼动，反而始终把控基础原材料。全球先进电子工业由日本这个大脑控制，少数国家和地区可以是神经中枢（只有依靠日本的素材才会发挥自己的技术），而绝大多数国家和地区只是从事装配的双手。

三井金属与三井矿业冶炼，都已有百余年的历史。

背负日本民族的不是政府，而是财团企业，财团始终以民族的强大为己任。在面对日本紧密团结的财团企业时，中国却往往暴露出松散的弱点，进而成为日本的打工者，不断有国家和民族赖以生存的企业，被日本财团吸纳。

三井物产是世界最大的综合商社。综合商社首创于日本。它具有极大的贸易规模，但更注重在这个基础上将各种全球通用企业联系起来，甚至发展成财团成员，从而深刻影响全球的经济政治。因此，日本财团的界限愈益模糊，范围也愈益难以衡量。综合商社和主办银行是日本财团的核心机构，一个打通道路，一个提供资金，相互协调。

《三井帝国在行动——揭开日本财团的中国布局》一书的作者白益民，曾经在三井物产工作了12年，他在书中的最后一页这样写道：

日本有计划的市场经济模式的突出特征就是，以“综合商社”为核心对国民经济进行细致的微观经济管理，而非像美国那样依靠“基金”实施粗放型的宏观经济管理。总结一下就是：综合商社是商贸公司，第二银行，准军事体，次级政府，幕后外交，战略智囊，情报中心，风险堤坝，投资媒介，经贸大学等。总之，综合商社不仅是产业资本、商业资本和金融资本的纽带，而且是日本寓军于民体制的核心，是民间与政府对接的桥梁。

■来源：《环球财经》2009年3月，作者：佟凯敏

第四节

资源争夺引发“核大战”

日本商社齐上阵，旨在击败中国

哈萨克斯坦的铀储量约占世界总储量的25%，在世界上位居第二，图为哈萨克斯坦铀矿工人在测试“黄饼”的辐射情况

对于铀资源储量第一的澳大利亚和第三的加拿大，虽然日本财团企业都是其大客户，但是没有像对其他资源一样拥有控制权。控制这些铀矿资源的除了其本国政府和企业外，主要是美国、英国和法国的公司。这三个国家都是世界承认的拥有核武器的国家，并且都是联合国常任理事国。在铀矿资源的争夺上，中国和日本在时间上是处在同一起跑线上的，而且都把目光锁定在铀矿资源储量丰富的中亚国家（哈萨克斯坦等）及俄罗斯上。

哈萨克斯坦的铀储量约占世界总储量的25%，在世界上位居第二。早在2005年11月，三井物产、三菱商事、住友商事、伊腾忠商事、双日株式会社这5家综合商社就访问了哈萨克斯坦，参与访问的还有关西电力和日本国际合作银行。日本能源行业的一名官员表示，为了获得哈萨克斯坦的铀，中国和韩国正在展开激烈竞争，这对日本来说是一场艰难的竞争，因为哈萨克斯坦并没有清楚表明其铀矿将会向外国公司开放多少。

2006年8月28日，即将卸任的日本首相小泉纯一郎展开其首次中亚之行。包括三井物产和丸红在内的几家日本能源公司敦促小泉利用此次访问锁定日本对哈萨克斯坦铀矿的开采权，以在这场争夺中亚核燃料的竞争中击败中国。日本共同社报道说，小泉曾亲自指示日本政府内阁成员重点访问尚未踏足的国家，作为这种“战略性外交”的一环，小泉此次选择了铀、石油、天然气等天然资源丰富的中亚地区。

2006年10月5日，在东芝正式完成收购西屋电气前夕，三井物产与俄罗斯技术供应出口公司签署协议，开始实施开采雅库特“南方”铀矿区的合资项目。三井物产因此成为俄国开放核能战略领域后第一家进入其铀矿市场的外国公司，也是首家直接参与俄境内铀原料开采项目准备工作的外国公司。雅库特的埃利孔斯克矿区被认为是俄境内已探明的储量最丰富的铀矿区，蕴藏着俄罗斯一半以上的探明铀矿储备，将近34.4万吨；而“南方”矿区又是埃利孔斯克矿区中之一，已探明的铀矿储量达25万吨，被认为是世界最大的铀矿之一。

俄日联合开采铀矿资源的项目总投资额为2.45亿美元，而在该项目实施合理性得到确认之后，三井物产将获得这一联合项目25%的股份。三井物产发言人说，日本之所以大规模在全球收购铀资产，是为了抵消未来铀价格的上升。但是，三井物产也不经意地透露，日本的目标其实还是在中国。路透社援引这名三井发言人说：“我们必须在中国竞争到来之前，确保铀的份额。”

◆日哈簽署鈾資源開發等多項協議
04.30 20:12
【共同社阿斯塔納4月30日電】日本經濟產業相甘利明30日在哈薩克斯坦首都阿斯塔納與該國總理馬西莫夫舉行會談，雙方簽署了以哈方擴大對日鈾出口及兩國核電站技術合作為主要內容的聯合聲明。隨行的日本企業負責人也與哈國家原子能工業公司（Kazatomprom）就共同開發鈾資源等簽署了24份合同及備忘錄。目前日本從哈薩克斯坦進口的鈾只佔全部進口量的1%，預計今後這一份額將上升至30%到40%。
在世界性資源競爭激化的情況下，鈾的價格急劇上升。日本政府和民間共150人此次訪問全球鈾儲量第二的哈薩克斯坦，為確保鈾的穩定供給開闢了道路。

哈薩克斯坦將擴大對日鈾出口
日本經濟產業相甘利明與哈薩克斯坦總理馬西莫夫在簽署聯合聲明後握手。30日下午攝於阿斯塔納的...

2007年4月30日，日本经济产业相甘利明与哈萨克斯坦总理马西莫夫举行会谈，双方签署了以哈方扩大对日铀出口及两国核电站技术合作为主要内容的联合声明

在海外能源开发方面，三井物产和三菱商事这两家综合商社总是一对形影不离的战友。2006年10月，三菱财团的三菱商事与俄罗斯技术供应出口公司正在进行一项铀矿开采可行性研究活动，该铀矿位于俄罗斯东部，开采的铀矿将提供给日本。其中，位于Sakha的Yuzhnaya矿将于2009年开始投产，其建设需要花费2.45亿美元，2015年年产量将达到1000吨。此外，另一处的Elkon铀矿的储量据估计将达到25000吨，三菱商事社希望拥有25%的股份，并将为可行性研究投入600万美元。

不仅三井物产和三菱商事开始在铀矿资源上发力，日本的其他综合商社也不甘落后。据路透社报道，日本第一劝银财团的伊藤忠商事透露，该

公司要把现有的每年4000吨的铀交易量，在五年内扩大到7000吨到8000吨。这个数字已经超过了中国15年后最高的需求量。2005年10月，也是中国发布核能使用规划不久，伊藤忠商社同哈萨克斯坦国家铀矿公司签订了10年的购买合同，这些铀用以转口美国以及日本国内需求。

2007年4月，以富士财团的丸红（综合商社）为首的“日本企业联盟”购买了哈萨克斯坦南部Harasan矿区40%的股权，丸红、东京电力、中部电力、东北电力这4家企业分别按照55%、30%、10%、5%的比例分配。该矿山由哈萨克斯坦国家原子能公司和“日本企业联盟”共同开发。2007年8月，东芝与丸红达成协议，接受丸红转让的22.5%的股份，从而获得该矿山的开采权。自2014年开始的40年时间里，“日本企业联盟”可以获得份额为2000吨/年铀精矿；其中，东芝每年可获450吨铀精矿，预计可满足2~3座核电站的需求。

铀矿换股权，形成利益共同体

2007年4月，日本经济产业相（部长）甘利明和东芝公司社长西田厚聪等人一同访问了哈萨克斯坦，并与哈方就扩大铀燃料的进口及加强核电站技术的合作等问题达成了共识。同年7月，东芝公司透露，计划将旗下的西屋电气公司10%左右的股份转让给哈萨克斯坦国家原子能公司。显然，面对世界范围内资源争夺战愈演愈烈、铀燃料价格直线飙升的情况，东芝希望通过和哈萨克斯坦形成利益共同体，强化三井财团对核电业务的统合。

此后不久，东芝公司将所持西屋电气公司10%的股份以5.4亿美元的价格，出售给了哈萨克斯坦国家原子能公司，将拥有西屋电气的股份从77%减少到67%。三井财团的东芝公司通过这项交易，旨在强化与全球第二大铀储备国哈萨克斯坦的关系，建立起从铀燃料到核电设备制造的一条龙全球核能业务体制，使其在全球越来越多的核电谈判中占据优势地位。

也许是受到东芝的启示，中国很快与哈萨克斯坦达成以铀矿换股权合作协议。2007年11月19日，英国《金融时报》发出消息称，中国核工业集团和中国广东核电集团将共同持有哈萨克斯坦境内一家铀矿公司（Zhalpak 项目）49%的股权，哈萨克斯坦国家原子能公司保留另外51%的股权。作为交换，哈萨克斯坦国家原子能公司将获得中国核燃料加工或发电厂的股权。该报评论说："对于行动隐秘的中国核工业而言，该交易是个突破，凸显出中国在中亚积极获取能源资源的攻势。"

遗憾的是，中国与哈萨克斯坦达成这个"实质性的核能合作协议"可谓有些姗姗来迟，而且是小巫见大巫了。Zhalpak 项目仅是一个铀矿总储量15000 吨、年产量 1000 吨、2012 年才投产的小项目，中国每年获得不过500 吨铀精矿。

相比之下，日本仅在 2007 年 5 月就同哈萨克斯坦有关方面签署了 25 项关于能源合作的协定和备忘录，其中最引人注目的当属日本每年从哈萨克斯坦进口铀的长期协议以及哈铀矿开采权的备忘录。与此同时，日本有关方面还同乌兹别克斯坦政府就共同开发铀矿达成了一致。

其实，中国商务部网站早在 2004 年 11 月 15 日就公布了消息说："中国核工业集团公司与哈萨克斯坦原子工业公司上周在北京草签了'长期战略伙伴关系协议'，并签订了到 2020 年原子能工业领域合作工作纲要。正式协议将在 2005 年两国首脑会晤期间签署。"也许正是捕获到这个消息，日本综合商社抢先于中国政府与哈萨克斯坦尽快达成了更多实质性协议。与日本财团快速实现布局相比，中国方面则更多的是"雷声大、雨点小"。

中广核铀业受挫"日本商权"

2011 年 12 月 8 日，中广核旗下铀业发展有限公司正式向在伦敦上市的澳洲矿业公司卡拉哈里（Kalahari Minerals）发出收购要约，报价合计 6.32 亿英镑。据外媒报道，卡拉哈里称已同意接受中国国有企业广东核电集团的收购方案。

实际上，早在 2012 年 3 月，中广核就曾向该公司发出收购要约并达成协议，当时的报价总值达到 7.56 亿英镑。但其后由于受到福岛核事故的影响，英国收购委员会发出了 3 个月的收购禁令，直到 2012 年 10 月左右，才重启谈判。

这次受挫的收购行动看上去像是一种政府行为，然而值得注意的是，

在整个事件中，日本的综合商社实际上扮演了幕后推手。

2011 年 3 月 5 日，中广核向卡拉哈里提出收购建议，拟以 7.56 亿英镑的现金收购其部分股权。中广核对其估价为每股 2.9 英镑，较 3 月 4 日卡拉哈里的收盘价溢价 11%，较 3 月 4 日之前 6 个月的平均收盘价溢价约 38%。

卡拉哈里是伦交所上市公司，持有澳大利亚一家铀矿勘探公司 Extract Resources（以下简称 ER）42.79% 的股份，以及 North River Resources Plc 44.9% 的股份。而 ER 在纳米比亚拥有储量可观铀矿资源，包括全球第四大铀矿 Husab 项目 100% 的权益，其铀 308 的总资源量为 16.67 万吨。中广核此次收购正是瞄准此资源收益。

早在 2010 年 3 月，日本富士财团旗下的综合商社伊藤忠商事就收购了卡拉哈里公司 15% 的股权，而卡拉哈里是伦交所上市公司，拥有澳大利亚的许多铀矿权益

本来这只是一起普通的企业收购，然而日本富士财团旗下的综合商社伊藤忠商事早在 2010 年 3 月就收购了卡拉哈里 15% 的股权，而这项价值 85 亿日元的收购使得伊藤忠商事拥有了罗辛南铀矿 6% 的股权。

根据澳大利亚的相关规定，如果成功收购卡拉哈里，中广核必须向澳铀发出二次收购建议，若投资者收购上市公司股份超过 20%，必须履行全面收购义务。

因此在 2010 年 3 月 6 日，中广核发布收购消息的第二天，ER 当即要求中广铀把针对其第一大股东卡拉哈里的收购提议扩大至其他股东。而这一举动进一步放大了澳大利亚力拓和日本伊藤忠商事在该收购事件中的发言权。

ER 的独立董事甚至表示，计划向澳大利亚政府监管部建议，阻止中广核入股其母公司卡拉哈瑞矿业的申请获批。外界都熟知澳大利亚力拓和必和必拓等矿业巨头控制着全球几乎 80% 的铁矿石贸易，却很少知道必和必拓在澳大利亚的奥林匹克坝矿是世界上已探明储量最大的铀矿。

此前，中国一直从哈萨克斯坦和加拿大进口铀原料以满足国内核反应

堆的燃料需求，而下一个重点开拓的铀原料海外供应地是澳大利亚，因为全球38%可低成本开采的已探明铀储量处于该国。但是，澳大利亚却是日本财团资源布局最深入的国家之一。

澳大利亚近期要开发的两座铀矿分别是必和必拓的伊里利项目和米加公司的湖梅特兰项目。其中，湖梅特兰项目由伊藤忠商事、关西电力公司和加拿大一家铀矿公司合资开发。预计2014年投产的伊里利项目也活跃着日本人的身影。

此外，力拓也在2008年7月以4.95亿美元价格出售Kintyre铀矿项目给由三菱商事和加拿大铀生产商Cameco Corp组成的合资企业。

日本财团正是通过大量的合资企业和交换持股的方式，不断加强与铀矿生产企业之间的联系，很多项目都由多家企业联合开发。此举不仅扩大了影响面，降低了风险，更重要的是造成一种我中有你、你中有我的局面，最终牢牢控制住铀矿开发的主导权。

相比之下，中核集团和中广核集团在海外就显得格外孤单。2010年初，福岛核泄漏引发了全球核危机，由于担心铀矿需求下降，国际市场铀矿交易冷淡，国际现货铀矿价暴跌，铀矿企业的估值也普遍下降。

中广核随即表示正在与卡拉哈里进行新的谈判，要对交易价值进行重估。5月初，中广核铀业发布声明，重新评价这次现金收购，表示通过与卡拉哈里讨论之后，鉴于日本福岛核危机爆发后带来的诸多不确定性，双方同意把每股价格下调到270便士，总值约7亿英镑。

虽然收购双方达成共识，但这一调价遭到英国并购委员会执行小组的否定，认为尽管全球核电行业短期前景存在不确定性，但中广核不能下调其对卡拉哈里的收购报价，这种做法不符合“重组并购城市法案”的要求。

根据这一法案，邀约一方如没有在条款中提出保留下调收购价格的权利，那么在提出要约之后就不得下调收购价格。对此，中广核铀业表示，根据英并购委的裁决，该公司不再希望依据3月份宣布的条件提起收购，放弃了这项已获卡拉哈里董事会推荐的现金收购提议。

根据中广核铀业和卡拉哈里的协议，中广核铀业撤销要约则要牺牲一定的保证金，即便只是1%的比例，也在750万英镑左右。“中广核铀业是暂时不收购，但保留继续提出要约的权利。”从中广核铀业5月11日所登出的公告看，中广核并未完全放弃收购卡拉哈里。

2011年6月7日ER提高纳米比亚Husab铀矿项目的1—5区的资源估算量，再次确立了Husab作为世界最大铀矿资源以及最好的未开发铀矿藏之一的地位。自2010年8月以来，该公司的全球资源总量已增加了33%，1—5区的推断资源量提高了18%，达到1.3亿八氧化三铀。

该公司将继续实施广泛勘探，进一步检测此项目的潜力。而如此巨大的“蛋糕”对于中广核来说，充满着诱惑力，但重启收购却隐患重重。

日本财团的“森林”

在中广核的收购过程中，隐藏在世界铀矿产业背后的日本财团逐渐浮出水面。作为日本富士财团的核心企业，伊藤忠商事有一个独有的名字——综合商社。

对于一个企业而言，控制商权无疑是最重要的，而商权的控制无疑需要情报的获得，日本情报能力最强的就是集贸易、金融、信息功能于一体的综合商社，它们的情报搜集、加工处理和传递能力堪称世界第一。

所谓情报就是在商流与物流之中所产生的一种信息流，而真正的情报来自商品的交换，在交换的过程中发现商机。在日本人的观念里，做生意的本质就是利用信息不对称，这又包括数量上的不对称、质量上的不对称和速度上的不对称。从这一点来看，综合商社就是一个情报局，无论在上游资源端的控制还是下游销售端的构建上都是为情报流通服务的。

在日本，各大财团的综合商社，被称为“产业组织者”，在财团内金融资本的支持下，带领各大关联制造企业协同进军海外，集团式进攻，通过上游资源开采、中游物流运输以及下游装备制造，一举拿下整条产业链，最终控制商权。

商权在手了，上游的铀矿资源自然也就被牢牢抓住，再有人想进来，已经非常困难，或者说，得付出极大的代价了。

而中国企业，尤其是国有企业，因为信息不畅，加上政策引导不力，

在综合商社的协调下，日本各大企业就像是一片树林，在三井财团体系中不光是有东芝、丰田这样的参天大树，还有围绕这些大树的灌木和小草——中小企业，共同构成了一个森林体系

便一次次失去最佳时机。

中国和日本在作经济决策时的一个区别就是政府的智库是谁的问题。中国政府的智囊在大学的学者中，而日本政府的智囊在财团的商人中，商人凭借敏锐的嗅觉可以最快地作出市场上的判断。

日本各大财团之间有各种的交流会，同时日本商界实际上可以影响政治，包括知名的组织“经团联”，还有各种俱乐部的形式，日本实际上是由政商两界人士之间进行交流。

从中广核的收购中可以看到，中国自始至终都是中广核一家企业在战斗，而日本则相反。日本从来不会单打独斗，在综合商社的协调下，日本各大企业就像是一片树林，好比在三井财团体系中，不光是有东芝、丰田这样的参天大树，还有围绕这些大树的灌木和小草——中小企业，共同构成了一个森林体系，一个生态环境。这样再把中广核这样的企业引到森林中来，完全是在日本财团的掌控之中，结果显然可想而知。

■来源：《中国能源》2012 年 1 月，作者：白益民

第五节

日本，未来的稀土大国

2012 年 11 月 13 日，日本《朝日新闻》报道，日本经济产业大臣枝野幸男在众议院预算委员会上称，至 2013 年下半年，日本对中国稀土的进口依赖程度将降至五成以下，而此前日本所需的稀土八至九成需从中国进口。

事实上，日本政府很早便将摆脱对中国的稀土依赖提上日程，日本多家企业也早已开始在中国以外的国家投资稀土资源，同时在国内研发稀土提取技术，一步步“逃离”中国的稀土捆绑。

稀土并不稀少

近年，日本在越南、哈萨克斯坦、印度和澳大利亚四国所获得的稀土供应已经超过日本年需求量的一半，一旦日本相继从这些国家获取稀土资源，其对中国的稀土进口依赖将从90%降到40%。

2007年3月，丰田汽车公司（三井财团关系企业）前董事长奥田硕在一个资源与外交的智库论坛上设置了议题：“我们有没有可能买下海外的整座稀土矿?”随后，丰田汽车集团旗下综合商社丰田通商公司便派出几支考察队前往澳大利亚、越南等地寻找稀土资源。

次年，丰田通商成立稀土子公司丰通株式会社，并且还特意收购了专门从事稀土贸易的日本和光物产株式会社。这一年，丰田通商还与日本双日株式会社（三和财团的综合商社）的越南煤矿工业集团共同获得了越南莱州省都巴奥（DongPao）稀土矿的开采权，日本两家公司拿下项目49%股份，矿可年产5000吨，相当于日本年需求的1/4。

在越南，日本也在抓紧建造稀土加工工厂。2011年12月25日，日本昭和电工（富士财团）投资3亿日元在越南扩建稀土合金原料工厂，生产电动汽车用镝、钕铁合金原料。次年7月，日本石油天然气和金属矿物资源机构（JOGMEC）又与越南设立一个旨在应对中国稀土“近乎垄断”影响的联合研究中心。

除越南外，印度和哈萨克斯坦的稀土开发也没少了日本。2010年底，丰田通商在印度东部奥里萨邦建设了一座稀土矿提炼工厂。2012年4月30日，日本经济产业大臣枝野幸男出访印度，达成日本丰田通商公司与印度国有稀土有限公司合作稀土开发和进出口事宜，这意味着未来日本14%稀土将可来自印度。

同年5月1日，枝野幸男又出访哈萨克斯坦国，促成了日本住友商事（住友财团综合商社）与哈国家原子能公司（Kazatomprom）合作成立合资公司，从事稀土“镝”的生产和出口，日本信越化学公司提供技术指导，日本 JOGMEC 提供资金援助。

马来西亚和澳大利亚的稀土资源同样让日本人趋之若鹜。2012 年 9 月 28 日，日本 JOGMEC 与日本三德株式会社等共同对马来西亚的磷钇矿展开调查，拟在 2013 年 2 月前制订出开采计划，向日国内供应。2010 年 11 月 25 日，日本双日株式会社（三和财团的综合商社）宣布，将在 10 年内每年向澳大利亚 Lynas 公司购买 9000 吨稀土。2012 年 7 月 24 日，丰田通商斥资约 1600 万加元购得加拿大 Kipawa 重稀土矿 49% 权益。

储备稀土早有谋划

中国稀土缘何卖了“白菜价”

2010 年 10 月《人民日报 · 海外版》发表了题为《中国稀土缘何卖了“白菜价”》的文章

日本稀土的另一战略——稀土储备是摆脱中国控制的另一途径。

据日本 2008 年“稀有金属”数据库的统计，日本已成功完成 50 年稀土储备。《人民日报》在 2010 年 10 月 18 日也撰文称，日本在过去的 10 多年间低价购买了大量高质量的中国稀土，并加以储备。日本稀土储备量足够用上几十年。

事实上，日本早已拥有明确的稀土储备战略。1983 年，日本政府就提出了稀有矿产战略储备制度，并执行至今。2005 年 12 月，日本经济产业省能源厅又成立资源战略委员会，规划稀有金属实施行动的中期措施。

2009 年 7 月，日本经济产业省发布“确保稀有金属稳定供应战略”，确定由日本 JOGMEC 和“特殊金属储备协会”在官民两界实施稀土储备相关战略。其中民间“特殊金属储备协会”成员多为新日本制铁、神户制钢所、住友金属、日立金属的财团企业。官方日本 JOGMEC 则扮演稀土战略先锋角色，在拿到海外合同后转交给日本企业具体负责。

日本保障稀土储备的同时，也大力勘探发掘本国的稀土资源。2012年6月28日，日本东京大学宣布，该校地球资源学教授加藤泰浩率领的研究团队，在日本最东端的南鸟岛附近经济海域的海底，发现了含混在泥沙里的高浓度稀土矿床，从浓度和矿床体积推测，储藏量约为680万吨，可供日本使用277年。这一发现也是首次宣告日本领海内蕴藏大规模稀土矿。

20世纪90年代初，日本就从近海海底发现了沉积金、铜、锌及稀有金属的“海底热水矿床”。2001年，日本开始实施新的海底资源勘探计划，在伊豆和冲绳群岛附近海域发现了至少15处矿区，但当时因技术限制尚不能得出具体储存量。

2008年3月18日，日本“海洋基本计划案”开始实施，进行海底热水矿床勘探计划，动员了新日铁集团、住友商事、三菱商事等30余家矿业巨头，共同对海底热水矿床展开调查，同时制订包括所需技术和投资额度的具体开发方案。

到了2011年1月，日本石油天然气金属矿产资源机构（JOGMEC）宣布计划投资3.6亿美元，利用机器人对东京以南的伊豆－小笠原岛链和西南的冲绳群岛附近海域水下2000多米的海底进行探测。

磨炼稀土回收技术

2010年9月7日，中日发生“钓鱼岛撞船事件”，此后中国宣布加强稀土出口控制的决定，这令日本企业陷入困境。同年12月，日本三井物产（三井财团）被爆出从中国进口的碎玻璃等“废弃物品”中提取镧、铈等稀土元素的消息。“三井物产利用进口废碎玻璃，可以避开中国稀土出口配额的限制，实际上是一种从中国变相进口稀土的行为。”中国稀土学会的一位专家这样表示。

实际上，日本早已开始研发提取稀土元素的技术。1967年，日本公司研发“溶媒萃取分离法”并将其运用于工业化生产后，实现了将稀土内十几种性质相近元素进行分离的产业化应用。

2007年，日本设立初期投入70亿日元的稀有元素替代品研究计划，2010年9月，日本又开始一项总额为9180亿日元的经济刺激计划，其中就包括日本帝人株式会（三和财团）社与日本东北大学合作开发用铁和室素代替稀土制造磁石等项目。

在日本东京的一家回收厂里，一名工人正拿着一部废旧手机。稀土金属是电子产业必不可少的原材料，日本企业通过研发电子垃圾中稀土金属的回收利用技术来解决本国稀土金属进口成本高的问题

日本国家材料科学研究所曾指出，在日本，废旧电子产品约含有30万吨稀土物料。这数字虽微不足道，但日本分析家认为，这仍有助减轻日本对中国的稀土依赖。

2010年10月，前国土大臣冬柴铁三（Tetsuzo Fuyushiba）在考察日本小坂（KOSAKA）地区同和环保再生事业有限公司（Dowa）的回收再造工厂时形容："我们可说是在手机里掘到黄金。"这是他对同和环保再生事业有限公司所属炼制所从LCD显示屏、半导体中提取出铟、锑等稀有元素的技术的感叹。

日本日立制作所也在2010年12月6日宣布，成功研发出从电脑硬盘驱动设备及废旧空调压缩机中迅速分离含稀土磁铁，并从分离出的磁铁中回收利用钕和镝等稀土元素的新技术。研究人员还称，新技术投产后最少可保证日立集团10%的稀土需求。

2011年9月6日，日本《西日本新闻》又报道，日本三井金属与日本九州大学成功研发出可以从日常使用的废旧荧光灯管中回收包括稀土在内的多种稀有金属的技术，并将回收的稀土资源重新用来生产，据估测其价值相当于25亿日元。

日本一些汽车公司也在进行稀土回收技术研究。2012年5月22日，日本本田汽车公司在全球首次确立了对其公司的报废部件进行回收再利用的量产工序中，研发提取稀土的工艺。同年8月，日本丰田汽车公司与日本经济产业省联手研发稀土回收及循环再造技术，以减轻对中国的稀土依赖。

搞合资“曲线救国”

“日本企业只要让中国子公司把稀土原料做成合金胚料，再通过永磁合金胚料类出口科目出口，就可避过稀土出口配额制约。再加上大量走私，国内稀土出口调控政策没有造成日本等国家原料上的缺口。”2011年8月《21世纪经济报道》引用一业内专家的阐述时这样说道。

事实上，日本早已经展开“曲线救国”之路，利用稀土合金、合资公司形式躲避贸易限制，获取中国大量稀土资源。

日本三井财团旗下日本东芝公司早在1998年便与江西稀有稀土金属钨业集团有限公司成立合资公司，生产用于照明、电气产品等方面的钨钼丝杆以及电子产品部件，产品销往国内外。2006年7月，江西稀有稀土金属钨业集团又与日本住友商事（住友财团）安泰科技以45%、35%、20%比例合资成立江西鑫友泰新材料有限公司，生产碳化钨粉和合金粉产品，产品同样外销。

日本早已经展开“曲线救国”之路，利用稀土合金、合资公司形式躲避贸易限制，获取中国大量稀土资源

1999年12月，日本三菱商事（三菱财团综合商社）与清美ACG化学株式会社也来到中国，与包钢集团共同投资组建了包头天骄清美稀土抛光粉有限公司，进行稀土抛光粉的生产，产品出口至日本、韩国、美国、中国台湾等地。

日本昭和电工株式会社（富士财团）也在2002年9月联合日本东海贸易株式会社、中国冶金进出口总公司和包头稀土高科公司合资成立包头昭和稀土高科新材料公司。2007年9月，昭和电工又与日本东海贸易、赣州虔东实业集团有限公司和赣州红金稀土有限公司合资成立江西赣州昭日稀土新材料有限公司。

工商资料显示，在包头注册的中日合资企业还有包头天骄清美稀土抛光粉有限公司（包钢稀土、日本清美AGC化学、日本三菱商事）、包头科日稀土材料有限公司（包钢稀土、日本日产稀元素、日本东海贸易）、包头三德电池材料有限公司（日本三德、内蒙古高新控股）等，并且科日稀土以外的其余3家合资企业均已获得商务部批准的稀土出口资质。

内蒙古之外，日本也在进行稀土合资。湖南皓志集团前身东莞皓志稀土材料有限公司中便有日本皓志株式会社背景，2003年成立的这家公司从事稀土的分离与提萃，产品远销日本、韩国。2006年12月，住友商事与安泰科技、江西稀有稀土金属钨业集团组建“赣州江钨友泰新材料有限公司”，生产钨粉、碳化钨粉等产品。

此外，日本信越化学还计划在中国福建省龙岩市建设年产3000吨生产稀土合金工厂，日本TDK、昭和电工也计划2014年在中国建厂，合资生产电力汽车和混合动力汽车发动机所需的稀土合金。

日本如何应对“稀土危机”？

面对强劲的稀土需求，日本一方面向中国施压，希望继续获得廉价的稀土供应，另一方面，暗地里也开始积极拓展新的稀土来源。作为“工业的维生素”，稀土是一种不可再生的重要战略资源。中国以世界1/3的储量供应了目前接近95%的稀土消费，同时也滋养了日本的电子工业。

随着稀土储量的急剧减少与环境污染的日渐加重，中国推出了稀土出口配额制。2011年10月4日，日本、美国、欧盟等在美国华盛顿召开了关于稀土替代及技术研讨小组会，共计100多位代表参加了此次会议。

会上，日美两国围绕日本企业出资开发美国稀土矿山、共同开发稀土资源的代替材料等问题展开讨论，同时还对风力发电机的发动机、硬盘基板等含有稀土元素的工业产品生产使用量减少方案进行了交流。

事实上，面对“稀土危机”，日本早已开始进行应对并进行全新的布局。

日本在华“产业变局”

随着中国逐步收紧稀土供应，日本一方面在国际上制造舆论，向中国施压，另一方面积极拓展新的稀土来源。

与此同时，日本企业大规模在中国稀土资源区投资设厂，在当地大量买入稀土原料和金属，简单加工后便运到国外进行深加工或储备，以此来有效地规避出口配额限制。例如目前仅在内蒙古就有近10家外资初级加工厂。

日本的这一举措，已经让出口配额制在一定程度上被架空。目前，日本早已渗透到中国的稀土行业之中，并通过合资的方式对中下游产业链进行层层掌控。

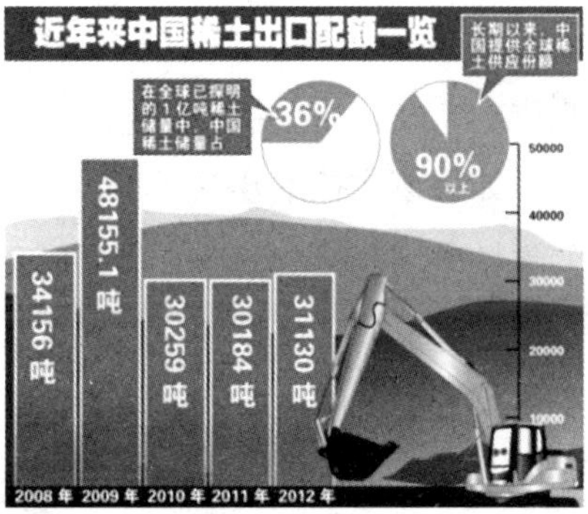

作为“工业的维生素”，稀土是一种不可再生的重要战略资源，中国以世界1/3的储量供应了目前约95%的稀土消费，同时也滋养了日本的电子工业

例如，2002年10月，日本稀土生产企业昭和电工株式会社控股和中方组建合资企业，生产和销售高性能钕铁硼合金、其他稀土应用金属及合金。到了2006年，继在包头建厂后，日本昭和电工又在赣州设厂，南北全面出击重轻稀土。

在中国出台稀土出口配额制后，更多日企以合作之名涉足中国稀土产业。2010年9月16日，日本第一稀元素化学工业株式会社、日本明和产业株式会社与益阳鸿源稀土有限公司合作稀土新材料项目，总投资4500万元，开发锆铈复合物及高纯度氧化钪等产品。

除此之外，日本企业还通过“回收渠道”获得稀土资源。目前，日本三井物产综合商社从中国四川等地进口碎玻璃等“废弃物品”，利用回收技术从中提取获得镧、铈等稀土元素。

从碎玻璃中重新提取稀土元素的成本很低，技术难度也不大，因此，碎玻璃实际上可以作为一种原材料使用。而钕、镨、铒、铈等稀土元素都是极佳的玻璃着色剂，镧玻璃具有高折射、低色散特性特点，被广泛用于制造各种透镜和高级照相机、摄像机镜头，尤其是高空摄影装置的镜头；铈防辐射玻璃，用于汽车玻璃和电视玻壳；钕玻璃用于激光材料，是巨型激光器最理想的材料，主要用于受控核聚变装置。

这些大规模的碎玻璃进口，引起了中国的警觉，在2010年11月1日，

商务部、海关总署禁止出口废碎玻璃。尽管如此，日本方面仍不死心。

据日本媒体报道，日本三菱财团旗下的三菱材料公司（Mitsubishi Materials Corp）展开全力进行技术开发，以从废旧家电的磁铁中回收更多的稀土资源并进行再利用。根据计划，三菱材料公司将以低成本技术为研发重点，同时该公司希望在2014年之前将此技术运用到实际生产过程中。

如果该项技术开发成功，那么三菱材料公司将能够从废旧空调压缩机的磁铁中回收钕和镝等金属。随后，三菱材料公司将对整个回收过程实施机械化处理并且研发其他技术以提高回收效率。

日本六大财团之一的富士财团同样不甘示弱，旗下的综合商社丸红株式会社中，从事铁矿渣业务的子公司丸红铁源公司正在参与稀土初级产品回收的研究活动。

日本进军海外

除了积极在稀土初级加工品上做文章，日本企业在海外也不断拓展稀土来源。2010年12月，日本三和财团的核心企业双日株式会社（Sojitz Corp.）宣布与澳稀土矿业公司莱纳斯公司（Lynas Corp.）就稀土金属的供应和开发建立战略伙伴关系。

莱纳斯公司表示，已与日本就关于快速跟踪稀土项目拓展展开“高级别”会谈，以确保为日本市场提供额外供应。日前，双方已经达成了一份基本协议，日本以约3亿美元购得10年8500吨/年稀土金属的购买权。

对此，澳外长陆克文在与日本外务大臣前原诚司于2010年11月23日在堪培拉举行的会议结束后表示：“澳洲已准备好成为日本的长期、安全和可信赖的稀土供应国。”

同样是2010年12月，日本住友商事和日立金属开始与美国最大稀土企业Molycorp洽谈合作，合作主要由日方提供出资、融资和技术输出，在美国合作开发稀土矿，开采的稀土主要提供给日本市场。由于中国2011年度稀土出口配额进一步下调，保障2011年度稀土需求成为日本最迫切的任务，据此协议，住友商事可获得从 Molycorp 公司所属的矿山调配铈、镧、钕等稀土资源的权益 。

除了海外拓展，日本政府也计划大规模开发沉积在日本周边太平洋海底的稀土资源。日本文部省在 2012 年的预算中，增加了 220 亿日元的稀土资源开发调查费，这笔费用还包括建造一艘稀土资源调查船。

东京大学的初步调查显示，靠近冲绳的太平洋海底拥有丰富的稀土资源，稀土的储量超过陆地的 1000 倍以上。

产商融协力破局

事实上，在面对“稀土危机”时，日本的稀土企业并不是孤立的。

在日本独特的产商融结合模式下，它们和日本各大财团有着千丝万缕的联系。通过交叉持股，各大商社之间和商社与制造企业之间都建立了联系，而背后的金融资本的支持，使得各大企业从不为资金的缺乏而发愁。

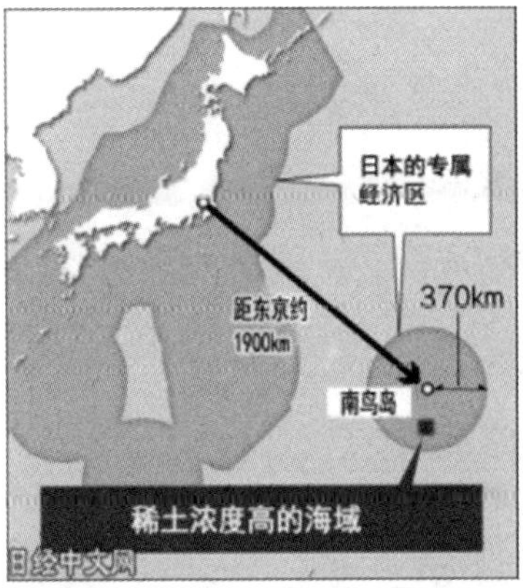

据日经中文网报道，日本四所大学组成的研究小组首次探明，日本最东端的南鸟岛周边海底的稀土资源量超 1600 万吨，可供全球使用数百年

在这种模式下，日本综合商社所形成的股权结构是一种贸易、实业、银行环形持股的结构，其最大的股东是金融机构。综合商社所发行的股票当中有一半以上为这些金融机构所持有。日本综合商社资产负债率都很高，主要靠借贷资金推动贸易规模的扩展。上述那些商社的股东同时也将大量的资金贷款给综合商社使用。

因此可以说日本各大企业间早已形成了紧密的网状结构，在业务交流上也有着紧密的联系，并不能简单地从持股关系上判断企业间的从属关系，但这种联系却是实实在在的，同时也是有着历史渊源的。

面对稀土危机，日本各大综合商社相互扶持，联袂出击，在国际上划分各自的“攻坚”范围，避免了恶性竞争，同时，如果一处遇到困难，各大企业也可以随时伸出援手，助其渡过难关。对比之下，国内某些企业在巴西手足相残式的恶性竞争让人唏嘘不已。

尽管日本遭遇“稀土危机”，但在其举国协力的机制下，中国的稀土出口配额制并不会对日本电子工业造成实质性冲击。

■来源：《财经国家新闻》2012年11月，作者：白益民

第三章　掌控物流 扼住流通命脉

作为中国第一家拥有汽车专业运输船舶的航运公司，截至2009年底，中远日邮已承运包括奇瑞、比亚迪、东风等在内的战略合作企业各种汽车共计30多万辆。虽然看上去日本邮船只占有中远日邮公司49%的股份，没有绝对控股权，但是日本邮船才是合资公司的实际商权控制者。

日本综合商社扮演着产业培育者的角色，就像一个“母体”，不断培育新兴产业与公司，是产业的组织者和联络者，打造“全套完整产业链”是其理想。这足以让其旗下企业大展拳脚，进行贸易代理，涉足生产、金融服务、仓储运输、科技开发等领域，从产业链上下游相关联领域着手控制产业物流。

实际上，真正意义的现代化物流体系集大成者是日本的综合商社，它靠的是金融资本对这些产业的掌控能力。如果物流孤立于产业，没有与上下游产业形成持股关系和长期的合作协议，仅仅是一单一单地接业务，那就不是完善的物流体系。对于日本的财团企业来说，掌握商权才是实实在在的控制。

作者题注：

2005年12月，中国履行“入世”相关承诺，物流领域对外全面开放。如何从全球经济一体化的大趋势去看待其中的发展问题？中国物流业又该如何在全球竞争中寻求发展突破？

本章提要

我国城镇化、工业化迅速推进，其与粮食生产之间的矛盾日益突出，导致我国粮食自给率一跌再跌。我国企业在与丸红这样的日本综合商社合作的同时，应当最大限度地借鉴与复制综合商社经验，为保障我国粮食安全做好准备。

从20世纪70年代开始，丰田、本田等众多日本汽车企业的产品相续出口海外，为了配合日本汽车企业的运送需求，日本“海运三社”的汽车滚装船运输业务也开始走向世界，在为本国汽车服务的同时也一并“吞下”当地的运输市场。

传统制造业与现代物流业正在加快融合发展，物流和供应链越来越成为影响一个产业甚至是一国经济命脉的重要力量，我们可以形象地将物流比作一个人的“血管”和“神经系统”。

在日本，物流业中真正的“大家伙”并非宅急便那样的物流企业，而是日本综合商社——它像影子一样，隐没在全球93个国家或地区的某个角落。物流企业与综合商社、制造业形成的网状结构要比我们想象的更大、更密、控制力更强。

日本物流企业的结构是金融、商业、产业资本相结合，这种模式的渗透力和组织力极强，一旦在中国形成网状结构后，相互之间的联结就显得非常牢固。而财团间的物流企业相互扩张、相互配合，挤压着中国物流企业的生存空间。

出人意料的是，不同的商社之间也存在表面竞争却私下合作的情况。商社负责人会定期聚首共商事宜，通过协商来确定各自的客户群体和目标市场。这些企业之间都交叉持股，有效地保证了各取所需、优势互补、共生共荣。

第一节
布局流通筹划中国粮食未来

三井物产引领北大荒出海

2012 年 12 月 20 日，北大荒商贸集团与委内瑞拉政府签署农产品采购合同，这使北大荒由“大粮仓”转变为“大粮商”的进程又向前迈进了一步。

针对北大荒乃至整个东北地区粮食产业，北大荒商贸集团以“构建现代物流产业体系”为努力方向。在这过程中，与日本三井物产（三井财团的综合商社）的合作是北大荒全球粮食物流中的重要一笔。

2012 年 2 月 8 日下午，黑龙江农垦北大荒商贸集团与日本三井物产株式会社合资成立北大荒粮食物流有限公司的签约仪式在北大荒国际饭店举行。签约仪式上，北大荒商贸集团董事长、总经理钱柏莫和三井物产株式会社食品零售本部副本部长山内孝史分别代表合资双方签字。

根据协议，三井物产向北大荒粮食物流有限公司注资 2.05 亿元人民币，持有总股本的 40%，北大荒商贸集团则持有剩余股份。合资公司成立后，主要经营水稻、小麦等粮食以及其他农副产品的收购、加工、运输、销售、进出口、仓储服务等业务。

“三井物产参股北大荒粮食物流公司，对北大荒来说，一方面获取了资金，资金周转起来会更方便一些，同时更重要的是通过三井物产遍布全球的物流节点，能够使北大荒迅速走向国际化，可以说是一种‘借船出海’的捷径。”北大荒商贸集团境外开发办主任吕华曾经这样表示。

2012 年 5 月 2 日，北大荒粮食物流有限公司、龙口港集团有限公司、龙口市龙达木业有限公司创办合资公司暨启动龙口港北大荒粮食仓储物流建设项目签约仪式

实际上也正是如此。合资后的北大荒粮食物流公司，引入三井物产多

年累积的先进经营管理理念和国际化物流平台，结合自身资源优势，完全具备成为国际化物流产业集团实力，同时为北大荒集团走向世界注入了强大动力。

在三井物产入股之后不久，北大荒便找到了走向世界的跳板。2012 年 5 月 2 日，北大荒粮食物流公司与山东龙口市龙达木业集团签署协议，合资创办新公司，同时启动龙口港北大荒粮食仓储物流建设项目。按照协议，北大荒粮食物流、龙口港集团、龙口市龙达集团分别按 50%、35% 和 15% 比例出资成立合资公司，开展基于港口物流及内外贸互补的粮食收储运销业务，并以其为载体在龙口港区内同步启动北大荒粮食仓储物流项目，主要建设 5000 立方米的粮食储罐 8 座以及配套的粮食检验及接收发放设备。

龙口港地处环渤海经济圈中心区域，集疏运体系发达，是中国沿海最大的对非出口贸易口岸和首批对台直航港口。北大荒粮食物流选择此地进行贸易物流出口，在环渤海区域打造现代国际化粮食营销基地和仓储物流平台，是其“走出去”战略的重要举措。

值得注意的是，在龙口港，三井物产已经“混迹”多年，对那里的物流情况了如指掌。早在 2003 年 6 月 21 日，三井物产（中国）公司便联合新加坡复发中记控股有限公司、日本三井财团王子制纸旗下森纸业株式会社，在龙口市合资成立了龙口三井森纸业包装有限公司，注册资金 1000 万美元，主营纸制品包装。在当时成为龙口市首次引得世界 500 强企业进驻的大事。

随后在 2004 年 12 月，三井物产又与中国台湾台北方安德利果汁有限公司、美国 BVI 安德利果汁有限公司合作，在龙口经营烟台龙口安德利果汁饮料有限公司，项目总投资 2000 万美元。2011 年 5 月 11 日，日本三井物产物流本部第二物流部部长饭田诚久一行到龙口港参观。

而事实上，北大荒集团在龙口港之前便与三井物产有过港口合作。2002 年 11 月，由中国华粮物流集团北良有限公司、黑龙江农垦北大荒物流集团有限公司、中国台湾三井物产、统一企业食粮（BVI）控股有限公司和鸿新船务股份有限公司 5 家公司成立了大连北良物流有限公司，主要在北良港经营粮食贸易、粮食物流服务、国际货运代理等业务。

丸红商事的中国粮食布局

2012 年 5 月 29 日，日本丸红株式会社（富士财团的综合商社）宣布以 36 亿美元收购美国第三大粮商 Gavilon。对于此次收购，丸红农产品部门主管冈田大介称：“我们认为，北美将成为中国谷物需求的供应地，因此这就是 Gavilon 最吸引我们的地方。”

在此前的 2009 年 4 月 13 日，丸红刚刚与中国储备粮管理总公司下属的中储粮油脂有限公司签署合作意向书，双方达成协议，将在粮食流通的各个领域建立合作关系，包括丸红帮助中储粮在海外采购大豆等粮食产品，以及双方在海内外构建物流网络。彼时的丸红，正在执行“SG2009”中期经营计划，流通和贸易是其粮油食品战略领域中的重点。

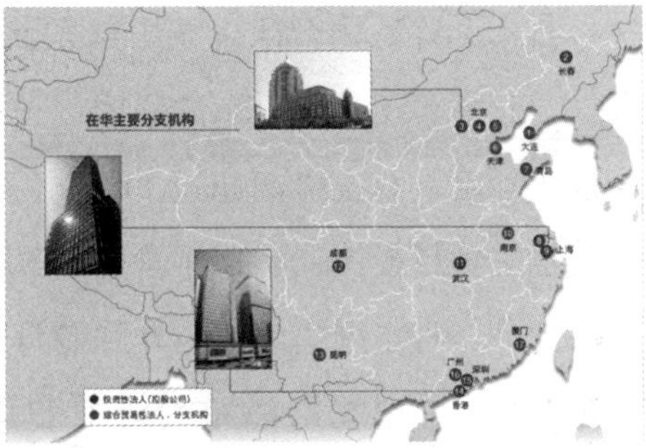

在中国，丸红同样深耕粮食流通已久，上图显示的为丸红在华分支机构图

丸红的海外粮食来源以及流通能力不容置疑，其在美国北达科他州和明尼苏达州拥有 8 个粮食贮存设备，在俄勒冈州也有自己的出口码头，在巴西拥有全资控股的港湾物流公司。此次收购 Gavilon 成功，丸红将获得该公司在全美 140 处以上粮食集散地和庞大的粮食集散流通网，以及在巴西、澳大利亚和乌克兰等主要粮食产地的基地。

在中国，丸红同样深耕粮食流通已久。2006 年 3 月，丸红与广东省肇庆市福加德投资控股有限公司达成初步协议，决定在粮食、饲料、金属制品和可再生资源等产品的物流配送上进行合作。丸红公司台湾谷物贩卖有限公司董事总经理陈朝枝表示，通过合作，未来双方可把海外的产品直接输送到肇庆，再以肇庆作为中转站，将产品配送到内陆。

此后，丸红与福加德在肇庆都打下了夯实的基础。2007 年 7 月，丸红（广州）贸易有限公司与肇庆市招商局签订委托招商协议书，正式成为肇庆市的招商代表机构，协助开展招商引资业务。同年 8 月 23 日，肇庆福加德投资控股有限公司与肇庆港务有限公司签署股权转让协议，全资经营肇庆港。

值得注意的是，在丸红与中储粮接洽合作后，中储粮也来到肇庆进行粮食物流中转库项目的动工，历时一年多，该中转库于2012年6月通过初验收。据中转库上级单位中储粮肇庆直属库负责人吴万锋介绍，中储粮肇庆粮食物流中转库将以肇庆为中心，通过新港中转库的建设，辐射大西南的广西、贵州等省区的粮油饲料市场和中转业务。

日本丸红株式会社也在中国东北重要港口丹东港设立粮食流通据点。丸红与日林集团下属丹东港集团、美国美农集团合作，开建200万吨大豆深加工项目，总投资额超过11.2亿元人民币。2009年9月一期100万吨大豆加工项目投产，实现年营业额30亿元人民币。

此外，丹东港集团还与丸红签订合作协议，共同投资兴建码头，实现共建共赢。除南北沿海粮食流通布局外，丸红株式会社开始进军内地。2013年1月初，重庆市外经贸委安排了丸红与重庆红蜻蜓油脂有限责任公司座谈，就油脂、油料原料（大豆等）贸易及粮油物流基地项目进行了交流，并探讨合作的可能性。

我国城镇化、工业化迅速推进，其与粮食生产之间的矛盾日益突出，导致我国粮食自给率一跌再跌。诸如丸红这样的日本综合商社，在海外拥有优秀的粮食供应与流通渠道，我国企业在与之合作的同时，应当最大限度地借鉴与复制综合商社经验，为保障我国粮食安全做好准备。

■来源：《现代物流报》2013年1月，作者：白益民

第二节

汽车物流：借力“长子”地位收获主场利益

自1955年世界第一艘载车船诞生开始，经过近50年的发展，世界汽车船运输市场已经形成了一个高度垄断的市场。世界主要5家汽车船运输

公司——挪威华尔威廉臣、日本邮船、日本川崎汽船、日本商船三井、挪威 Hual，控制了全球 80% 以上的市场份额，汽车运输船市场处于一种垄断竞争的状况。而其中，日本“海运三社”——三菱财团的日本邮船、第一劝银财团的川崎汽船以及三井财团的商船三井分别以 20%、16%、12% 比例牢牢把持着共 50% 的市场份额。

日本“海运三社”在汽车滚装船业务上的霸主地位并非偶然。二战后，日本的汽车工业就成为日本经济增长的基石，蓬勃发展的汽车工业也为汽车船运输提供了巨大的市场空间。**从 20 世纪 70 年代开始，丰田、本田等众多日本汽车企业的产品相续出口海外，为了配合日本汽车企业的运送需求，日本“海运三社”的汽车滚装船运输业务也开始走向世界，在为本国汽车制造商服务的同时也一并“吞下”当地国的运输市场。**

日本“海运三社”进军我国汽车船运市场是在中国加入 WTO 后，随着中国汽车行业的井喷式发展和私人轿车的普及，日本海运三社尾随日本汽车制造商来到中国。然而由于国家航运政策规定，外资企业不能在中国进行独资海运物流，并且“国车国运”是我国汽车出口工业配套的重要战略项目，日本“海运三社”想长驱直入进而垄断中国汽车海运市场绝非易事。但也并非不可能。

由于此前汽车工业发展的滞后性，中国海运物流企业大多没有涉及汽车运输的滚装船业务。滚装船的运营成本高昂，只有在运载车辆的整体体积超过滚装船 60% 容积的状况下，海运物流企业才能够盈利。但此前中国汽车企业出口的量都比较零散，不足以支撑庞大的运费开支，因此中国海运企业在远洋出口领域的力量非常薄弱。而这也实实在在成了日本“海运三社”的突破口，日本人通过在中国建立合资公司的方式曲线进入中国市场。

对于日方而言，最佳的合作伙伴显然是国内的四大航运公司：中国远洋运输集团总公司（下称“中远集团”）、中国海运集团总公司（下称“中海运”）、中国长江航运集团总公司（下称“长航集团”）和中国海外运输总公司（下称“中外运”，中外运与长航集团已于 2009 年 3 月重组，成立中外运长航集团）。

最终日本邮船与中远集团成立了中远日邮汽车船运输有限公司，川崎汽船与中海运成立了中海川崎汽车船运输有限公司，商船三井与中外运成立了中外运－商船三井航运有限公司，丰田集团子公司日本丰藤海运株式会社与丰田通商、长航集团成立了深圳长航实业发展有限公司。

国车谁在运?

在现今日本“海运三社”中，日本邮船作为世界最大的汽车船运输企业，重点发展汽车船等专业船运输业务，商船三井侧重于干散货船和油气轮运输，川崎汽船年总收益的60%则源于集装箱班轮运输中。本节以日本邮船为重点，梳理它在中国运输业的布局。

中远日邮公司（NYKCOS）旗下的“玉衡先锋”号装运了1597台华晨宝马商品车。中远日邮是中国第一家拥有汽车专业运输船舶的航运公司

日本邮船成立于1885年9月，在激烈的竞争中先后整合了三菱海运、日本班轮系统和昭和海运，与商船三井、川崎汽船一起，是代表日本的世界规模的海运公司。作为世界最大的汽车船运输企业，日本邮船拥有198艘总载72万车位的各类专业汽车船，且航线分布基本涵盖了全球主要汽车贸易区域，包括波斯湾航线、地中海航线、非洲航线、美洲（南北美洲）航线、澳洲航线及第三国航线等，同时在上述区域还拥有强大的服务网络。

2003年，日本邮船选择与中远集团子公司中远航运合资成立了专门从事汽车船经营的中远日邮汽车船运输有限公司（下称“中远日邮”），这也是中国第一家拥有汽车专业运输船舶的航运公司。日本邮船选择与中远航运合资，看重的是中远作为共和国“长子”的背景。

2006年8月17日，人民大会堂。中远集团与一汽、东风、长安、福田、哈飞、奇瑞、江淮、吉利、长城、中兴、江陵、宇通、金龙旅行、金龙联合、重汽、中通、比亚迪等共17家汽车厂商分别签署了为期15年的战略合作协议。这意味中远日邮从此将搭乘中远的东风，驶上高速路。

截至2009年底，中远日邮共承运包括奇瑞、比亚迪、吉利、东风等在内的战略合作企业的各种汽车30多万辆。仅2009年一年，中远日邮就承运大型卡车近5000辆至阿尔及利亚、吉利轿车1200辆至古巴、奇瑞轿车5502辆至伊拉克。

虽然看上去日本邮船只占有中远日邮49%的股份，没有绝对控股权，但是对于日本的财团企业来说，掌握商权才是实实在在的。面对此前没有汽车专业运输船舶的中远集团，日本邮船通过涵盖全球汽车贸易区域的航线和汽车船运力以及全世界各地的码头投资，成为合资公司的实际商权控制者。

目前中远日邮拥有“常发口”号（2950车位）、“富瀚口”号（780车位）、“富康口”号（750车位）3艘，5800车位新船2艘（暂未投入营运）等总运力4480车位的汽车滚装船。根据中远日邮网站的航线图，其波斯湾航线、地中海+欧洲航线、中南美航线、西南非航线4条航线中，除中远日邮投入了3艘自有船外，4条航线均是在利用日本邮船的船舶或舱位或公会舱位。这也意味着，日本邮船通过建立合资公司，挂着中远的旗号，然后将自己的滚装船“曲线”投入中国，最终获取了中国市场和巨额利润。

控制码头

此外，日本邮船在中国港口的投资是值得关注的。我国指定大连新港、天津新港、上海港、广州港4个沿海港口为整车进出口口岸。天津新港已成为进口轿车销售系统的中枢；大连新港是中国最大的汽车码头，众多国内汽车生产厂商已将大连作为主要汽车出口口岸；广州是我国最大的汽车生产基地之一，广州港是国内规模最大、设施条件最好的汽车滚装船码头之一，将发展成为华南地区最大最繁忙的汽车物流枢纽；上海港是我国主要接运外贸进出口汽车的重要港口之一，目前上海外高桥保税区已成为上海口岸进口轿车的重要基地。

令人惊讶的是，日本邮船已经先后在上海、天津、大连、广州新沙港

和南沙港这5个中国最主要的汽车滚装船码头进行了投资入股，且进行运营管理。仅据笔者所掌握的资料，2008年金融危机以来，以日本邮船为首的“海运三社”就先后在美国、荷兰、比利时、印度等国家收购了各类码头。

上海港拥有中国最大的汽车滚装码头。令人惊讶的是，日本邮船已经在上海、天津、大连、广州新沙港和南沙港这5个中国最主要的汽车滚装船码头进行了投资入股，且进行运营管理

日本邮船是于2002年成功收购在世界有12个码头的美国塞雷斯码头公司后跻身世界码头运营商行列的，如今码头事业已经是排在日本邮船海运事业、物流事业后的第三大事业项目。

由此我们可以猜想，日本通过贯穿世界区域的航线、世界最大的船舶量以及遍布全球的码头运营，形成了三位一体的配合。

“海运三社”的扩张模式如出一辙。日本素来就有着维护集体利益、一致对外的传统，日本邮船、商船三井、川崎汽船三社在中国物流市场上配合紧密，充分发挥各自的网络信息功能，交换物流市场的重要信息，互相合作和有机配合，绝对不搞摩擦和自我消耗。它们会尽力满足客户提出的有关物流的任何新要求，客户选用谁的物流是次要的，关键是不要丢失它们在中国已经占有的市场份额，不错过在中国物流市场上遇到的任何发展机会。

综合物流版图

从单纯的海运企业向综合物流企业的转变是日本邮船的一大战略性转变。日本邮船不仅仅提供海上汽车滚装船运输，还把运输业务延伸到了陆地运输，甚至是汽车装车前的质量检查，从而建立起一条完整的汽车运输供应链。

日本邮船目前在中国的汽车物流项目主要集中在三方面：汽车生产零部件运输、成品车运输及售后零部件运输。早在20世纪80年代中期，日本邮船就开始涉足物流事业，加紧建造仓库，并购海外物流企业。设在中国的广州本田汽车公司是一家年产 24 万辆“雅阁”等轿车的大型汽车企业，与其相邻的大型仓库源源不断地将汽车生产零部件送到生产现场。经营、管理这个仓库的正是日本邮船集团。它与本田的 15 家零部件供应商签订合同，在最合适的时机从大连等地运进、管理必需的零部件。该公司还自己配备了运输卡车，在上海与广州之间开出了定期运输汽车和家电零部件的班车。

在整车方面，日本邮船在中国已经拥有三大分公司。

2000 年成立独资经营的日邮物流（中国）有限公司，其总部设在上海，并先后在全国多个省会与直辖市相继增设分公司，在上海、大连、北京、天津、青岛、南京、宁波、福州、厦门、广州各地拥有超过 11 万平方米的仓储基地，专门从事从上海等沿海港口到中国各地汽车整车和零部件产品运输。

值得一提的是，日邮物流（中国）有限公司在中国经营的陆路汽车产品运输公司，是与总部设立在中国湖北省的东风日产合资汽车公司联运的。上海日邮是由日本邮船株式会社在上海注册的独资公司，承接了东风日产乘用车在中国境内 80% 以上的运输配送业务。

2003 年，日本邮船在沈阳与辽宁的商品车专业运输企业辽宁联合物流有限公司成立了辽宁 NYKULS 车辆配送有限公司。2005 年，日本邮船又与国内最大的汽车物流服务企业——上汽集团旗下安吉汽车物流公司联合成立了安吉日邮汽车物流有限公司。安吉日邮主营整车物流（以商品车的公路运输为主），包括一次运输、二次运输以及短驳运输服务。

据了解，2007 年时日邮物流（中国）有限公司、上海 NYKANJI 汽车运输公司和辽宁 NYKULS 车辆配送有限公司在中国汽车物流市场已分别拥有 124 家、76 家和 5 家汽车运输公司，2006 年各自运输整车 6 万辆、7 万辆和 2 万辆。预计随着对中国汽车市场的进一步深入，其整车运输辆数将上新的台阶。

从上述三家公司的地域可以看出，日本邮船通过其物流服务网络，业务覆盖了从中国东部上海到中国西部新疆乌鲁木齐的全部地区。有资料显示，其固定客户已经扩大到日系之外的上海通用、上海大众、海南马自达、北京现代和宝马汽车公司等等。

■来源：《环球财经》2010 年 12 月，作者：白益民，王维

第三节

商船三井——全球资源的传送带

2011 年 4 月 26 日，日本商船三井株式会社与中国北方液化天然气运输投资有限公司、中国东方液化天然气运输投资有限公司签署合资协议，分别在沪东中华造船集团各订造两艘 17.2 万立方米的 LNG 船舶，用于澳大利亚高庚、巴布亚新几内亚至中国的 LNG 进口运输。

仅仅过了三个多月的时间，2011 年 8 月，日本商船三井株式会社表示将订造 10 艘 5600TEU 集装箱船，以取代公司服务于亚洲和南美东海岸航线的租赁船，建造方为韩国现代三湖重工。

那么，这家名为“商船三井”的日本公司到底是什么来头，为什么能在短短几个月的时间里发展如此迅猛？

卡住中国进口咽喉

商船三井拥有业界第一位的 LNG 船队，以及强大的干散货船和汽车滚装船，而集装箱运输领域则居世界 10 名左右

其实商船三井这家公司我们并不该陌生，在曾经轰动一时的铁矿石谈判案中就能找到它的影子。

在 2003—2008 年的铁矿石海运费争端中，三井物产戏要中国钢协，牢牢把持着产业链上游的澳大利亚力拓、必和必拓两大铁

矿石巨头，手握巴西淡水河谷 18.24% 的股权。而日本三大海运巨头之一——商船三井也是三井财团旗下的物流企业。商船三井与日本邮船及川崎汽船并称为日本三大海运公司，以纯利润及市价总值计算居日本第一位，而销售额则仅次于日本邮船。

商船三井的经营范围涉及各个船种。截止到 2008 年 3 月，商船三井共计拥有各类商船 845 艘，5434 万重量吨，是世界最大的船队。同时商船三井拥有位居业界第一的 LNG 船队以及强大的干散货船和汽车滚装船，而集装箱运输领域则居世界第十名左右。

日本财团控制了上游资源开采企业、中游物流企业以及下游的钢铁制造企业，中国钢协彻底失去了话语权。在全球铁矿石涨价之际，下游钢企新日铁赔钱，但作为握有铁矿石资源的三井物产就能赚钱；如果铁矿石价格下降，作为铁矿石卖家的三井物流少赚钱，但新日铁及其他日本钢铁企业就多赚一些。而无论铁矿石价涨跌，掌控着中澳和中巴铁矿石供应源、贸易渠道、运输物流的商船三井，都能从中国这个全球最大的铁矿石进口国赚得盆满钵满。**而中国的远洋运输业无论从规模还是技术上，都无法同枝繁叶茂的日本商船三井相比。资源进口的物流命脉，由此牢牢地把持在日本人手里。**

2011 年 4 月，中国海运与商船三井合资协议签署以后，国内媒体报道说这标志着中国海运由此进入具有高技术含量的 LNG（液化天然气）运输领域，也意味着中国海运与商船三井长达 20 年的合作关系的开始。可是实际上，这种合资也意味着某种无奈。

液化天然气作为清洁燃料，近些年来，尤其是日本核事故之后，已经日益受到人们的关注，其在全球范围内的需求量也在不断增长。商船三井株式会社是一家世界级的 LNG 运输公司。自从 1983 年商船三井首次参与 LNG 运输项目以来，参与承运的全球 LNG 项目约有 30 个，业务已经发展至全球约 21% 的 LNG 运输项目，涉及 LNG 运输船的所有权、管理以及运行等方面，是目前全球最大的 LNG 航运公司。作为 LNG 运输行业的领导者，为了可以持续满足全球日益增长的 LNG 需求，商船三井不断壮大船队，并且对安全性给予了足够的重视。

以商船三井为代表的日本远洋运输业已经日趋成熟，中国海运要想插手，可谓困难重重，只好像现在这样，与商船三井合资，让利于日本人。

扶持中国钢铁企业

商船三井的前身是1942年成立的三井船舶以及1884年成立的大阪商船，两者于1964年合并为大阪商船三井船舶株式会社，实力大为增长。到了1994年，又吞并了当时日本排名第四位的Navix Line海运公司，更名为商船三井，经过几年的发展，终于成为日本第一大海运公司。

商船三井早已和三井财团旗下的综合商社三井物产株式会社通过交叉持股形成紧密的攻守同盟。日本的综合商社最厉害的地方就在于情报信息的搜集和分析，这对于靠海运为生的商船三井来说至关重要。

作为三井物产的亲密同盟，在中国钢铁协会屡受挫折的情况下，商船三井公布了2006年3月—2007年3月的财政年度业绩，连续第五年赢利创出新高，为1825亿日元（约16.1亿美元）。

与此同时，中国的钢铁企业也只能纷纷放弃国内的海运物流公司，转而投向日本海运的怀抱。2009年8月18日，中国华菱钢铁集团与日本邮船株式会社在华菱大厦签订了合作协议，日本邮船将为华菱提供从澳大利亚黑德兰港发运澳大利亚铁矿石至中国湛江港或防城港的运输服务。同年9月8日，鞍山钢铁集团公司与日本商船三井株式会社签订了铁矿石长期海运协议，为鞍钢从巴西、澳大利亚进口铁矿石的安全运输提供服务。

日本不仅在铁矿石上利用上游资源、中游物流吸走了中国钢铁企业的大量利润，同时还挤压了中国物流企业的生存空间。

中国的制造企业纷纷通过日本海运进口资源，而国内土生土长的远洋物流如中国远洋同样不甘落后。2004年底，商船三井和日本邮船两家公司同中国最大的海运公司中国远洋运输集团合作，在广州建设装运汽车的港口，投资额几十亿日元。从此，日本的海运公司首次得以进入中国的港口建设行业。

之后仅仅一年的时间，2005年底，商船三井再度出手，协同日本邮船公司分别收购广州南沙滚装船码头12.5%的股权。广州南沙滚装船码头总投资约3.5亿元，年处理汽车能力达33万辆，年处理杂货件42万吨。该港口作为在中国生产的本田汽车的唯一出口基地，日本邮船、商船三井正是其主要承运人。

激进的全球化战略

商船三井作为三井财团在产业链中游的中坚企业，将各种资源源源不断地输送到下游制造企业，堪称全球资源流动的传送带。

2008年元旦，时任商船三井社长芦田绍允发表贺词，表示商船三井未来要彻底实现面向国际的目标，同时继续加强营运安全质素。他在东京总部表示，受惠于兴旺发展的航运市场，商船三井公司已经从一家日本公司正式转型为全球化公司，未来将以国际海上运输贸易为公司发展重心。

近年来，商船三井积极扩充大西洋区的海贸活动，同时积极介入其他经济高速增长的国家，如中国、印度、俄罗斯等国家，亦在该公司重点发展的航线之列。商船三井希望将海外收入比率提高至收入总额的60%。

2006年，商船三井、川崎汽船把两家公司在亚洲及中南美西岸的航线命名为“新安第斯”，共计投入9艘2000TEU船（川崎汽船5艘、商船三井4艘）。该航线挂港顺序以包括上海在内的中国港口为重点。南美西岸港将挂靠墨西哥、哥伦比亚、厄瓜多尔、秘鲁、智利5个国家。

2018年4月1日，由日本三大航运公司——日本邮船、商船三井、川崎汽船整合集运业务而成的Ocean Network Express（简称ONE公司）正式运营

2008年3月19日，商船三井再次新增一条航线——CWL航线，以满足这条贸易线路快速发展的需求。这些航线看似平常，实际上南美洲丰富的铁矿石、煤炭资源正是通过商船三井等日本航运公司源源不断地运往世界各地。它们的规模越大，成本就越低，其他国家的航运公司就更加难以匹敌，世界资源产业链的中游就这样被商船三井牢牢地抓在手中。

而如此一个庞大的商船三井帝国，仅仅是挂在日本六大财团之一的三井财团旗下的一家物流企业而已。三井财团的核心是三井物产综合商社，财团中的物流、制造企业则靠着三井物产，相互紧密地联系在一起，通过交叉持股建立了紧密的战略合作伙伴关系，如果其他外国公司想要插手，可谓难如登天。

■来源：《现代物流报》2011 年 11 月，作者：白益民

第四节

中国物流的最大缺失

透视三井物产在华冷链物流布局

日本各大财团的综合商社，虽然表面上以贸易公司的形式存在，但实际上会以财团“组织者”的身份涉足多种产业，将“综合”的特性发挥到极致。三井财团的三井物产便是这样的综合商社，在中国的众多活动中，冷链物流成为其布局的产业之一。

初耕于北京，起势于上海，以上海为中心辐射周边地区，三井物产在中国冷链物流产业步步为“赢”。

2001 年 1 月 1 日，北京三新冷藏储运有限公司成立，这家公司由日本三井物产、株式会社日新、三井物产（中国）有限公司和北京市二商集团（控股方）合资成立，业务集中于冷冻、冷藏低温冷链物流。发展至今，三新冷藏储运已经成为北京数一数二的低温物流企业，客户多为麦当劳、7 - 11、养乐多等大型企业，年配送商品额超 10 亿元人民币。

在北京试水后，三井物产又来到中国第二大城市上海。2003 年 1 月 25 日，三井物产、大众交通集团和上海新亚集团以 30%、33% 和 37% 出资比例合资成立上海新天天大众低温物流公司，投资总额 1.3 亿元人民币，新公司也成为上海首家以低温商品为主要服务对象的第三方物流企业。由于

在市场上占了先机，麦德龙、味全食品、思念、光明食品、伊藤火腿等多达 27 家大型企业都成为其主要客户。

并且，其合作伙伴中的上海新亚集团，隶属于大型国有独资企业锦江国际（集团）有限公司，旗下拥有新亚股份有限公司（现为上海锦江国际酒店股份有限公司）和上海市食品（集团）公司等子公司，在酒店与食品生产加工领域都具有一定规模。单单只是上海食品集团一家，就占有上海近 40% 的冷库资源设施，三井物产可谓“傍”上了个“大款”。

有了新天天大众的合作，三井物产与锦江国际集团在冷链物流上越走越近。

2010 年 4 月 7 日，锦江国际集团下属上市公司上海国际实业投资股份有限公司（以下称“锦江投资”）挂牌出售旗下上海锦江国际低温物流发展有限公司（以下称“锦江低温”）38.33% 股权以及上海锦江汽车服务有限公司持有的锦江低温 5% 股权。5 月 25 日，三井物产全资子公司 Mitsui & Co. (Asia Pacific) Pte. Ltd. 通过上海联合产权交易所，取得其所售全部股份，同时取得对锦江低温的增资权。

股权转让及增资后，锦江投资与 Mitsui & Co. (Asia Pacific) Pte. Ltd. 分别持有锦江低温公司 51% 和 49% 股份，双方约定，将以现有上海地区业务为发展平台，将锦江低温打造成中国冷链配送产业的龙头企业，并最终构筑亚洲地区冷链网络。2012 年 12 月，锦江低温股东又一同增资至 1.18 亿元人民币注册资本，股东股权比例未变。

在上海冷链物流扎下根的三井物产，开始联网周边地区。2010 年 12 月 10 日，三井物产（上海）贸易有限公司及三井物产（青岛）有限公司负责人在山东济南与鲁商集团旗下银座集团股份有限公司就开展第三方冷链物流合作达成初步合作意向。双方计划在山东省合作建立鲜活食品物流配送中心，并且联网上海，将山东鲜活食品源源不断地输送到上海。

2011 年 6 月，三井物产物流管理有限公司社长山中义博带领考察团就冷链物流、中央厨房项目来济考察，与银座集团高层进行座谈。2012 年 4 月 22 日，山东潍坊举办“双百”外商潍坊行投资合作洽谈会，在达成的 7 个合作意向中便有三井物产与鲁商集团在潍坊的物流项目，此后该合作项目被山东省定为省重点建设项目之一。

事实上，银座集团和三井物产所在三井财团早已打过交道。2007 年时，日本三井财团的伊势丹百货败走济南，银座集团便向济南伊势丹多位高层发出招聘邀请，接收伊势丹人员。2008 开始，银座集团又与三井财团关联企业丰田叉车公司开始合作，先后购买后者所产叉车百余辆。

三井物产在河南同样拥有一处冷链物流省重点建设项目——三井物产驻马店国际农产品冷链物流园项目。该项目由三井物产与上海华井股权基金有限公司投资 25 亿元进行建设，运营实体为河南华井物流园区运营有限公司。为推动该项目的实施，河南省商务厅在 2011 年 9 月与日本三井物产签订战略合作框架协议。

掌控物流渠道 控制话语权

2001 年 12 月 11 日，中国终于叩开世界贸易组织（WTO）大门，成为 WTO 第 143 个成员。2005 年 12 月，中国履行“入世”相关承诺，物流领域对外全面开放。此后，国际物流巨头纷纷进入中国。中国物流业在十几年的激荡中高速发展，诸多收获无需赘言。“入世”十几年也是我国物流服务贸易逆差节节攀升的十几年。

真正的商品背后还是服务，这个服务就是物流，就是供应链，由于紧攥着供应链这张牌，国外产品在市场上的竞争力日渐增强

在此背景下，如何从全球经济一体化的大趋势去看待其中的问题？中国物流业如何在全球竞争中寻求发展突破？本报就此话题专访了国内著名产业经济学家白益民先生，他的代表作《三井帝国在行动》对近年来中国的产业界产生了广泛而深刻的影响。

中国之所以加入 WTO，是期待以平等的贸易伙伴身份和西方进行贸易，将自己的产品卖出去，拿回技术。因为根据规定，加入 WTO 后，中国便取得了多边、稳定、无条件的最惠国待遇，并以发展中国家身份获得普惠制等特殊优惠待遇。而西方国家需要的，则是中国巨大的市场。

“然而，‘入世’这十几年，中国得到了什么？我们真的拿到了国外技术吗？我们真的完全进入国际市场了吗？其实，我们实际上是给人缝裤子缝鞋。在贸易环节的最低端，处于产业链最低端，我们的劳动力被廉价地使用，资源却控制在人家手里。”白益民直言。

与之相对应的情况则是，“入世”十几年来，国外产品大举进入中国。我们可以发现，吃穿住行各个方面，尤其是洗发水、奶粉、汽车等商品，位居前列的似乎均是国外品牌。当然，这仅是表面现象，商品背后还有它们的服务，这个服务就是物流，就是供应链。**传统制造业与物流业正在加快融合发展，物流和供应链越来越成为影响一个产业，甚至是一国经济命脉的重要力量，像是一个人的“血管”和“神经系统”。一旦链接产业各个环节的物流渠道掌握在他人手中，与之相关的产业也必定受到影响。**

白益民认为，由于紧攥着供应链这张牌，国外产品在市场上的竞争力日渐增强。在物流市场，随着2005年年底中国加入WTO的过渡期结束，物流业全面开放，外资在华扩张步伐明显加速，它们占据了越来越多的战略资源和市场话语权。

“入世”以来，虽然各方对中国物流业发展都十分关注，但谈论最多的几乎都是以四大快递巨头为代表的国际物流企业。究其原因，中国物流业很多其实都是简单的物流，真正复杂的物流在日本。而日本的物流企业表面上看是一家独立的物流公司，实际上却与制造业、综合商社之间有较深的关联。

在日本，物流企业与综合商社、制造业形成了网状结构，这种物流的网络要比我们想象中更大、更密、控制力更强。因此，在白益民看来，日本物流业真正的“大家伙”并非宅急便那样的物流企业，而是日本综合商社——它像影子一样，隐没在全球93个国家或地区的某个角落。

这个影子里包括：三井物产、伊藤忠、丸红等六大财团的综合商社，它们是编织产业链的产业组织者，是大财团组织的综合商社；还有海运物流企业，三井财团的商船三井、三菱财团的日本邮船、富士财团的川崎汽船这样的海运物流企业，在全球钢铁、石油、煤炭、铁矿石运输中都处于举足轻重的地位。它们形同影子，从不轻易崭露头角，同时它们又不单单是影子，还是日本企业在华运营背后强大的靠山和输血系统。

由于日本资源匮乏并奉行外向型贸易，日本的综合商社多发端于贸易公司，发展到今天，已经远远超出贸易公司的经营范围。白益民分析说，今日的日本综合商社扮演着产业培育者的角色，它就像一个“母体”，不断培育新兴产业与公司，是产业的组织者和联络者，打造“全套完整产业链”是其理想。这足以让其“孩子们”（旗下企业）大展拳脚，进行贸易代理，涉足生产、金融服务、仓储运输、科技开发等领域，从产业链上下游相关联领域着手控制产业物流。

此外，日本物流企业的结构是金融、商业、产业资本相结合，这种模式的渗透力和组织力极强，一旦在中国形成网状结构，相互之间的联结就显得非常牢固。而财团间物流企业相互扩张相互配合，挤压着中国物流企业的生存空间。

可以说，日本的综合商社实际上是真正意义上的现代化物流体系的集大成者，综合商社靠的是金融资本对这些产业的掌控能力。如果物流孤立于产业，没有与上下游产业形成持股关系和长期的合作协议，而是一单一单地接业务，就不会成为物流体系。

做产业、商业、金融相结合的物流

统计数据显示，日本在中国有40000家企业，这些企业通过综合商社这个产业组织者提供的物流服务而高效协同起来，以实现对整个产业的主导权。白益民指出，这个过程需要的是各个企业之间的交叉持股以实现企业间利益的捆绑。在中国，则没有交叉持股的出现，在利益上也就无法联系起来。

《财团就是力量》中国经济出版社 2015 年 11 月出版

俗话说，“同行是冤家”，这将中国企业缺乏协同意识的一面描述得淋漓尽致。在同一个产业或者行业里，企业之间往往互相抵触，甚至为了各自利益而相互践踏。中国企业走向国际市场，也同样出现了

“单兵作战”的窘境。面对外资企业的打压和包围，“走出去”的中国企业有的败北，有的则陷在一个小范围内，始终不能大展手脚。白益民分析说，没有协同，得不到必要的资金、技术、人力等方面的外援支持，因此在业务上很难有更大范围的延伸，进而导致了中国的产业链之困。

白益民发现，日本的企业往往不是平面的。金融、商业和产业的公司之间形成的相互持股，通过相互持股，使企业成为立体的。并且，财团内的企业群体会将集团外部的中小企业群作为长期稳定的交易对象（外包公司），也就是将它们纳入自己的业务经营范围。这些外包公司有的向着水平方向延伸，如三菱公司旗下囊括了190家成员公司；有的朝着垂直方向发展，丰田公司下属175个初级供应厂商和4000多个二级供应厂商就是最好的佐证。此外，在主要的制造商和全国几千个零售商之间，还存在着销售联盟，就如同铸造了铜墙铁壁，刀枪难入。

更出人意料的是，不同的商社之间也存在表面竞争却私下合作的情况。而且商社负责人会定期聚首共商事宜，通过协商和利益均分，确定各自的客户群体和目标市场。这些企业之间交叉持股，有效地保证了各取所需、优势互补、共生共荣。这些都值得中国企业认真参考和借鉴。

“入世”十几年来，外资企业依靠强大的资本和经营实力，在中国市场迅速扩张布点，抢占稀缺的物流网络资源，并逐渐建立起自己的市场优势。在此期间，中国物流业的发展虽然有目共睹，但发展水平整体仍然不高。国内企业对物流的认识，不应仅仅停留于仓储、运输等方面，应该意识到物流具有更为广泛的作用和含义，真正的物流产业应是将产业、商业、金融结合起来的平台。白益民认为，物流产业应该是未来十年中国经济的第一产业，我们应该将物流上升到新的高度，因为只有将物流搞好，做好国民经济的后勤保障工作，才能实现产业升级。

■来源：《现代物流报》2013年3月，作者：曹亚慧

第五节

中国应建东北亚能源物流中心

从历史来看，1949 年以后，大庆就是我国能源重镇，并为初期国家工业体系的建立提供了石油保障。在此基础上，随着国家第一个五年计划启动，大庆能源可以说为新中国的工业体系提供了自主的“血液”。

然而随着中国改革开放 30 年的高速发展，随着中国经济国际化的跨步迈进，大庆的国内战略因素、国际战略区域潜力并没有得到充分的挖掘。在北京华信商略信息咨询有限公司总经理、《环球财经》编委白益民看来，大庆并未“老去”，还有充分的潜力可挖。

白益民提出，大庆需要做的，是将国内战略定位上升到东北亚区域战略地位的高度，并利用日本来平衡俄罗斯的发展势头以及潜在的经济和能源危机因素，进而推动大庆的能源制造业、能源技术、重工业的发展，并辐射蒙古、远东和中国国内，将自身打造成为东北亚能源资源贸易中心城市，从而与俄罗斯远东能源战略形成既合作又竞争的格局。对此，白益民在接受记者采访时，详细地谈了他的看法。

三国能源合作博弈，处于劣势的中国尤为需要据点

大庆具有得天独厚的俄罗斯石油管道泰纳线终端优势，但俄罗斯却在中国和日本之间暧昧不清。

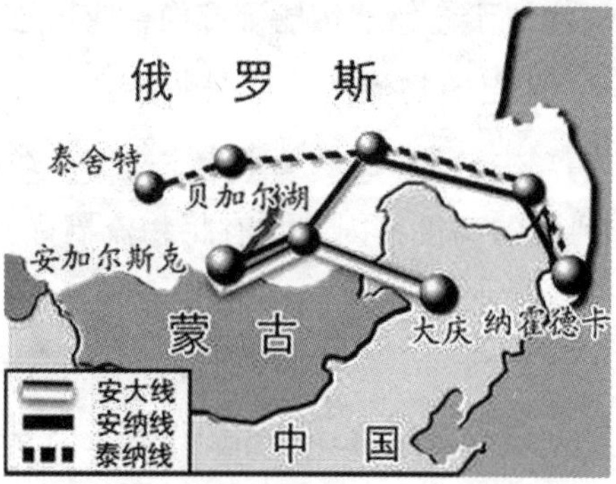

中国与俄罗斯合作落地的大项目是中俄石油管道项目，但是由于日本的搅局以及俄罗斯利用中日之间的矛盾获取了很大的利益，项目最终形成伸向日本海的俄罗斯东西伯利亚石油管道

白益民认为，远东能源资源的开发，为俄罗斯走出苏联解体后的经济萧条争取到宝贵的资金。俄罗斯得以在此基础上进一步复兴。为了进一步实施复兴计划，俄罗斯对自己的能源路线越来越重视，在西方世界，俄罗斯将西伯利亚的石油天然气供应给欧洲经济体，但是为了确立能源大国地位以及实现对

价格体制的控制，为了进一步扩张能源资源的市场份额，俄罗斯在东线（远东边疆）进行了新的能源基地建设，建立亚太能源市场来削弱中东石油势力，并进行了远东东西伯利亚规划。借此机会，日本和中国都积极参与了俄罗斯远东能源资源合作，但结果却不同。

中国与俄罗斯合作落地的大项目是中俄石油管道项目，但是由于日本的搅局以及俄罗斯利用中日之间的矛盾获取了很大的利益，项目最终形成伸向日本海的俄罗斯东西伯利亚石油管道（ESPO），即主干线。中俄石油管道项目还有一条支线，即通过中国大庆的漠大线，但漠大线贯通后受到了计价困扰，让中国支付了大量美元。此外，中俄的其他能源活动都停留在纸面上。相反，日本却在俄罗斯远东低调并积极地逐渐建立自己的据点。

2009 年 6 月 30 日，俄罗斯天然气工业股份公司和日本伊藤忠商事株式会社的高级执行官们，在莫斯科举行的一次会议上，讨论了共同努力探究在俄罗斯符拉迪沃斯托克地区生产液化天然气和凝析油并出口到日本和亚太地区其他国家的可能性。

2010 年 7 月 11 日，日本和俄罗斯达成协议，共同出资在俄罗斯远东城市符拉迪沃斯托克建造一座天然气液化厂。该液化厂每年可生产 500 万吨的液化天然气，并全部供应给日本市场。

2011 年 1 月 29 日，俄罗斯天然气工业公司与日本经济产业省的能源与资源厅签署了一项协议，约定对符拉迪沃斯托克地区天然气开发应用进行可行性研究。

由伊藤忠商事（第一劝银财团的综合商社）带头，组建成立了一家名为日本远东俄罗斯天然气事业调查株式会社（Far East Gas Co. Ltd）的公司。公司权益由伊藤忠商事持有 32.5%、日本石油资源开发株式会社（JAPEX）持有 32.5%、丸红商事 20%、日本国际石油开发帝石株式会社（INPEX）持有 10%、伊藤忠石油探勘株式会社持有 5%，并在 2011 年 5 月 4 日对液化天然气（LNG）厂进行可行性研究。研究包括：建设年产能为 1000 万吨的 LNG 设备的事前基本设计，压缩天然气实验项目的预备调查，以及对制造及销售燃气化学产品的可能性进行调查。

2011年4月，俄罗斯天然气公司的一份报告中显示，该公司已经与日本远东天然气公司签订协议，共同开展经济技术可行性研究，计划在2016年前在符拉迪沃斯托克地区附近建造一个具有年产1000万吨液化天然气能力的工厂，并且计划投资约70亿欧元。

2011年2月，三井物产联手俄罗斯汽车生产商索勒尔斯公司（Sollers）在俄罗斯远东符拉迪沃斯托克地区建厂组装生产“丰田SUV”，双方各持50%股份。三井物产负责利用西伯利亚铁路开展的物流环节，将远东地区生产的汽车通过铁路运至俄全国进行销售。

至2012年4月份，丰田汽车公司在俄罗斯远东地区共设有3个经销中心，即符拉迪沃斯托克、哈巴罗夫斯托克和纳霍德卡。

大庆城市定位亟待明确

在世界贸易体制及区域性自由贸易体系下，国家间建立的贸易体系协定将世界贸易细化成区域范围，国与国之间经济上的竞争将更加细化、更加全面、更加激烈，但是，经济的运营与竞争永远脱离不了能源、资源、粮食（粮食转换能源如乙醇等）的影响，对此，大庆在新中国成立初期的能源战略地位，在新时代也应该得到进一步挖掘、重视和重生，这也是现在形势所要求的。大庆需要将国内战略定位上升到东北亚区域战略地位的位置。

过去，大庆的经济主要依赖石油，除此没有什么高科技、高附加值的经济产业。新兴工、农、商、学、服务等均落后于其他地区，特别是不能与政治、经济、文化、科教、商贸等综合繁荣发达的长三角、珠三角、环渤海地区相提并论。

截至“十一五”计划结束，大庆市地区生产总值由1400亿元增长到2900亿元，地方经济增加值由310亿元增长到1100亿元，固定资产投资由302亿元增长到1036亿元。油与非油经济比例由65∶35调整到52∶48，万元GDP综合能耗下降20%，发展方式不断转变，经济结构持续优化。大庆综合实力位列全国地级城市第21位。

那么，大庆的战略优势在哪里呢？

大庆在新中国成立初期具有重要的能源战略地位，在新时代也应该得到进一步挖掘、重视和重生，这也是现在形势所要求的

大庆拥有健全的能源（炼油厂等能源衍生产业）基础设施，这从新中国成立初期的能源战略角色便可知道，它是一个工业化后的城市，而近邻俄罗斯远东和蒙古则是新兴的开发地区，属于原材料输出国，它们需要工业化的能源技术、设备、人才以及投资来辅助进行发展。

这方面，日本在远东边疆展开了行动，即积极参与远东石油管道重点科济米诺港（集炼油和出口码头于一身）和纳霍德卡液化天然气终端（LNG 厂）项目。如果大庆将漠大线的石油进行消化，而不是分散到天津等地进行消化，便可激活自身石油化工产业，形成集聚效应。

通过吸引日资进入远东内陆，成为日本进入蒙古和俄罗斯远东内陆的桥头堡，大庆可以吸收日本技术以及投资建立能源矿产资源装备基地（以及物流体系），从而为蒙古和远东提供设备制造，并通过漠大线的石油进行衍生产品开发，销售到蒙古和俄罗斯，实现三方互惠互利。

此外，还可将蒙古这个煤炭大国（满洲里至大庆）的煤炭运输到大庆进行煤转油（大庆能源技术设施健全），当然这需要大庆和日本合作来充分提高蒙古煤炭的附加值市场潜力；俄罗斯的煤炭通过满洲里和绥芬河出口中国，中国也可用大庆来消化加工和储备运输到全国各地以及东北亚市场，通过激活大庆并借助日本这个媒介来平衡中俄东北亚的势力，从而获得东北地区的经济发展。

大庆的东北亚物流之路

2012 年 7 月 16 日，第四届中日韩运输与物流部长会议在韩国釜山召开。在开幕式上，中国交通运输部部长李盛霖指出，中日韩三国建立运输与物流部长会议机制 6 年来，始终围绕“建立无缝物流体系、发展环境友好型物流业、实现物流安全与高效”三大目标，依托 12 项行动计划，在陆海联运、物流信息服务网络建设、发展高效绿色物流方面的合作成绩显著，并得到三国领导人的充分肯定，为三国深化合作提供了强劲动力。

随着东北亚经济体的自由贸易启动，我国环渤海尤其是滨海各大城市纷纷选择并制订未来东北亚物流城市的角色定位及发展规划，但是地处东北内陆的大庆却没有得到应有的重视。大庆为新中国工业体系建设立下了汗马功劳，是新中国工业体系建立所需能源的重镇，是一个工业化成熟的能源重镇，随着东北亚经济体的推进，应借助新的机遇（包括漠大线、俄罗斯远东振兴规划）来推动和升级区域性能源产业链，建立东北亚区域性能源产业物流以推动区域发展，为东北振兴释放力量！

历史赋予的使命

大庆在东北亚概念进入实质阶段的最佳切入点便是能源领域。能源安全是国家经济安全的重要组成部分，石油安全是能源安全的核心领域。区域石油安全是能源安全的重要组成部分，是一个系统工程，设计应协调好能源需求与资源保障、能源需求与供给能力、能源需求与消费效益、能源需求与环境效益等各方面的关系。因此，作为新中国成立建设期的能源重镇，大庆应将历史的使命继续发扬光大并寻求能源物流以及衍生产业技术的升级。

大庆加强能源和相关物流产业的进一步升级和发展对东北亚区域具有重要的战略意义，是东北亚体系运营保障的基础之一。东北亚地区的巨大能源需求是其能源合作共同体的基础。据俄罗斯科学院西西伯利亚分院油气地质研究所的预测，2030 年亚太地区一次能源总消费将比 2000 年增长 2 倍以上，约达到 105 亿吨标准煤。在一次能源消费结构中，石油和天然气的比重继续上升，其中石油从 35. 4% 增长到 42. 3%，天然气从 9. 5% 增长到 21. 6%。

因此，俄罗斯远东发展规划紧紧围绕石油和天然气产业发展，其中最具代表性的便是建设东西伯利亚远东石油管道（第一阶段的漠大线已经开通）以及萨哈林岛天然气开发。为进一步开拓东北亚市场（亚洲市场），俄罗斯完成远东石油港口科技米诺规划阶段性建设并且规划实施符拉迪沃斯托克液化天然气终端建设，从而建立亚洲能源市场重镇。

大庆应该借助漠大线紧紧围绕能源以及能源衍生产业为主建立东北能源物流中心，来加强区域经济贸易的重要战略位置

日本、中国、韩国和印度是亚太地区最主要的能源消费国，2011 年四国能源进口总量约占世界总消费量的 31.9%。在这一地区，俄罗斯东部丰富的能源储量与日本、中国和韩国巨大的能源消费构成很强的互补性。为此，大庆应该借助漠大线，紧紧围绕能源以及能源衍生产业，建立东北能源物流中心，加强区域经济贸易的重要战略位置，并与俄罗斯在规划的远东石油天然气产业终端形成平衡的力量，共享经济成果。这有利于东北亚各国经济的持续、健康和稳定的发展，也有利于提高东北亚地区在世界经济中的整体竞争力，更有利于中国东北三省的长远发展。

做东北亚物流枢纽

随着俄罗斯远东石油管道第一阶段即漠大线的完成，俄罗斯远东能源发展随即进入了实质阶段。俄罗斯东部西伯利亚和远东地区拥有占俄罗斯石油资源 72% 的石油和储备丰富的天然气资源，对中国、韩国、朝鲜、日本等亚太地区国家的石油供应有着重大的价值，对各国资源优化组合有着重要意义。我国应对大庆构筑东北亚石油化工物流产业领域的定位给予加强和重视，因为与跨远东管道路线相比，大庆的漠大线以及毗邻渤海的位置，具有成本的相对优势。

目前中日韩自由贸易区谈判启动，但是东北亚城市之间的合作组织不是国家间的合作组织，亦非正式的区域性经济贸易框架，由此产生关税、配套物流问题等没有统一的标准，阻碍了经济贸易。因此大庆在贸易体制下要进行灵活调整，逐渐与这些地区形成自由贸易体，减少贸易物流阻碍。

没有信息就没有物流，“信息高速公路”是“物流高速公路”的基础。在构建东北能源石化物流产业过程中，为了全面推动东北亚区域的合作，

大庆亦要加强东北亚区域信息网络建设，实现东北亚区域内企业、海关、政府、银行、外汇、船公司、代理商、运输公司间的信息无缝连接，只有这样才能实现物流的真正畅通，从而奠定未来东北亚区域经济合作的现代物质基础，自身也才能进行更大的转型，实现角色定位。

借百家之长

环渤海经济圈以及东北三省城市都在积极借助未来东北亚经济圈来进行城市定位，如大连的海港物流之都、青岛的国际航运中心、烟台的快递物流中心、哈尔滨的东北亚商贸物流中心、丹东的对朝贸易枢纽（朝鲜改革之风渐起）和长春的粮食物流中心等等。

中国天津、山东、大连在使用第二欧亚铁路大陆桥交通资源上具有优势，可通过这条物流铁路辐射到主要亟需发展的中部和西部城市。而大连和东北三省则在使用第一欧亚铁路大陆桥（西伯利亚大铁路）交通资源方面具有优势，通过大连港连接内陆铁路物流，再连接满洲里铁路以及西伯利亚大铁路，将会带动东北内陆的经济贸易发展。东北通过不断完善和升级铁路物流网，与俄罗斯西伯利亚大铁路和蒙古铁路网实现统一标准对接，对发展东北经济贸易将起到非常重要的作用。

大庆作为内陆能源重镇，应该根据渤海地区各个城市的东北亚定位，进行合纵连横，达到不同物流体系的衔接，将物流渗透东北三省内陆并辐射和进一步激活能源资源的重要国度——俄罗斯和蒙古，从而进一步巩固其能源资源产业的发展，以加大升级现有的能源资源基础产业体系，同时完善自身物流体制建设，健全地发展以能源石化产业物流为主、其他物流为辅的物流体系，推动东北三省的进一步发展。

■来源：《现代物流报》2012 年 7 月，作者：黄杨

第四章 综合商社的隐秘布局

2010 年 9 月，丰田消失在中国汽车工业协会发布的轿车、SUV 以及 MPV 等所有畅销车型排行榜上，但实际上被利润下滑困扰的只有丰田在华的合资公司和经销店投资人。对于日本财团体系下的丰田集团而言，销量下降远未伤筋动骨，他们正打算从一场隐秘的产业利润争夺战役中收获战果。

在所有的生产、贸易和物流环节，综合商社都扮演着“幕后推手”的角色，将自己的下属公司以及关联企业推到台前，不断地扩大着市场、资源和疆土，谋求着利润最大化，而自己则隐藏起来，像极了“影子帝国”里的王者，不动声色地观看着一幕幕城池的攻陷和王国的扩张。

尽管投资巨大、经营范围广泛、影响深远，但日本综合商社这样的跨国巨头却很少被国人了解。综合商社在世界各地的“触角”和在物流领域、信息资源、统和能力等方面独特的技术经验，可以帮助中国企业走出国门，但在帮助中国企业发展壮大的同时，也同样强化了综合商社对中国企业的控制。

作者题注：

日本企业存在更多的集体主义的文化和作风，完全区别于美国式的个人英雄主义和自由主义的文化理念，从文化的角度讲，中国的企业培育方式应该更多地学习综合商社这种产业资本、商业资本互相渗透、相互融合，实现共赢的模式。

本章提要

三井物产到底是做什么的？这似乎是个全球性的谜。三井物产中国副总代表魏林是这样介绍的："问我们做什么，不如问我们不做什么。我们不做毒品、不做武器弹药这些违犯法律的事，但是其他的只要有机会我们都可以做。"

一家汽车公司的现金储备超过本国中央银行，达到近3万亿日元（约合372亿美元），这使日本一度流传着"丰田汽车公司是日本中央银行"的说法。

日本的企业基本上是围绕着商业来运作的，然后通过商业反过来控制产业，同时它背后又和金融结合在一起。这种布局，也为其整个进入中国市场做了基点。

三井物产在很大程度上有赖于金融机构的贷款支持，而金融机构之所以能够源源不断地满足三井物产的贷款需求，深层次的体制背景则是其作为综合商社的大股东的地位和相互持股关系、长期持续资金交易关系的存在。

综合商社更加重视的是与企业建立商业伙伴关系，投资往往是长久的，是战略性投资。对综合商社的投资者来说，利润是第二位的，建立长期合作伙伴关系是最重要的，它们的投资回报也是长期的，也可能是间接的。

美国企业背后的文化是个人主义，崇尚独立性，利润第一。当危机来临时，集团公司总是企图摆脱和剔除处于困境的产业和部门。日本财团更注重建立企业间的相互依赖关系，形成命运共同体，共度危机，共求发展，共同抵御外部侵略。

第一节
隐者三井

无所不在的三井财团

周一清晨 8 点整，闹钟响起，家住北京东直门附近的 Ellen 从床上爬起，一番梳洗打扮后准备出门。

此时，Ellen 先是套上一件“Burberry”风衣，当然，出门前不忘了喷上一点 Versace 红色牛仔香水。Ellen 坐着“东芝”电梯直奔地下一层的车库，开出自己刚买不久的第 12 代丰田“卡罗拉”。9 点整，Ellen 来到单位，胡乱塞两口乐天“蛋糕派”，打开东芝笔记本电脑开始一天的工作。

下午 5 点，今天不用加班，Ellen 踩着轻快的步伐走进单位旁边的新光百货，与女友相约在这里购物。在这个标榜北京最时尚的百货公司，Ellen 和女友“扫货”无数，当然，战利品中包括 FANCLE 最畅销的卸妆液。晚饭就在商场里的“吉野家”搞定。21 点，Ellen 拖着疲惫的脚步，拎着大包小包进了家门。半路上，她还不忘在街角的“7－11”超市买上一份热乎乎的“关东煮”给自己当夜宵。

这是 Ellen，一位北京普通中产职业女性的普通一天，或多或少也折射出我们大部分人工作和生活中所熟悉的那些元素。只是鲜少有人知道，Burberry、Versace、东芝、丰田以及“7－11”等耳熟能详的品牌背后，都因为一个名字而相互联系——三井，这个日本最大的综合商社，以不同方式，在不同程度上，控制着上述来自日本以及世界各地的企业。

Burberry 和 Versace，这两个自命不凡的欧洲经典品牌，早在 20 世纪 60 年代就将自己在亚洲地区的总经销代理权卖给了三井集团；中国人再熟悉不过的东芝，全名东京芝浦电气，其前身可追溯到二战前，是三井财阀麾下的重要直系企业；丰田，世界上最赚钱以及最大的汽车公司，从诞生之日起，就与三井的扶持有着密不可分的联系，虽然从丰田汽车的股东中看不到三井的直接控股，然而“三井住友海上火灾保险株式会社”以及

“三井住友银行株式会社”的身影告诉我们，它们之间有着千丝万缕的亲密关系；乐天（中国）食品有限公司和经营吉野家快餐的上海吉野家快餐有限公司，都是三井集团官方公布的在中国投资的33家企业之一。

说起新光百货，人们都以为是由中国台湾新光三越百货和北京华联共同投资所建，然而，不论是中国台湾的新光三越，还是太平洋SOGO和远东百货，这些集团的背后都有着实力雄厚的日本财团作支撑，而新光三越的背后就是三井财团，这也难怪新光百货在一楼最显著的位置，摆放着FANCL以及SK－Ⅱ等日系化妆品，其中，FANCLE就是由日本FANCLE和三井物产共同开发和销售的；遍布中国的“7－11”超市，在其大股东伊藤洋华堂的背后，站着的仍然是三井财团。

“影子”帝国

遍布中国的“7－11”超市，其大股东伊藤洋华堂的背后，站着的仍然是三井财团

三井，这个隐藏在公众视线之外的商业帝国，在过去十几年，同时也远离了各种象征财富和权力的排名和称号。

在《财富》杂志世界500强名单上，1993年曾经排名前五位的三井物产、三菱商事、伊藤忠商事、住友商事和丸红商事等日本的综合商社，在过去十几年的排名逐年下降，2006年，三井物产的排名跌至155，甚至被自己一手培养的丰田和东芝远远甩在了后面，后两者分别位居第6和第87。

比起近几年来扶摇直上的沃尔玛、埃克森美孚以及通用等美国企业，以三井为代表的日本综合商社似乎表现出了迟暮的颓势。1991—2002年，日本的GDP增长仅为1.1%，远低于世界同期平均增长率，东南亚金融危机之后更曾一蹶不振。当日本经济进入“失去的十年”，日本综合商社的“衰败”似乎也不可避免。

然而，国内的“萧条”却掩盖不住日本企业在海外创造的“繁荣”。

以 GNP（国民生产总值）衡量，2001 年，日本海外总资产达到 2.9 万亿美元，海外净资产 1.5 万亿美元；海外制造业销售额 4348 亿美元，与日本出口相当。1991—2001 年，日本海外总资产年均增长 3.1%，净资产年均增长 13.9%，均高于同期日本 GDP 增幅。一个“海外的日本”正在默默地打造中。

如此充满迷惑性的繁荣，是三井这样的综合商社积极拓展海外市场的结果。就像 Ellen 几乎每天都与各种各样的“三井企业”打交道但却浑然不觉，日本综合商社的策略正是化整为零，一方面通过合并和成立一些专业公司，或者在重点地区设立区域性投资公司，形成各自独立的法人和财务核算实体，实质控制权还是集中于日本本土的商社总部；另一方面，三井更热衷于通过各种程度的持股，参与和渗透到产业链的上下游企业中，在保证对资源的充分占有的同时，又通过控制贸易端而获取利润的最大化。

2004 年，三井物产将自己经营额最大的能源和矿产部门分立出去，直接导致其 500 强排名跌到 177 位，从而掩盖了它的巨大实力。日本的各家商社财阀和很多大型企业出现了一种建立地区总部的趋势，其经营和管理活动相对于过去更为分散，更多的营业收入被计入当地公司的账目。另外，综合商社投资分散于世界各地的成千上万家企业的收入也没有显示出来，从而弱化了人们对综合商社庞大身躯的感知。实际上，如果三井物产想争 500 强这个风光，也许只要把部分投资公司的收入并入账目，或是简单地将财团中的企业并入进来，就可以坐到 500 强第一的位置。

曾有人问起“三井这个综合商社究竟有多大”，前三井物产株式会社社长上岛重二在列举了丰田、东芝、东丽以及王子制纸等典型的日本企业之后这样回答，“在此不便列举过多的企业，比如说美国有通用公司，比如说 UNISIC，在欧洲还有德国的西门子、爱立信等等这样一些公司……”如此轻描淡写的回答，已可以让人们一窥三井帝国的庞大，而它的策略，就是如影子般站在企业背后，利用自己雄厚的资本、发达的贸易体系以及占有的丰富资源，在推动企业的发展同时，也向着世界微观经济的每一个角落渗透。

产业背后的巨人

2007年7月24日，中国国家核电技术有限公司与美国西屋联合体在人民大会堂签署了第三代核电自主化依托项目合同。该合同的签订标志着中国三代核电自主化依托项目从商务谈判阶段转到项目建设和技术转让实施阶段，时任中国国务院副总理、国家核电自主化领导小组组长曾培炎出席签字仪式，并会见了日本东京芝浦电气株式会社副社长兼西屋公司股东董事会董事长庭野征夫、美国西屋电气公司总裁兼首席执行官史睿智。

此前的2006年10月17日，以日本财团为主力的买家出资54亿美元收购了核电“鼻祖”西屋电气，其中三井财团的东芝公司出资41.58亿美元，目前拥有西屋电气77%的股份，美国绍尔集团（Shaw Group）出资10.8亿美元，获得20%股权，三井财团的另一企业石川岛播磨重工业公司则以1.62亿美元获得了3%的股权。换句话说，中国实际上是从日本东芝公司，或者说是从三井手中购买第三代核电设备。

在东芝2006年开始竞标西屋电气的同时，三井物产在全球市场为大肆收购铀矿资源繁忙起来。哈萨克斯坦的铀储量约占世界总储量的25%，位居世界第二，2006年2月，哈萨克斯坦同三井物产和关西电力公司签订合同，建立合资公司“阿巴克”，双方共同开采哈梅古杜克铀矿，两家日本公司各占公司35%的股份。该项目一期投资预计1亿美元，2010年之前，“阿巴克”的铀开采量可达到每年1000吨，将主要销往日本。

同年10月，三井物产又与俄罗斯技术供应出口公司签署协议，开始实施开采雅库特“南方”铀矿区的合资项目。雅库特的埃利孔斯克矿区被认为是俄境内已探明的储量最丰富的铀矿区，蕴藏着俄罗斯一半以上的探明铀矿储备，将近34.4万吨。“南方”矿区是埃利孔斯克矿区八个分区中的一个，已探明的铀矿储量达25万吨，被认为是世界最大的铀矿之一。三井物产株式会社将获得该项目25%的股份。

东芝竞标西屋电气和三井收购铀矿，在很多人看来是两家公司互不相关的行为，然而一旦知晓东芝与三井密不可分的关系之后，人们就很容易推测出“竞标”和“收购”背后的关联。三井大规模收购铀矿资源，是为

东芝的核电事业提供充足的“弹药”，三井通过对上游资源的控制，确保了东芝在核能领域更深层次的竞争力；而东芝在核电领域的开拓，更符合三井商社涉足核能、生物技术等“高新技术领域市场”的发展方向。这个逻辑在“东芝”和“三井”两个看似毫无关联的名称下被悄然隐去了。

三井收购铀矿资源，是为东芝的核电事业提供充足的“弹药”，三井通过对上游资源的控制，确保了东芝在核能领域更深层次的竞争力

被隐藏了真实面目的商业行为还有很多，Ellen 每天光顾的“7－11”就是其中之一。人们都知道“7－11”的大股东是伊藤洋华堂，然而“7－11”进军北京的过程中，三井物产功不可没。2000 年 2 月，三井物产斥资 3 亿日元助力“7－11”在网上的销售公司，带领索尼（三井财团成员）、NEC（住友财团成员）等共同成立了“7 梦幻”网络商店（7 dream. com）。“7－11”进入北京之后，三井物产、日本日新株式会社还与北京市二商局共同投资组建“北京三新冷藏储运有限公司”，从事冷冻冷藏保鲜食品储藏运输及市内配送，主要承担便利超市及其他大公司的货物运输业务。

2004 年，该储运公司又开辟了“7－11”便利店的同城配送业务。2003 年 10 月，三井物产、锦江国际集团和大众交通集团合资成立“上海新天天大众低温物流有限公司”，以低温商品物流配送为自己的主要功能定位，作为集生产商、超市、便利店等为一体的综合物流中心，实现以冷冻食品为主的食品物流业务（包括仓储保管、装卸、物流加工、理配、运输）。三井如此卖力“吆喝”的背后，不仅是因为自己与伊藤洋华堂之间有股权关系（伊藤洋华堂的股东之一“三井生命保险”属三井系），更深的意图还在于试图寻找中国本土的合作伙伴，在中国开设相当数量的食品加工企业，并建立起庞大的物流网，以满足日益增长的日式便利店网的需求。

无论是农作物、矿产资源还是消费品，无论是原材料、中间件抑或是终端商品，在所有的生产、贸易和物流环节，三井都扮演着“幕后推手”

的角色，将自己的下属公司以及关联企业推到台前，不断地扩大着市场、资源和疆土，谋求着利润最大化，而自己则隐藏起来，像极了“影子帝国”里的王者，不动声色地观看着一幕幕城池的“攻陷”和王国的扩张。

■来源：《商务周刊》2008 年 1 月，作者：袁瑛，王晓君

第二节

日资百货借台企进军大陆 抢夺中国零售高端市场

现在，对日本零售企业来说，从东京到北京最近的距离可能不是“直飞”，而是绕道经过中国台湾地区。2007 年 4 月 19 日，中国台湾地区百货龙头企业新光三越与北京华联集团合资的首家旗舰店“新光天地”在北京开业。

位于北京的“新光天地”是由台湾地区百货龙头企业新光三越与北京华联集团合资成立的。而来自中国台湾地区的新光三越则是中国由台湾新光集团和日本的三越集团合资组建的

这是新光三越第一次进入大陆市场。作为零售业龙头，中国台湾新光三越与北京华联集团于 2005 年成立华联新光百货（北京）有限公司，双方各占一半股份，资本额共 7.5 亿元人民币。董事长由北京华联董事长吉小安担任，总经理是中国台湾新光三越百货公司的总经理吴昕达。

在 2006 年 6 月 1 日，新光三越进驻华贸中心的新闻发布会就在国际俱乐部饭店隆重举行，当时国家商务部、国务院国资委、国务院台办及北京市政府等部门均有领导出席签约仪式。北京华联集团董事长吉小安、新光三越百货公司总经理吴昕达、北京国华置业有限公司董事长房超代表三方签约。

中国台湾业绩第一的“百货王”新光三越，与大陆最大的连锁商业集

团北京华联合作开设了这家号称全球第五大的百货店，从选址、招商到开业，竟只用了一年的时间。

日本百货联合台湾进入大陆

中国台湾地区三大百货集团——新光三越百货、太平洋 SOGO 百货、远东百货近年来纷纷进入大陆投资。事实上，中国台湾这三大百货集团背后都有着实力雄厚的日本财团支撑。

例如，新光三越是由中国台湾新光集团和日本的三越集团合资组建。1989 年成立，经过 10 多年发展，新光三越目前在台湾地区有 13 家分店，营业面积超过 65 万平方米，连续多年位居东南亚及台湾百货业龙头地位。

过去日本超市等零售业直接赴大陆投资，而现在越来越多日本零售服务企业意识到，把中国台湾当成中继站，以台商为策略伙伴，是进军中国大陆的最佳策略。与日本三井财团渊源深厚的中国台湾统一集团的统一超商也有相同的发展构想。统一超商总经理徐重仁曾说：日本可以借助中国台湾商人的本地化经验，中国台湾可以借助日本的专业知识，先把日本服务零售业引入中国台湾，进行本地化，未来再复制到大陆市场。

三井物产（综合商社）在台湾公司的董事长兼总经理小川隆把 Mister Donut（美仕唐纳滋）餐饮连锁店的案例，作为日本企业“联台入陆”策略的验证。2000 年，日本乐清集团（DUSKIN）到上海投资开设“Mister Donut”，业绩并不起色。2005 年初，日本乐清和统一超商合资，在天母等地开出“统一 Mister Donut”专卖店，却刮起了排队旋风。通过中国台湾市场打造出口碑，台商圈传播到上海，带动上海 Mister Donut 业绩开始成长。

2005 年初，三井物产与中国台湾微风广场合资成立微风三井餐饮控股公司，引入横滨浪漫馆猪排三明治，也造成小小的排队风潮，计划再由此引入其他日本知名连锁餐饮品牌。

据媒体报道，小川隆分析：“大陆 2005 年 4 月爆发抗日情绪后，日本企业深刻体认，日本独自进入大陆的政治变量太多。日本输出入银行和海外协力基金合资的国际协力银行 4 月报告提出，中国台湾非常适合成为日本的策略伙伴。中国台湾地区比大陆更了解美国、日本，也比美国和日本更了解中国大陆。”

日本三越百货总部曾经想直接进入大陆，但由于缺乏经验，现阶段主要策略是通过中国台湾新光三越进入大陆市场，以减少风险。

日本百货业在1997年后，面对市场衰退，不得不跨出海外市场，寻觅新商机。原本以为中国台湾市场小，却发现其消费者消费力强，喜欢追求新奇、品牌、时尚等，于是判断中国台湾的市场非常适合作为切入华人市场的第一站。

小川隆提出的策略是：进入大陆选对时机很重要，大陆国民消费力还不够，进入太早，会失败，三到五年后再进去可能又太晚。第一阶段可以先进入中国台湾市场，了解中国人的胃口，打造好口碑，第二阶段再跟中国台湾业者合作，转进到大陆市场。

1989年，新光三越百货股份有限公司作为一家专门经营高端百货的大型商业集团宣告成立。新光三越是中国台湾最大的财团新光系与日本三井财团的“三越百货”合资设立的百货企业。事实上，来大陆投资的不是单纯的中国台湾新光三越，而是股本构成重新组合的企业，日企借此曲线进入大陆市场。在大陆合资的华联新光百货，其股东就是北京华联、中国台湾新光三越、新光集团、三越百货和以三井物产为首的几个日本商社的集体组合。

三越百货是一家日本百货公司集团，创办于1673年，总部设于东京。在日本、中国大陆、中国香港、中国台湾、欧洲、美国有多家分店。日本三越株式会社是世界上最大的百货集团，是战前的三井财阀直至现在的三井财团的主要成员公司。商号是从“三井越后屋”中取“三越”二字而成。

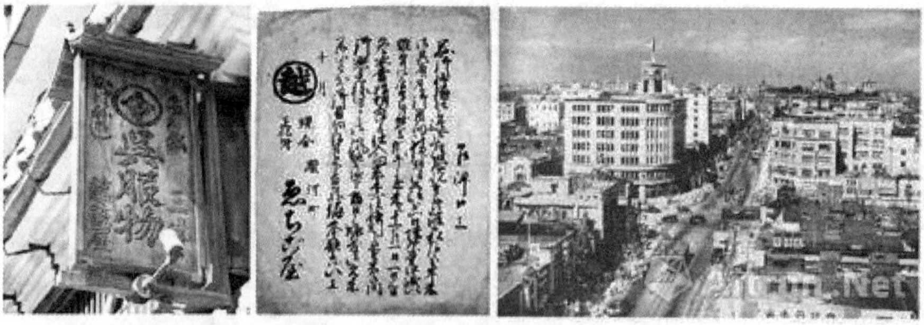

三越百货，原名为“越后屋三井吴服店”，始于江户时代，1904年成为当时日本第一间百货店，之后便开始以百货店的形式继续经营，也就是现在我们最为熟知的三越百货

中国台湾的新光家族财团业务涵盖银行、保险、零售等很多领域，在台湾有着深厚的背景，其四兄弟在陈水扁任台北市长期间，就与陈水扁有不错的互动。当时敦南诚品租约到期，吴家想收回改开新光三越百货，陈水扁曾亲自出面帮诚品董事长吴清友与新光谈定续租事宜。新光家族中最热衷政治的吴东升，随前台湾地区领导人李登辉转到中国台联，一度出任台联党不分区“立委”，吴家四兄弟在国民党和民进党间蓝绿通吃，深知分散风险的必要性。

1991 年 10 月，新光三越的第一家分店在台北市南京西路诞生；2000 年，新光三越进驻台中七期重划区，台中店可以说开启了新光三越进入大型店铺经营的里程碑；2002 年 6 月，新光三越在台南地区开设第二家分店“台南新天地”，是新光三越最大的分店。

在中国台湾地区，有日资血统的新光三越已经进入第 16 个年头，13 家百货店当中有一半以上的店数是靠精准看地、养地所开发出的百货商圈，搭配日本三越百货“原汁原味”的服务，创造出总营业额超过 600 亿元新台币的百货王国。

抢占高端消费市场

2007 年 4 月，新光三越在中国大陆合资公司“华联新光”的首家分店“新光天地”在北京华贸中心开业，占地 18 万平方米，经营面积为 11.6 万平方米，是当时中国单体建筑最大的百货公司。经营项目主要包括国际精品及中高档商品、服饰、家居用品为主，并配有超市、餐饮、美容、休闲等附设。

当时，虽然中国大陆的百货业竞争非常激烈，市场趋于饱和状态，但在经济发达的一线城市，以经营奢侈品为主的高档百货业还是比较缺乏的。华联新光总经理暨台湾新光三越总经理吴昕达认为，华联新光引进新光三越品牌，多达 90 个国际奢华品牌也随之首次进入大陆市场。

在华贸中心的官方网站上，北京国华置业有限公司董事长房超解释华贸商城引进新光三越的理由时说：“我们还是选择了管理技术更细腻，更了解中国人消费观的新光三越。华联是新光三越进中国以后的中方合作伙伴，双方共同投资建立了华联新光百货集团。北京华联只是投资方，而经营方是新光三越。新光三越是由台湾新光财团投资，日本三越百货来管理，而日本人向来以精细的管理模式著称。”也就是说，中国大陆方面仅仅收取场地费，而渠道进货权和商品选择权全部由日本财团支撑的新光三越掌握。

在类似北京和上海这样的中心城市，大型百货店的一层黄金位置通常是被化妆品柜台占据，而其中大部分是日本品牌，常见有FANCL等。众多日本化妆品品牌通常像SK－II一样都是英文名称，以显示其国际化地位。华贸中心的“新光天地”还为女性顾客提供了5间量身定制的顶级私密护肤室。

“百货商店”与“综合商社”

三越百货日本东京银座店

日本现代百货店前身诞生于江户时代的和服店。江户时代的和服店，在理念上，已具备了百货店的部分特性。三越百货的始祖即后来的三井财阀创始人——三井高利，开创了行商法，薄利多销，现金交易。明治维新（1868）以后，在政府欧化政策的影响下，从江户时代开始就一直处于零售业中心地位的大型和服店，也出现了新动向。

19世纪末期，日本开始出现了新的销售方式——“陈列式销售”，三井吴服店还第一个设置了玻璃制商品橱窗。到了1896年，传统的座式销售已完全消失了。终于，在1904年日本第一家现代百货店诞生了，三越吴服店从无限公司转变为株式会社（股份公司）。

如果说三越百货是“日用消费品的百货公司”，那么可以把三井物产（综合商社）看作是“提供生产原料的百货公司”。2000年4月12日，三井物产亚洲顾问远藤滋说：“三井物产的产业及产品范围涉及钢铁、机械、冶金、通信、能源以及金融、贸易、交通等。其业务的基本定位是提供交易服务即做中介人，为出口商开发海外市场，为进口商寻找所需的原材料或产品。”

综合商社这种组织形式源于日本，三井物产堪称始祖。与跨国公司不同的是，跨国公司经营的产品比较单一、专业性较强，而现代综合商社实行跨行业的综合性经营，且每一产业都是专业化经营，整体输出，产业互补，因此具有综合竞争能力强，抗御风险能力强，能扬长抑短、避重就轻的特点，它们也得以把触角尽可能地伸向全球经济生活中人们想得到甚至想不到的角落。

借力商业“国家队”布局

2004 年可以说是中国流通业历史上具有里程碑意义的一年，不仅因为当年的 12 月 11 日是中国零售业全面开放的日子，更因为在当年年中，20 家流通企业被列为国家重点培育的对象。在人们的想象中，20 家流通企业都是清一色的具有一定规模的内资企业，抵御外资的重任理应由它们担负，因此它们被赋予了一个特殊的称号：流通业“国家队”。

然而，两年多过去了，人们却发现，有些“国家队”队员的“国籍”正悄然发生改变。与外资的合作、合资，这类“国家队”队员虽然没有直接让外资持有股份，但是通过与外资共同成立新公司的方式，在客观上淡化了“国有”性质。除了前面提到的台湾新光三越与北京华联集团以各持股 50% 方式合资成立新公司、进军国内高档百货业，北京王府井继与伊藤洋华堂成立新公司、携手进军生鲜超市后，2004 年 11 月又接手了北京首联集团的 7－11 股权。

事实上，这里提到的新光三越、伊藤洋华堂、7－11 都与日本三井财团有着密不可分的联系。在三越百货进入中国市场之前，伊藤洋华堂的超市和 7－11 的便利店早就开始在中国大陆布局了。与日本百货业走“联台入陆”的道路不同，伊藤洋华堂和 7－11 更多借助于在中国扎根的日本综合商社的支持，与中国大陆流通企业进行合资。

随后，它们在商社及其财团企业的配合下，逐步完善在中国大陆境内的物流系统，不断充实货架上的日资生产企业的产品。2003 年，三井物产向上海、北京两地派出7名职员，开拓面向零售商店的日用品运送业务和市场。

谁来主导中国经济命脉

2002年7月，东方集团董事局主席张宏伟在威海“中国流通业如何面对‘入世’”论坛上，作了题为“谁来主导中国经济命脉，谁来保卫中国经济安全”的长篇报告。他分析说：**“在今后两三年，跨国公司对中国经济冲击的重点不在制造领域以及高垄断、高壁垒行业，首当其冲的是流通领域，它们的战略重点是零售终端。对于大型跨国流通企业来说，只要控制了流通领域，就等于建立了输入它们自己产品的通道。我们可以预想‘入世’后，外国商品输入中国市场的数量将数倍于目前，为了让中国消费者接受日益增多的外国货，打通中国的流通渠道将是其战略之举。”**

2004年2月的“中南海会议”，可以说是国家培育大型流通企业的思路的首次具体落实。当天，“国家队”名单上的15家大型流通企业董事长或总经理相聚中南海，一起参加由时任国务院副总理吴仪主持召开的“流通企业改革与发展座谈会”。时隔不到1个月，3月16日，来自全国各省、自治区、直辖市、计划单列市商务局流通主管部门的政府官员以及来自电力、税务、烟草、药监等18个相关部委相关处室的负责人和来自国内的大型流通企业高管一同出席商务部成立以来首次召开的全国流通工作会议。

会上讨论的《流通业改革发展纲要》中有这样一段文字：要切实采取措施，力争在5~8年的时间内，培育出15~20家拥有品牌和自主知识产权、主业突出、核心竞争能力强、初步具有国际竞争能力的大型流通企业。2004年6月份，这份《纲要》正式下发后，商务部便低调宣布了“国家队”名单。

按照商务部商业改革发展司司长邸建凯的描述，国家培育“国家队”的初衷是为了让其在带动流通行业结构调整和产业升级、促进中小企业成长、推动制造业规模发展、引导投资方向、满足人民群众消费需求、扩大就业等方面，起到龙头带动作用。

随后，2005年5月20日，商务部与国家开发银行签署了《支持流通业发展开发性金融合作协议》。国家开发银行安排的500亿元人民币的政策性贷款，也优先提供给了“国家队”，支持它们建设城乡现代流通网络基础设施。

现代流通企业已经不是简单的传统商业概念上的流通企业，而是融标准化、管理化、数据库、多学科、多门类、多种知识、多种人才于一体的综合性企业

商务部一位官员的言辞中不经意间流露出了国家组建“国家队”的初衷：保障国内流通业的经济安全。然而，不管是主观还是客观的原因，种种迹象表明，受趋利本质的驱使，无孔不入的外资资本正悄悄地改变着“国家队”的性质。

关于外资主导国内商业的风险，时任商务部部长助理黄海曾在《中国商报》主办的一次论坛上表示，当外资取得国内市场销售额控制权或者主导权以后，可能会出现以下几种风险：国外有竞争优势的产品将大量进入；民族产品在进入外国公司销售网络的时候将受挤压；如果遇到自然灾害、严重疫情等导致国内重要商品市场供应紧张，政府调控的力度和实效有可能受到影响。

2006年7月28日，国家开发银行和苏宁正式签署意向性协议，在未来的5年中，国开行拟向苏宁提供的政策性贷款总额度为96亿元，苏宁成为“零售国家队流通扶持款”的第一位受益者。苏宁表示，将在国内一线城市和二线发达城市的核心商圈和地段自建、购置4~5个标准旗舰店，建设3~4个现代化的物流配送中心。

然而，现代流通企业已经不是简单的传统商业概念上的流通企业，不是指望银行贷款建立硬件设施就能运转的。首先它不是简单的劳动密集型企业，而是融标准化、管理化、数据库、多学科、多门类、多种知识、多种人才于一体的综合性企业，是劳动密集型、管理密集型、知识密集型、产品密集型、资本密集型的综合性企业。必须整合各方面资源去支持，才有可能建立具有现代流通概念的、具有国际竞争力的中国流通企业。

流通领域牵扯的是中国经济的两大基石：基础的产业结构和高端的金融领域。现代流通业与信用消费紧密相连，有非常高的金融要求，跨国流通企业进入中国后，必定会渗透金融领域。建立国际化的流通体系，以三井物产为代表的日本综合商社在中国的活动既带给中国警示又带来启示。

三井物产在很大程度上有赖于金融机构的贷款支持，而金融机构之所以能够源源不断地满足三井物产的贷款需求，深层次的体制背景，则是其作为综合商社大股东的地位和相互持股关系、长期持续资金交易关系的存在。

资金实力和融资能力是大型流通企业开展经营、发挥商业职能的基础条件。专职的流通企业都有可能发展成综合商社，政府应该帮助那些发展在前面的流通企业实现建立综合商社的梦想。

资金问题是一直困扰中国流通企业发展的瓶颈问题。借鉴国外经验，扩大流通企业规模，使其具备一定的金融能力，对于流通企业摆脱经营困境、迅速扩大综经营规模、建立新型工商关系甚至是建立新型的银企关系都有重要的意义。

■来源：《环球财经》2012 年 12 月，作者：白益民

第三节

日资布局中国商业地产之忧

在华投资格局的转变

经历过房地产泡沫演变成“失去十年”的日资财团，在当下中国持续的调控下，似乎把眼球瞄向了国内的商业地产。2011 年，杉杉集团宣布，将与日本财团伊藤忠商事联合建造浙江第一高楼“宁波中心”。同期，杉杉集团与日本三井不动产株式会社共同开发的宁波杉井奥特莱斯商业广场正式开业。

同年，三井不动产还在广州正式宣布成立子公司，子公司以资本金3000万日元、员工6人开始启动。成立之时三井宣称，主要是以方便获得华南地区更多的商业机会为目标。事实上，没过多久，三井就与深圳星河集团进行了商业地产方面的合作。

日本的企业基本上是围绕着商业为主体来运作的，然后通过商业反过来控制产业，同时它背后也是和金融结合在一起。这种布局，其实也为其整个进入中国市场做了基点。

2014年4月，由日本伊藤忠商事株式会社和杉杉集团联合竞得位于宁波东部新城宁穿路和海晏路交叉口西北侧的一块土地，拟建最高达380米的摩天大楼

我们知道，在华的日资企业现在有一万多家，很多都是这种合资、合作方式，但独资也越来越多了。最开始日本企业进入中国的目的是利用中国的劳动力资源，然后把日本的技术、工厂的一些东西搬过来，因为日本不光是在中国经营企业，另外它和中国台湾的企业关系密切，中国台湾在中国有很多的企业，特别是电子型的企业。

日本原来的战略就是利用中国的人力资源，然后加工组装，再把产品卖到全球各地，中国市场本身的内需并不是它们最主要的目的，这一阶段它在中国的投资主要是全球化分工，利用中国的劳动力。

那么，现在的竞争已经不是简单看到的产品竞争了，现在是渠道竞争。而且，日本更加注重在中国市场的销售，因为它在中国的生产能力很大，全球很多地方经济不景气，而中国是一个更大的市场。

但现在它在中国有一些瓶颈，就是生产企业都要通过一些其他的渠道才能进入到市场里面，比如说电器，有很多的电子类产品，另外有很多的产品都需要中国的渠道商、代理商。

因为日本的产品渗透到中国各个方面，包括纺织品有很多都是日本的面料在中国加工的。实际上就是日企站在了后台，很多东西贴的中国标签，但都是日本提供零部件组装的。

另外，其实现在从战略角度来讲，在渠道这一块，日资企业的竞争针对的就是消费者终端，一旦把握了终端，整个链条就打通了，因为它的原料供应，包括它在中国的生产体系都有了，物流体系都做得很好，这些生产物流体系做好后，下一步最主要的就是控制消费的物流体系、渠道体系和它的消费终端。

也就是说日资在制造业上的投资已经饱和了，现在主要是向服务业包括金融、商业地产这个方向走。因此，日本对华投资的格局已经转变。

其实，不光是三井不动产，日企越来越重视产品销售终端方面并的投资，商业地产方面也是它们在中国建商圈的一个套路。

财团体系的投资优势

三井不动产一般都是带着合作伙伴一起来投资的，比如它和杉杉的合作，实际上是借助中国杉杉在全国的渠道。另外，不光是三井不动产，在杉杉的项目中也有伊藤忠，因为伊藤忠是和杉杉捆绑在一起的，后来三井不动产加入进来。

三井投资一般都是寻找合作伙伴，中国企业通常都是独资，都是想自己当老大，而日资企业投资普遍都是把上下游连接起来，然后再掌握整个盘子。

三井不动产一般都是带着合作伙伴一起来投资的，比如它和杉杉的合作，实际上是借助中国杉杉在全国的渠道

另外，三井不动产本身的资本金是很大的，它和很多的企业都有关联。三井不动产背后的很多持股方都是金融机构，所以，表面上看是商业资本，但是背后是金融资本。

而中国的商业、产业和金融是分离的，搞商业就搞商业，搞产业的就搞产业，搞金融就搞金融，它们之间没有持股关系。实际上要分析三井不动产的股权结构的话，很多都是大型金融机构，所以要扩张就不缺弹药。特别是在危机来的时候，很多企业都会低价把手里的东西转出去，它就可以借此接过来。很多企业，像当初中

日合资的一些企业，在 1997 年东南亚金融危机，中国工人下岗，国企改革，很多都变成日本独资企业。

而目前中国的经济，包括地产方面，有很多的危机已经显现出来了，这正是它们下手的时候。日资在中国活动有很长时间，并不轻易下手，一旦中国出现危机，它们就可以把合作伙伴的资源全部拿到手里。

三井加大中国商业地产的布局，而另一个日本的房地产企业——森大厦，在 2010 年年底却把上海非常知名的环球金融中心出售了。

这两个行为看似矛盾，其实不然，森大厦做的是楼盘，实际上是做物业投资，而三井不动产搞的是商业投资，这是两个概念。物业为什么要卖掉，因为已经分析出了中国地产有泡沫，急于脱手获利出局。

但是，三井不动产整个体系是跟三井财团捆绑在一起的，森大厦那种全部搞地产的公司和这种财团体系公司的做法、战略方向是不一样的。森大厦有点像美国式企业，反正就是获利走人，主要是赚取利润差价。三井不动产这种财团式的公司主要是做长期布局，吃的是长期收益，并不是靠房地产涨跌来获取收益。它的商业地产不是经营买卖，可能是长期持有的，这是两个不同的概念。

真实的日本“房地产泡沫”

中国房地产本身的泡沫跟日本还不一样，日本有强有力的经济体支撑，当时日本的泡沫是怎么出来的呢？实际上它向海外扩张的时候把大量的资金转移到海外了，当时日元升值，升值以后日元更值钱了。日元值钱以后回过头去海外收购大量资产，也就是有钱可以向海外扩张，而不需要在内部赚钱了。

实际上这并不是泡沫，是日本借机把高价的日元换成美元以后，进行海外扩张，所以把国内的经济压下来了。它的钱出不去的时候，全都堆在日本了，然后把整个房价给抬起来了。

中国现在是什么问题呢？中国现在是钱并没有出去扩张，也出不去，都给堵死了。然后，在这种情况下，国内的游资往哪放，你说会一下垮下来吗？它也无法垮下来，因为钱总得有地方放，不然放在银行也不妥，这些人不着急把钱撤出来，有很多房地产商现在还扛着。

一个是前面赚到钱了，一个是现在钱也没地方放，它们就去炒黄金。所以，很多房地产商都在扛着，笔者认为中国房地产价格并不会像日本那样出现大幅度变化，因为钱出不去。

另一方面，中国的银行已经有意识去清理债务，但是一清理中国的银行也死了，目前中国的房地产已经把银行给绑死了。

中国前段时间有点疯狂地发展房地产，现在我认为有很多在建或者计划在建的项目已经搁浅了，基本上是这种形势。

日本自从泡沫被挤出来以后，房地产基本上就平稳了。大家的心态都平稳了，自然这个价格就稳定了。当初价格跌到最高点的1/3，后来又回到1/2，基本上在这个价格中平稳多年。所以，我觉得它已经很成熟了。

中国房产现在即使有泡沫，有可能在未来一段时间出现下跌，个人认为没有必要故意去调控，应该让市场发挥作用，然后它会再回到一个平衡点。一般中国的调控很多用的是行政手段，日本没用什么限购手段。

我觉得行政手段还可以继续再变化。比如说如果再跌，限购这一块就可能放松一点。无论是行政手段，还是金融手段，中国都可以利用，利用这种组合拳对房地产进行调控，避免出现大的起伏，这是中国未来要注意的。

同时，房地产下跌从另外一个角度来说是利益的重新分配，也就是前一段时间房地产商圈钱太厉害了，老百姓真正买房的人交了不少的钱给他们，现在也应该让他们吐出一些了。之后让他们平衡到一个点，这样对社会各方面的稳定都有帮助。我认为这一块实际上也不用太担忧，房地产是可以调控住的。但绝对不能够轻易地清理债务，一旦清理债务，产业链一断就会出现大的危机了。**银行资本和房地产债务之间的关系不能随意清理。在日本，即使出现了大的危机，出现泡沫和房地产暴跌，都是财团关联的企业投资的多，**金融和产业捆绑在一起，政府也没有去随意清理债务，而是让其自身慢慢地不断地消化。**一旦当时政府出手清理，日本经济就会出现大的问题。**

因此，当初日本是金融和产业捆绑在一起的，没有进行清理，慢慢让自身消化。

中国金融资本应接管产业

中国金融公司手中这些没地方放的钱不要再放到房地产了，而应进入中国的产业，即高端制造业，特别是装备制造业

首先，借外资唱空中国、外资出逃，中国的金融资本应该尽快接管中国的产业。我们实际上是被美国那些搞经济的人左右了大脑，他们给我们灌输的思想是金融和产业要分离，不然的话金融会有风险。

实际上这是华尔街的想法，是那种做游资的人的想法，他们才会去搞这种产业和金融分离的事情。

但是在日本，产业、金融和商业是结合在一起的，金融公司是可以持有产业公司股权的，中国学了美国那些东西以后，制定法律不允许金融公司持有产业公司的股权。所以，外资撤出中国的时候，金融公司手中这些没地方放的钱不要再放到房地产了，而应进入中国的产业，即高端制造业特别是装备制造业。

其次，我们现在只获得了加工的利润，中间物流的利润还有很多其他利润都让给外资了。在外资撤出的时候，中国应该尽快把自己的产业整合起来，利用金融资本包括民间资本对产业资本和创业资本进行整合，然后排挤外资，把被外资拿走的、原本能够产生利润的部分拿回到自己手里。

最后，我的建议是不要实施西方那种外科手术式的治疗，要用中医调理的方式。西方外科手术式的治疗，切除生了癌症的器官，进行放化疗，虽然可能延长病人生命，但很难治本。中医治疗有可能利用人体自身的抵抗力来化解这个癌症细胞，最后还有可能存活。

■来源：《观点地产网》2011年9月，作者：白益民，李宁

第四节 丰田通商上演"盗利空间"

"影子丰田"隐秘布局吞噬合资公司利润

2010年10月底，天津一位丰田专营店投资人向记者表达了他的不安："3月以来，店里的销售便一蹶不振，很难想象什么时候能恢复元气。"

2010年9月，丰田消失在中国汽车工业协会发布的轿车、SUV以及MPV等所有畅销车型排行榜上，就连一度热销的RAV4也被后来居上的大众途观和现代ix35打败。

不过，看起来被利润下滑困扰的只有丰田在华的合资公司和经销店投资人，对于连续四年取得超过百亿美元利润的丰田集团而言，远未伤筋动骨，它们正打算从一场隐秘的产业利润争夺战役中收获战果。

2010年11月1日，中国工商总局相关人士向时代周报记者透露，一家名为"丰田通商中国商贸公司"的企业将升级为"丰田通商（中国）有限公司"。这就是每每与丰田汽车投资建厂如影随形，20多年里在中国投资组建了超过150家公司，遍及零部件、销售、钢铁、保险、物流等汽车产业上下游所有领域的丰田通商，畅销书《瞄准日本财团》作者、长期追踪日本企业的学者白益民称其为"影子丰田"。

当记者试图向丰田通商北京代表处求证上述消息时，该公司以保护商业机密为由拒绝接受采访。

丰田的纽带

在全球最大汽车制造商的身份背后，丰田集团旗下十几家一级企业无一不是知名公司，进入世界500强排名的就达5家之多，它们分别是丰田汽车、丰田自动织机、丰田通商、爱信精机和日本电装，而丰田通商是连接所有关联公司的纽带。可以说，"没有丰田通商的全力扶助，就不会有今日的丰田汽车。"白益民说。

当然，在丰田通商，丰田汽车和丰田自动织机拥有合计32.7%的控制表决权。

没有丰田通商的全力扶助，就不会有今日的丰田汽车

1989年2月，丰田通商首次在华参股组建汽车零部件企业，与灯具厂商“小糸制作所”合资成立了“上海小糸车灯有限公司”，专门生产汽车灯具。这家公司在日后发展成为中国本土最大的汽车灯具制造商，其市场份额至今仍超过40%。作为丰田汽车销售的中国总代理，1993年6月设立的“丰田汽车中国有限公司”，丰田通商出资比例达到25%。天津丰田钢材加工有限公司、天津电装汽车电机有限公司、天津丰田物流有限公司、佛山东海理化汽车部件有限公司、丰田电装空调压缩机（昆山）有限公司……都记录着丰田通商在华扩张的轨迹。

要想把丰田通商在中国投资或参股企业的名称浏览一遍，至少需要花掉10分钟。确切的统计数据显示，仅截至2007年3月，其参股公司就多达158家。以至于在丰田汽车实现本地投产之前，丰田通商投资的零部件企业已经遍布华北、华中。以后来成立的广州事务所为例，其业务范围涉及丰田汽车的散装、代工零件、普利司通轮胎、日野汽车、大发汽车、石化产品、纺织机械、丰田叉车等。

除了赚取巨额零部件利润外，丰田通商还在全球范围为丰田汽车抢占战略资源。2009年9月，中信国安发布公告称，已与日本丰田通商株式会社签署合作意向书，双方将就合资生产和销售电池级碳酸锂进行合作。“这将使丰田获得可靠优质的锂资源，在未来混合动力或电动汽车的竞争中占据优势。”汽车行业分析师钟师说。

当中国决定减少稀土出口时，丰田通商开始在越南和印度投资开采这种生产普锐斯不可或缺的稀有金属。

利润转移

丰田汽车公司的现金储备超过本国中央银行，达到近3万亿日元（约

合372亿美元），这使日本一度流传着"丰田汽车公司是日本中央银行"的说法。

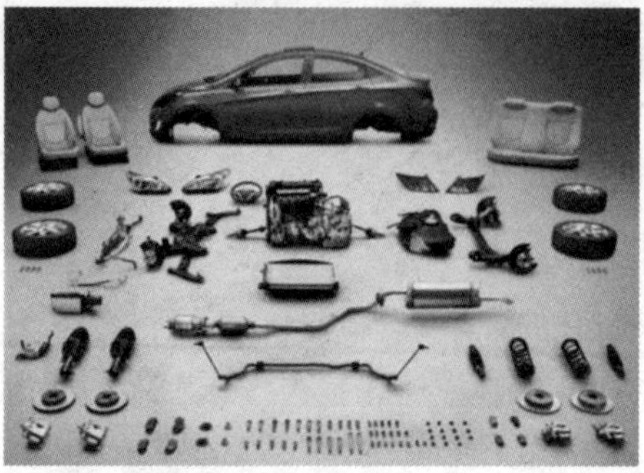
每辆丰田汽车的车座、轴承、变速器、踏板、内饰、甚至雨刷，都能为丰田带来收益

"就像一支庞大的舰队，丰田与丰田通商、爱信精机等核心的关联企业在数十年来相互持股、相互依存、滚动壮大。这种日本企业沿袭多年的利益共同体模式使丰田通商帮助前者转移了巨大盈利。"白益民说道。在他看来，成立丰田通商（中国）有限公司这一投资主体，将使其更容易协调在中国战场上的丰田集团，有利于进行全产业链的控制，甚至实现丰田汽车在华利润的转移。

丰田通商2010年第二季度财报印证了上述分析。4月1日至9月30日，该公司销售收入达到2733.244亿日元，约合227亿元人民币。"公司将致力于提高管理效率，并扩大中国等新兴市场的经销店建设。"丰田通商方面表示。

"一辆丰田牌中级轿车的售价往往比北美高出1/3，这部分并未被生产汽车的合资公司获取的利润哪去了？"白益民说。问题引人深思。

在广汽丰田的培训室里，有无数打火机大小的塑料零件模型，用来培训员工理解及时生产方式（Just In Time），杜绝浪费。"我们为每个这样的模型支付超过50元人民币。"该合资公司职员告诉记者。监管34家丰田技术培训中心及丰田特约维修服务中心运作，正是丰田通商的重点工作之一。

但与丰田通商从零部件、物流、提供生产线设备等环节获取的巨额利润相比，这只是蝇头小利，每辆丰田汽车的车座、轴承、变速器、踏板、内饰甚至雨刷，都为丰田带来收益。

白益民告诉记者，继续再投资也是丰田用以回避纳税的常用做法。如此一来，"成本控制的主动权完全掌握在丰田的手里，这种模式在实际上并不利于中国汽车产业的发展。"白益民最后说道。

丰田汽车的幕后推手

受中日关系紧张影响，丰田汽车在华销量大幅下降。数据显示，丰田汽车（包括合资公司）在 2012 年 9 月份的销量是 4.41 万辆，同比下降 49%。按照这种态势，2010 年丰田在华销售 100 万辆汽车的目标很难实现，短期内，丰田在华的发展前景也十分黯淡。

丰田汽车的业务，是日本丰田财团在中国的一部分，丰田财团在中国的收益不单纯依靠丰田汽车。在丰田财团旗下有一个“影子公司”丰田通商株式会社（以下简称“丰田通商”），一直在华发展并且在幕后支持丰田汽车，其业务已经布局到我国汽车产业链的多个环节。这家公司必须引起我们的重视。

相对于全球其他几家知名汽车企业，丰田汽车进入中国较晚。实际上，丰田通商（丰田财团的综合商社）作为丰田财团的先行者，很早就开始在中国投资，为丰田汽车“培育”市场。

社科院全日本经济学会理事、产业经济学家白益民告诉记者，丰田的经营之道与其他汽车企业有所不同，“以夺取商权为根本目标”是丰田汽车最大的特点。同时，丰田通商如影随形，为丰田汽车提供生产、金融、零部件、物流、销售及其他相关环节的服务，为其在中国乃至全球汽车市场上的竞争提供强大的支持。

“人们通常更关注丰田汽车在中国的市场业绩，很少有人认识到，丰田在华布局已经渗透到产业链的各个环节，”白益民说，“一汽丰田、广汽丰田这两家企业的业绩好坏对丰田来说只是小问题，丰田的商业能力集中体现在丰田通商上，后者可以通过很多途径在汽车产业链中赚取利润。如果从汽车产业链上划分，丰田通商的主要业务集中在产业的上游和下游。”

上游靠投资和零部件配套

丰田通商作为一家综合商社，非常重视在我国汽车产业上游的开发与投资，从中获取高额收益。

“丰田通商在丰田汽车进入中国前，就开始在汽车上游产业进行投资，包括资源、新技术、新材料等，这些投资很有前瞻性。由于很多投资项目无法替代甚至形成了垄断，其中的利润必定丰厚。”白益民说。

除了在产业链上游投资，丰田通商还参与丰田集团的零部件配套体系，从中获利。“丰田已经在中国建立了整套零部件配套体系，并与很多中国企业捆绑起来，可以从中获取稳定收益。虽然丰田汽车的销量在下滑，但是短期来讲，丰田这套供应链会比较稳定。”白益民说。

下游靠物流和投资经销商

2012 年 10 月 8 日刊登在《中国汽车报》上题为“整车厂对经销商盘剥有些疯狂”的文章中，有经销商老总反映一汽丰田 4S 店里的配件、赠品都由丰田通商配送。以此为线索，记者多方面调查，发现丰田通商在产业链下游也有布局。

如这个经销商老总提到的，丰田通商控制着丰田的物流体系。而丰田通商在汽车产业链下游还有一项重要业务，就是投资经销商，控制流通领域。

目前，丰田通商已经在北京、哈尔滨、沈阳、乌鲁木齐、西安、郑州、广州、江门、汕头、温州等城市参股建店，店名均是华通丰田。

“流传的丰田阴谋论，判断丰田通商会在市场不好的情况下，收购经销商，控制丰田的流通领域。个人认为，丰田不会采用这种做法，丰田一直强调共生体制，单纯收购对丰田来说是一种负担，所以它一般不会以资本方式吞并这些经销商。如果市场不好，丰田通商可能的做法是继续参股一些对丰田汽车忠实的经销商，帮助这些经销商活下去，让这些经销商对其产生依赖，最后把利润榨干。”白益民说。

白益民认为，目前中日关系紧张的话，丰田可能暂停一段时间生产和投资，但像丰田通商这样的“影子公司”，它总是隐藏在背后，不容易被发现，因此它依然有很多途径可以在我国汽车产业中获得收益。“而我们必须清醒地认识到，无论是丰田通商对于经销商的控制，还是其对汽车上下游各环节的渗透，都是在制约我国汽车产业的发展。”他说。

■来源：《时代周报》2010 年 11 月，作者：信晓霁

第五节 三井谜语

日本三井公司这个名字对中国人来说不可谓不熟悉，但三井物产到底是做什么的？这似乎是个全球性的谜。

尽管投资巨大、经营范围广泛、影响深远，但三井物产这个跨国巨头却很少被国人了解。三井物产在世界各地的“触角”和在物流领域、信息资源、统和能力等方面独特的技术经验，可以帮助中国企业走出国门，但在帮助中国企业发展壮大的同时，也强化了其对中国企业的控制。

随着日本经济的复苏，三井物产开始在中国频繁活动，这必将给一些中国企业带来影响。学习三井物产，研究独特的三井模式，应该引起中国企业、经济界和政府部门的重视。

渗透如水银泻地

三井物产是世界财富500强排名靠前的跨国巨头，是世界上最大的综合商社。然而，在中国，真正了解三井物产的人并不多。

《三井帝国在行动》，白益民著，中国经济出版社2008年9月

“我曾经参与过三井物产在中国的招聘面试工作，发现几乎所有面试者包括日语专业的学生对三井物产都一无所知。”

曾经在三井物产工作了12年，离开三井物产后，开始专门研究三井物产模式的白益民告诉《环球财经》记者：“我在最初进入三井物产时，也是一脸的茫然。到了第二年，也就是1994年，三井物产成为世界500强排名第一的公司。我才意识到我进入的这家公司在日本乃至世界经济中的重要地位。”

日本三井物产专务执行官兼中国总代表副岛利宏告诉《环球财经》记

者："从20世纪70年代末80年代初进入中国以来，三井物产总投资额达到4亿美元左右，参与投资的企业有152家，但在华的业务量只占其全球业务量的8%左右。"

对于三井物产这样的跨国巨头来讲，4亿美元的投资额显然不算很大。但白益民认为："三井物产这样的大型商社，是投资放大器，4亿美元的直接投资，至少可以带动40亿美元的投资。"

三井物产有自己独特的投资模式，在全球范围内都很少有自己100%投资的项目，大多数项目都是携其成员企业一同投资。"三井物产并非是制造型企业，由于我们没有自己的技术，所以我们要和拥有制造技术的企业合作。"副岛利宏说。三井物产基本没有自己品牌的产品，但集团当中有很多世界性的大企业，丰田和东芝这样的日本跨国公司都是三井财团的成员，三井甚至把美国通用和中国宝钢这些日本之外的大公司也视为自己的成员单位。

白益民的解释是："三井物产所说的成员企业，并不是在资本上实际控股，而是考虑对企业的实际控制能力。"

三井物产到底是做什么的？这似乎是个全球性的谜。三井物产中国副总代表魏林是这样介绍的："问我们做什么，不如问我们不做什么。我们不做毒品、不做武器弹药这些违犯法律的事，但是其他的只要有机会我们都可以做。"

与其他跨国公司不同的是，跨国公司经营的产品比较单一、专业性较强，而三井物产这样的日本综合商社实行跨行业的综合性经营，且每一产业都是专业经营，整体输出，产业互补，因此具有综合竞争能力强，抗御风险能力强，能扬长抑短、避重就轻的特点。

三井物产在中国一直很低调，并不注重宣传，更是很少谈及投资状况。三井物产的中文网站曾经处于关闭状态，但其开放时，网站的内容也非常少且零散。

《环球财经》记者两次对三井物产专务执行官兼中国总代表副岛利宏进行专访，也仅仅获得很少一些零散的信息。

"我们最想在能源、资源和环境领域投资，比如石油、天然气的开发，煤炭开采，”副岛利宏说，“但这些领域在中国还没有对外资开放，作为战略能源领域，任何国家都不会全部开放的。在有限制的情况下，现在最有可能进入的领域是煤炭，虽然不能进入开采环节，但可以进入煤炭液化、气化及煤化工产品生产环节。”

三井物产在中国的投资领域很广泛，包括钢铁、金融、公共交通、物流、废弃物处理、农业……三井物产甚至还在上海建立了一家婚庆公司。副岛利宏透露，最近刚开始的一项新业务是计划把中国汽车零部件出口到国际市场。他认为中国的汽车零配件产业将来可以成为中国强有力的出口产业。

“我们正在接触中国的很多汽车零部件生产厂家，在筛选合作伙伴，我们需要的是能够提供给通用、丰田这些大公司的零部件。”

帮助中国企业“走出去”

副岛利宏表示，三井物产在全球贸易上的优势可以帮助更多的中国企业“走出去”。

三井物产早年的主要业务方向是帮助日本企业把产品出口到国外，扮演了贸易商社的角色。但随着一些企业的不断强大，其对三井这样的综合商社的依赖越来越小。三井物产目前除了重点在资源、能源、环境领域发展之外，服务方向开始由大企业转向中小企业。

副岛利宏认为，中国目前有很多有特色的中小企业急于走向国际市场，但这些中小企业往往没有自己的人才、经验，甚至没有向国外发展扩张的语言方面的能力；而三井物产在这些方面有上百年的经验，可以满足中国企业的需求。三井物产在世界各地的“触角”和在物流领域、信息资源、统和能力等方面独特的技术经验是吸引中国企业与其合作的重要原因。

上广电不过是三井物产培育的企业之一。事实上，三井物产已经成功地把宝钢打造成了中国的“新日铁”

“我们正在把上海广电打造成

中国的索尼，成为世界品牌，”副岛利宏举例说，“三井物产目前正在全球扩大上广电生产的液晶板的销量。”

事实上，“三井物产在培育企业方面具有极强的能力”，白益民说，“上广电不过是三井物产培育的企业之一，而它已经成功地把宝钢打造成了中国的新日铁”。

在谈及对企业的培育上，副岛利宏很自豪：“最典型的例子是丰田汽车，100年前，丰田是个制造纺织机械的小厂，是三井物产把它们带到欧美，了解了汽车制造技术；三井物产为丰田公司的快速发展提供了最急需的资金，为丰田公司首先提供了进入海外市场的通道，并派去人才帮助经营管理，成功地把丰田汽车打造成了世界上最赚钱的机器。”

三井物产的最大优势其实不在于业务的广泛，而在于综合能力，这是情报、人才、金融、商贸、物流的综合。三井物产把自己定位为“产业的组织者”。

三井物产利用其强大的贸易功能，收集到行业和市场情报，为企业的投资决策提供有效帮助。三井物产拥有一个庞大而完善的经济情报系统，三井财团的“三井物产战略研究所”在经济情报方面有着无与伦比的巨大资源，在日本经济决策中具有重要地位。

据介绍，著名的“日本经济新闻”曾经是三井物产为成员企业提供经济信息的一个部门，在影响力做大之后才独立出来。白益民介绍说：“在三井物产日常的工作中，一项重要任务就是进行行业和市场调研，陪同日本来的企业进行考查参观，为其在中国的投资项目提供一切帮助和指导。”

“三井物产对中国的一些产业了解的深度、反应速度和准确程度，有可能超过了中国的相关部门。”白益民介绍说，三井物产的员工走访企业的时候，是有一套完整的方法的，对企业的了解甚至详细到生产设备的品牌和产地。

三井物产对培育人才的重视程度也是全球有名的，在日本，三井物产是历年来文科类专业大学应届毕业生首选的目标公司。白益民介绍说，三井物产拥有一个完善的人才培养机制，作为综合商社承担起了为集团企业培养人才的角色，并成功地把员工培养成为商人。三井物产的理念是让商

人而不是企业家领导企业。这些独特的优势对于缺乏国际经验的中国企业来讲是迫切需要的。

可怕的帮助?

毫无疑问的是，中国企业与三井物产合作能获得更大的发展。在这里不能不提的是宝钢。

宝钢是中国最大的钢铁企业，同时也是三井物产在中国最重要的合作伙伴之一。副岛利宏告诉《环球财经》记者，三井物产与宝钢在1985年签署了战略合作协议。2002年12月初，三井物产与宝钢合资3000万美元成立钢铁流通企业——上海宝井；三井物产与日本日新制钢、宝钢在宁波共同兴建了中国最大的不锈钢厂；目前，三井物产在中国拥有10个钢材加工配送中心……

应该说，三井物产对宝钢的直接投资并不大，宝钢这样的大型企业也不缺少这些资金。宝钢与三井的合作显然是更深层次的。

宝钢必需的生产原料，来自巴西和澳大利亚的铁矿石，大多由三井物产等日本企业参股控制；而这些铁矿石是由三井物产的成员企业商船三井运输到上海的；运输的大型矿砂船则是由三井物产的另一家成员企业三井造船制造的；副岛利宏告诉《环球财经》记者，三井物产与宝钢合作生产的卷板，根据汽车、家电等企业特别是日本在华企业的需求，进行剪裁打孔等加工后销售。三井物产还联合宝钢和日本万株式会社在广州合资建立了一个汽车悬架厂，直接向汽车制造业渗透。

不难看出，宝钢在资金、原材料、生产制造、运输、终端用户的销售……每个环节都有三井物产的影子。在宝钢快速升级壮大的过程中，三井物产的作用不可忽视。

然而，任何事物都有两面性，在宝钢得到帮助的同时，也不知不觉中被纳入了三井物产的势力范围。不只是宝钢，白益民认为：“三井物产在很大程度上会给中国企业带来好处。但也可能变相地控制中国企业，特别是中国企业的信息会成为日本的公开资料。分析三井物产，不能只看其对中国的投资，对中国的投资只是其全球战略的几个棋子。”

不仅对宝钢，三井物产等日本财团的控制能力是全球范围内的。

例如在旷日持久的铁矿石价格谈判中，代表中国钢厂的宝钢可谓孤军奋战，而需求量也较大的日本钢铁企业却丝毫不担心，相反，包括三井物产等日本财团还起到反作用。

日本新日铁率先与巴西淡水河谷公司达成协议，每吨铁矿石价格比上年上涨 71.5%。日本钢铁企业为何愿意接受如此离谱的涨幅?

事实上，在铁矿石的主要产地澳大利亚、巴西、加拿大、智利乃至印度，三井物产等日本企业都直接或间接拥有大量当地铁矿石企业的权益。同时，三井物产拥有新日铁的股权，还是新日铁最大的钢材代理贸易商。

宝钢代表中国企业艰苦谈判的时候，印度最大的私营铁矿石出口商 Sesa Goa 公司，把供应给日本客户的铁矿石价格上调 19%，让宝钢的谈判陷入极大的被动。一个重要的事实是，三井物产拥有 Sesa Goa 公司 51% 的股份。这些涨价，对日本企业来讲，无非是把钱从左手转到了右手。这就不难理解，为什么中国购买的铁矿石数量约占全球铁矿石国际交易量的 45%，却在定价上没有发言权了。

在石油等其他资源的争夺中，这样的例子也比比皆是，其背后往往会看到三井物产等日本综合商社的身影。三井物产等综合商社对大宗原材料的定价机制、贸易实务和风险控制具有极强的能力。

值得一提的是，三井物产的这些经营行为都是在规则之内进行的。白益民介绍说："在三井物产工作十多年时间里，我还没有经历过任何经营上的法律纠纷。"由于日本财团成员内部之间存在着资本纽带，企业之间必然具有可靠的信用关系，这使得企业间的买卖和借贷更加活跃和高效。

三井物产对企业的投资与欧美金融机构的理念完全不同：欧美的投资往往是直接投资获取利润或者靠资本培育来赚钱；三井物产的投资很少会控股，往往是带着它的成员企业共同投资，三井物产更加重视的是与企业建立商业伙伴关系，投资往往是长久的，是战略性投资。对三井物产的投资来说，利润是第二位的，建立长期合作伙伴关系是最重要的，其投资回报也是长期的，也可能是间接的。

三井物产会和合作伙伴互惠互利，生意场上互相照顾、信息共享，保持长久的合作。例如三井物产与很多大型钢铁公司之间是贸易伙伴或者股东关系，彼此的利益都得到了最大化。宝钢和商船三井签署了长达20年的协议，避免了国际海运价格快速上涨带来的成本压力。

向三井学什么

在很多中国人甚至欧美人看来，丰田汽车、松下电器等耳熟能详的产品及其企业才是日本竞争力的象征，很多企业管理书籍谈及的也是这些企业的管理经验；却全然不知日本大企业成长的幕后力量、主导日本经济的力量，其实是三井物产等日本的六大财团。

《瞄准日本财团》，白益民著，中国经济出版社2010年9月

近十多年来，日本经济陷入低迷，加之中日关系出现裂痕，研究日本经济的中国学者越来越少。中国企业家和经济学家普遍接受西方经济学和MBA教育，忽视了对日本经济的研究。

日本企业与美国企业有本质的区别。美国企业背后的文化是个人主义，崇尚独立性，利润第一。当危机来临时，集团公司总是企图摆脱和剔除处于困境的产业和部门。而日本财团更加注重建立企业间的相互依赖关系，形成命运共同体，共度危机，共求发展，共同抵御外部侵略。

事实上，日本财团就是一个新型的家族企业，它不再依靠血缘关系界定家族成员，而是通过企业法人之间的资本关系形成新型的命运共同体。日本企业聘用应届毕业生，实行终身雇佣制、年功序列制、企业内工会等制度，在维系财团体制方面发挥了不可磨灭的作用。从另一角度来看，日本财团实际上是一个长期稳定的、从事专业化分工与协作的、相互紧密依赖的、有共同文化理念的人群的集合体。

从三井物产内部频繁使用的一些词语能看出三井物产的经营理念。白益民介绍说，三井物产内部谈项目投资，不是研究“利润”，而是“战略”；谈“事业”而不是“项目”；谈“统和”而不是“统一”。

"在宏观经济领域，美国做得好，美国是用宏观经济控制全球，而日本是用微观经济控制全球。"白益民说。美国的风险投资模式，是把企业建立起来，或者打造上市了，资本就退出。而三井物产的理念却是，把企业培养起来是值得为之感到荣耀的事情，所以它会始终伴随着企业成长。从文化的角度讲，中国的企业培育方式应该更多地学习三井。

在介绍三井物产的经营模式的时候，副岛利宏说："这很复杂，难以一下子讲清。"他概括为"TEE"，即 Trader（贸易商）、Enabler（有能力令……成功的人）、Entrepreneur（创业家）。

三井物产成立之初只有 Trader 功能，Trader 对于三井物产来说是十分重要的，因为其他经营职能都是从 Trader 这一本质特征派生出来的，都是立足于 Trader 这一基本点来完成的。比如，三井物产参与生产企业和科技开发，其目的在于获取生产企业的贸易代理权，而非为了取代生产企业自己办厂；三井物产为中小企业提供金融融资服务，主要是出于贸易流通业务的需要，而非为了取代银行成为金融机构。

三井物产的口号是：把整个产业世界比喻为一个糅合了喜怒哀乐、五光十色的舞台，那么我们所扮演的，应该是作为"组织者"的角色，通过国内营销、对外贸易以及各种事业的推进，同广泛的顾客需求紧密连接在一起。这个舞台的范围非常广阔，遍及全球每一角落，我们的足迹遍天下。

产业组织者的角色，决定了三井物产的经营特色。中国在 20 世纪 80 年代和 90 年代，也出现过许多贸易公司，五矿、机械、化工等进出口公司在当时的业务量都很大。但随着相关企业逐步壮大，拥有了自己的进出口的权限和队伍，后者越来越不依赖这些贸易公司。这些大型贸易公司几乎都没有实现战略转换，找到新的业务的增长点。中国至今没有培育出类似三井物产这样的综合商社，据了解，浙江物产把三井物产作为标杆，但这样的公司并不多，规模也不够大。

随着日本经济的复苏，三井物产等日本综合商社和其财团企业的活动开始频繁起来。在中国企业多数为欧美资本控制的情况下，这些日本综合商社起到一定的制衡作用。

日本企业更倾向于集体主义的文化和作风，完全区别于美国式的个人英雄主义和自由主义的文化理念，这也可以给中国企业改革发展提供借鉴。三井物产这种产业资本、商业资本互相渗透、相互融合、实现共赢的模式，为化解当前中国产业资本和商业资本冲突严重的问题，也提供了思路。研究三井物产，学习三井物产应该引起中国企业、经济界和政府部门的重视。

■来源：《环球财经》2006 年第 8 月，作者：梁志坚

第五章　产业链的终极掌控

“果粉”——这个因苹果而在中国盛极一时的庞大群体，足以说明苹果在如今中国消费者心中的地位。然而，中国社科院发布的2011年《新兴经济体蓝皮书》显示，iPhone中有34%的零部件来自日本，中国消费者为苹果贡献了大量的利润，日本企业却借苹果这个品牌完成电子产业链的终极掌控。

首先，依托财团已有的企业，对其产业链上下游外围企业进行投资，打通产业链，取得产品的贸易代理权。其次，做产业整合者，日本财团在投资项目时主要考虑因素不是利润第一，而是追求长远的产业发展空间。最后，再与财团所属企业共同投资，但本身并不做大股东。

我们不能将“商权”和“股权”两极化，要保留东方商业文明的底蕴，融会贯通，不可崇拜外来商业文明而失去自我，一定要融合并灵活运用。中国必须沉下心来打造自己的产业技术、贸易网络和金融力量，才能真正赢得和保持独立，成为一个能够输出资本的真正的经济大国。

作者题注：

中国公司的海外征程中，也必须有一个强大的产业组织者，对此可以称之为产业投行——不仅仅立足于资本运作，更重视产业链条的整合与搭建，该产业组织者应该像真正的商人一样，在世界各地寻找商机，占据资源。

本章提要

人们纷纷猜测着日本电子业的衰退。从表面上看的确如此，但真实情况却相反，日本已经通过控制产业链的核心技术，背地里谋取了更大的利益。在所有相关的产业链中，几乎都有日本企业的魅影。

在宝钢的资金、原材料、生产制造、运输、销售的每个环节，都能看见三井物产的影子。宝钢在得到帮助的同时，也在不知不觉中被纳入了三井的势力范围。在资源争夺战的背后，往往会看到三井物产等日本综合商社的身影。

在世界范围内，三井投资、参股的企业几乎无所不在，但是在三井关联企业的身上基本看不到三井的名称，三井就如一艘潜艇——它就潜伏在你身边，但你却感受不到它。

无论在哪一个国家，无论涉足哪一个产业，日本财团几乎都会遵循着这样一套行动逻辑——以金融资本、商业资本和产业资本结合的高效形式渗透到产业上中下游的所有链条中。

以“商权”为中心，就是看中所投资猎物的商业价值和其在产业链中所起到的作用，确定这个价值的机构就是综合商社。其结果就是产业资本、金融资本和商业资本的完美结合，从而创造利益的最大化。

综合商社是日本经济的总参谋部，是日本国家经济战略的制定者，同时也对日本政治、外交和军事等方面具有很强的政策影响力。日本政府对世界经济事务的认识和研究几乎完全依赖于财团的研究机构。

第一节
三井资本迷宫

在日本，三井物产被认为是“产业组织者”，并且是日本资源战略的优秀执行者，为日本的产业结构转换作出了巨大贡献。

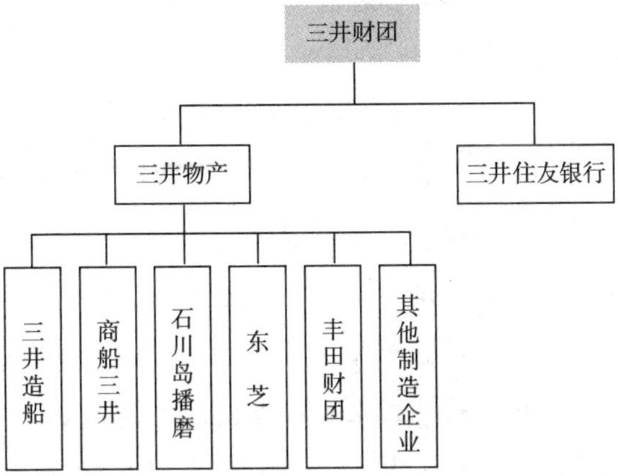

三井财团建立了庞大的产业集团，其中三井物产被认为是“产业组织者”，也是日本资源战略的优秀执行者

三井物产作为日本有代表性的综合商社，是具有特殊机能的贸易组织，在战后日本的高速增长期，曾发挥重要作用。在推进“贸易立国”的国策，保障能源、资源供给等方面，对日本的发展战略作出了完美诠释。

三井物产株式会社是日本最大的综合商社，成立于1876年7月1日。目前，三井物产已拥有38000多名员工、700多家子公司和关联企业，在世界75个国家和地区设有176个总部和分支机构，经营范围包括钢铁、纺织、机械、化工、能源、电子和信息、粮油食品、有色金属、轻工建材的贸易和投资等。

1993年，三井物产排名世界500强第一，在其后的10年间也都基本排名500强前十位。2004年后，由于三井物产将能源部门等重要产业机构独立核算，排名迅速下降，从而使其真正的实力和活动不为外界所注意。

产业组织者

在日本经济中，三井物产所扮演的是产业组织者的角色。

三井物产创业一百余年以来，为适应时代要求，在粮食、机械、能源、纤维、物资、金融等广泛领域，培育了形形色色的产业资本。如今，它们都已茁壮成长、分枝独立，在当前的三井企业集团（三井财团）中占据着举足轻重的地位。

三井财团建立了庞大的产业集团，包含丰田汽车、东芝电气等世界著名公司。2001年，三井财团的核心企业“樱花银行”与住友财团的核心银行“住友银行”合并，成立三井住友银行。

三井物产的发展史，就是其地区多样化、产品多样化尤其是功能多样化逐步展开、渐趋推广、日益深入、综合运用、协调自如的历史，多样化经营是综合商社的永恒主题。其业务的基本定位是提供交易服务即做中介人，为出口商开发海外市场，为进口商寻找所需的原材料或产品。三井物产为客户提供最有效的商业动态、市场行情等信息，监督贸易双方的商业信用，帮助筹措资金或安排易货贸易，甚至为客户提供全球范围的运输服务，把触角尽可能地伸向全球经济生活中人们想得到甚至想不到的角落。

例如：与以铁矿石起家的巴西淡水河谷公司（CVRD）的关系，不仅限于资源开发，还包括与海运公司的共同经营，货车、大型垃圾卡车等矿山机械的制造，矾土（铝的主要原料）开发，与三井物产内多个部门合作产生新的商机。

由于巴西淡水河谷公司（CVRD）、上海宝钢集团公司、丰田汽车、伊藤洋华堂集团等同为三井物产的重要关联企业，为实现一元化管理和信息共享，三井物产在公司内设立顾客制度，目的是形成跨部门的事务处理机制。

三井物产是三井财团的核心公司，它有两个关键职能：第一是通过各种各样精心设计的服务，促进客户的国际贸易活动；第二是全球性地调动信息、人力、财力等资源，与客户共同努力，从而创建新的业务、新的公司、新的产业。同时，它本身又在日本的国内外拥有上千家关联企业群。

这一千家企业编组的八万人体制，生龙活虎地开展着全球性营销活动，淋漓尽致地发挥了三井物产的综合力量。

日本经济“牵引车”

三井家族历史悠久。1673 年，三井高利（1622—1694 年）在京都开设“三井吴服店”，这是“三越百货”的前身。三井高利在其制定的三井家训中强调“应该到岛崎或外国去做交易”，这就是三井国际化的先声。

明治维新后，在明治政府把官营企业划归私人经营的过程中，三井家族购买了煤矿、纺织所、制丝所等。经销三池煤田所产煤炭为三井物产发展的重要因素之一。三池煤田原为政府经营，1888 年政府决定将三池煤田卖给民间公司，三井物产成功买得三池煤田。

当时，三井物产除了以上海为亚洲发展的出发点外，在伦敦、巴黎、纽约亦设分店，但性质不大相同。在伦敦等先进地区设立分店，除开展贸易外，还有学习西方先进国家的目的。明治开国以来，日本人的目标就是“赶超欧美”。因此，尽早实现手工业向现代工业、作坊向企业的过渡是十分必要的。

支持日本最早现代工业——棉纺织业发展的正是三井物产。从英国引进了当时最先进的棉纺机，从中国、印度、美国购买棉花，三井物产是日本棉纺业发展的幕后英雄。

1947 年财阀解体后，从战场归来的两名有商社经验的人成为三井董事长。三井物产的前身“第一物产”成立，打出了“综合商社”的旗号，开始当时最为紧急的生活用品进口工作。第一物产通过积极运作，达成了代理业务委托协议。

1948 年放宽统制后，日本出口实现自由化，第一物产在海外广泛拓展商圈，根据各国的需求在国内各处采买。为培养人才，第一物产不惜投入当时十分宝贵的外汇，在连海外出差经费都不能保证的 20 世纪 50 年代，公司每年向美国派出 3 人左右的年轻职员作为海外研修生。

1960 年，日本政府发布“国民收入倍增计划”，日本经济搭上了高度成长的列车。三井物产作为这趟列车的“牵引车”，活跃在各个经济层面。此时期三井物产引人注目的活动就是，为给重化学工业提供稳定的原料来源，高度完善了原料供应渠道。从单独买矿（原料的逐次购买）经过签订长期合同、融资买矿（在为矿产开发、采掘筹措必要的资金基础上购买）再到开发进口，直接参与矿产资源的开发。

这样，三井物产完善了作为综合商社的机能，支援了日本产业的发展。

1960年前后，三井物产在墨西哥、智利、加拿大、澳大利亚等国参与铜矿开发，独立进行资源勘查，向矿业公司推荐优质矿源，并共同开发。

同时，三井物产通过建设保龄球馆进入娱乐休闲产业，还着眼于将来的计算机的普及化，取得当时美国最新的Powers型数值统计机的销售代理权，为日本计算机普及奠定基础。

1973年的石油危机导致了深刻而长期的全球经济不景气。而三井物产在石油危机以前就以“能源是日本产业和国民生活不可缺少的资源”为信念，通过煤炭、液化天然气和管道天然气等多种能源的供应使供给方分散化，还投资能源开发。同时努力保证支撑工业发展基础的铁矿石等技术原料的稳定供应。

三井除运用自己的巨额资金投资石油开发与基础设施建设等项目外，很早开始开发液化气，并且在4个国家的企业参加的阿联酋达斯岛海上开发项目出资36%，成功地把其生产的天然气全部供给日本。三井物产此后也通过萨哈林岛原油、天然气开发等大项目，为日本健全的多元化能源来源的形成作出贡献。

■来源：《环球财经》2006年12月，作者：白益民

第二节
三井物产模式透视

西方人将日本称为“大日本会社”，认为整个国家就是一个超大型综合商社。我们以三井旗下三井物产为样本，观察综合商社的营运方式。

三井就如一艘潜艇——它就潜伏在你身边，但你却感受不到它

不少中国企业的梦想是跻身世界500强，但在三井看来，世界500强排名不过是西方人搞出来的玩意儿，本身并不能完全反映企业存在的价值。三井财团体系内的500强企业有一大把，财团所属的成员企业就有丰田、东芝、索尼等全球行业翘楚，财团投资、参股的关联企业则延伸到通用、西门子、爱立信等全球顶级阵营。如果三井想争500强排名的风光，只需简单地将财团所属企业的财务报表并进三井，就可以轻松坐到世界第一的位置。

在世界范围内，三井投资、参股的企业几乎无所不在，但是在三井关联企业的身上基本看不到三井的名称，三井就如一艘潜艇——它就潜伏在你身边，但你却感受不到它。

深入日本经济心脏12年、曾就职三井的白益民先生，接受了本刊记者采访并揭示了一个鲜为人知的世界。白益民宣称：“日本从此不再有秘密!”

控制产业链：左手翻云右手覆雨

白益民在给记者讲述宝钢与三井合作史的时候显得痛心疾首。

早在1985年，三井物产（三井财团旗下综合商社，财团的日常协调和决策机构）就与宝钢就签署了战略合作协议。2002年12月初，三井物产与宝钢合资3000万美元成立钢铁流通企业——上海宝井。其后，三井物产与日本日新制钢、宝钢在宁波共同兴建了中国最大的不锈钢厂。截至

2007 年，三井物产在中国拥有 10 个钢材加工配送中心……

宝钢不缺钱，为什么还要跟三井合作？其实研究一下钢铁行业的产业链布局，就不难回答这个问题。宝钢生产所必需的原料，大多由三井物产等日本企业参股控制。不仅如此，这些铁矿石还是由三井物产的成员企业三井商船运输到上海的；而运输的大型矿砂船是由三井物产的另一家成员企业三井造船制造的；三井物产与宝钢合作生产卷板，根据汽车、家电等企业特别是日本在华企业的需求，进行剪裁打孔等加工后销售。

可以说，在宝钢的资金、原材料、生产制造、运输、销售的每个环节，都能看见三井物产的影子。宝钢在得到帮助的同时，也不知不觉中被纳入三井的势力范围。

由此，我们不难理解下面的事实：2005 年，新日铁率先与巴西淡水河谷公司达成协议，每吨铁矿石价格比 2004 年上涨 71.5%。2006 年，宝钢代表中国企业艰苦谈判的时候，印度最大的私营铁矿石出口商 Sesa Goa 公司也把供应给日本客户的铁矿石价格上调 19%。

在旷日持久的铁矿石价格谈判中，宝钢可谓孤军奋战，而需求量也较大的日本钢铁企业却丝毫不担心。相反，包括三井在内的日本财团还成了获益者！

事实上，在铁矿石的主要产地澳大利亚、巴西、加拿大、智利乃至印度，三井物产等日本企业直接或间接拥有大量当地铁矿石企业的权益。同时，三井物产拥有新日铁的股权，也是新日铁最大的钢材代理贸易商。而 Sesa Goa 公司 51% 的股份也在三井物产囊中。

因此，铁矿石涨价，对中国企业而言，简直就是一场灾难，而对以三井为代表的日本综合商社来讲，无非是把钱从左手转到了右手。

不仅如此，在石油等其他资源的争夺中，这样的例子也比比皆是。资源争夺战的背后，往往能看到三井物产等日本综合商社的身影。而对于整个产业链的控制，总能使三井游刃有余地追求收益最大化。

商业军团：产业组织者

所谓综合商社，实际上就是将现代战争中以集团军为基础的多兵种联合作战体系引入了经济活动中

到此，我们不得不问，三井物产何以能具有如此巨大的能量？

三井物产是三井财团的核心企业，也是全球最大的综合商社。三井物产到底是做什么的？三井物产中国副总代表魏林的介绍简直让人摸不着北：“问我们做什么，不如问我们不做什么。我们不做毒品、武器弹药这些违法的事，但是其他的只要有机会我们都可以做。”

不过，在日本，三井物产被称为“产业组织者”。

三井创业以来的几百年间，为适应时代要求，在粮食、机械、能源、纤维、物资、金融等广泛领域，培育了形形色色的产业资本。三井财团的发展史，就是其地区多样化、产品多样化、行业多样化尤其是功能多样化逐步展开、渐趋推广、日益深入、综合运用、协调自如的历史。

从历史发展轨迹上看，三井财团在发展初始就进入了国内贸易、实业和金融领域。其后，伴随着国家的扩张，财团不断发展国际贸易和全球范围的物流运输服务。因为财团的主要股东都是金融机构，这些金融组织便为财团所属企业直接提供优质低息的金融服务。

同时，随着财团贸易规模和实业经营的不断扩大，所接触的行业不断增多，财团顺势就做起了各种交易服务的中介人，为出口商开发海外市场，为进口商寻找所需的原材料或产品。再后，因为在贸易和实业经营方面积累了大量政商情报，财团不仅为客户提供最有效的商业动态、市场行情等信息，自己也做起了产业投资。

白益民打了个比方：“在我的理解中，所谓综合商社，实际上就是将现代战争中以集团军为基础的多兵种联合作战体系引入了经济活动中。日本财团是典型的‘对内军团主义，对外军国主义’。”

目前，三井物产具备两个关键职能：一是通过各种各样精心设计的服务促进国际贸易；二是全球性地调动信息、人力、财力等资源进行产业投资。

投资原则：打通产业链

在外界看来，三井物产简直像个万花筒，但对三井人而言，无论是贸易还是投资，三井物产的一切业务都遵循着相同的投资原则：

首先，依托财团已有的企业，对其产业链上下游外围企业进行投资，目的是打通产业链，维持与生产企业的长期合作关系，取得产品的贸易代理权。这与商社作为产业组织者的定位有极大的关系。一般来讲，三井物产投资的企业本身就是三井财团多年的合作伙伴，投资的目的是想利用对渠道的控制来掌握该企业的原材料供给和运输，三井物产参股宝钢就是一个鲜明的例子。

三井物产海外市场投资活动的基础是日本经济的加工贸易格局。多边化投资活动的目的在于辅助或完善其作为本业的销售活动，谋求稳定地确保“商权”。通过海外投资掌握原料进口渠道，是三井物产具有流通支配力的重要基础。

其次，因为要做产业整合者，三井物产是否投资某个项目的主要考虑因素不是追求利润第一，而是追求长远的产业发展空间。

最后，与财团所属企业共同投资，但三井物产本身并不做大股东。三井物产在被投资企业所占的股份一般在5%～10%。它也并不直接进行生产活动，而是让财团所属企业控股，之所以这样做，是因为它认为财团所属对口企业才是该行业的专家，这样才能确保经营决策的科学性。

决策体系：有为而有不为，无治而无不治

像三井这样庞大的组织如何进行决策？

就财团这个层面而言，“二木会”是三井财团的最高领导机构，由财团内26家主要大企业集团共同组织，目的是定期聚首、互通信息、统一决策、协调战略、促进合作。其中三井银行、三井物产、三井不动产是财团

的三大支柱企业。这三大企业的首脑人物形成最高领导核心，对外代表三井财团。

所属产业	核心企业
金融保险	三井住友银行、三井信托、三井生命、三井住友海上火灾保险、住友三井金融租赁
商业商社	三越、三井物产
地产建设	三井不动产、三井住友建设、山崎工程、东洋工程、JA三井租赁
矿产冶金	三井金属、日本制钢、三井石油
汽车船舶	丰田汽车、三井造船
石油化工	太平洋水泥、三井化学、电气化工
机械制造	石川岛播磨重工、三机工业、新王子制纸、新日本空调
电子通信	东京放送、东芝、富士胶卷、Unisys
轻型工业	日本纸质、日本制粉、东丽、札幌啤酒
流通仓储	三井仓库、三井soko、AIM服务
科研情报	三井物产战略研究所
交通运输	商船三井

粗体字为二木会成员，下划线的为广报委员会成员

三井财团构成就财团这个层面而言，“二木会”是三井财团的最高领导机构，由财团内 26 家主要大企业集团共同组织，目的是定期聚首、互通信息、统一决策、协调战略、促进友好

二木会表面看起来似乎只是大佬们的俱乐部，而实际上联系紧密，在最高领导人的任用上就可见一斑。东芝是三井财团重要成员之一，被称为东芝“重建之王”的前任社长土光敏夫曾经是三井财团另一企业石川岛播磨重工的社长。在东芝经营出现极大问题的时候，时任东芝董事长的石板泰三就曾直接任命土光敏夫为东芝社长。

这种高级经理人在财团内部流动，在当时和现在的三井都十分普遍。对于财团参股比较大的公司，商社会派几个高层去管理，但也仅此而已；对于参股比例不大的公司，商社不仅不会派高管，甚至不允许它们的公司名称里出现“三井”二字。

此外，在日本财团内，担任财团会长的往往不是大股东，而是在财团内部拥有深厚资历和崇高威望的人（一般是财团所属企业退休社长）。日本企业的员工都是根据“年功序列制”从基层慢慢成长起来的，财团的会长也不例外。

三井财团的日常协调和决策机构正是综合商社——三井物产。

正如上文所言，当三井物产业务部门遇到某个投资项目时，在进行分

析判断后，便会拉上财团所属企业对口部门主管和职能部门的同事一起，进行一年左右的考察调研。考察结束后，根据考察报告，报三井物产所属部门部长，部长有权做出是否投资的决定。三井物产一般会邀请财团所属企业共同投资，如被邀请的某企业不愿意参与该项目也没有关系，反正财团的成员单位众多，总有成员单位对已考察项目感兴趣的。甚至，三井也会邀请其他财团的企业加入项目，这种倾向现在已经相当普遍。当然，也有三井物产单独投资的。

因此，在三井物产，不存在对财团所属企业进行强制管控，因为这样做根本没必要。三井物产本身一方面是财团所属其他企业的股东，一方面又拥有对这些企业上下游资源的控制权，大家是靠一种供求关系把利益联系在一起的，三井物产又何必让别人事事听命于它？

白益民介绍，三井物产的员工从来都把东芝、新日铁等当成自己的客人、客户，决不会把它们当下属企业。而这，也正是三井物产社长上岛重二在回答中国中央电视台记者关于三井有哪些下属企业的问题时含糊其辞的原因。

商社和财团产生的必然性

为什么以综合商社为核心的财团这种企业形态产生于日本？白益民认为可以从两个角度进行透视：

从日本政府的立场看：对外，商社的发展壮大有利于日本实施海外扩张战略，一方面获取资源，一方面获得市场；对内，也有利于社会建立良性的市场经济秩序。

从日本企业的立场看：因为日本是一个岛国，国土面积狭小、资源贫乏，自然灾害频发，日本人有着天然的危机意识。加入以商社为核心的财团有利于企业之间进行优势互补，在经营上财团内部所属企业之间可以相互扶持。特别是在遭遇经济危机的时候，抱团求生有利于企业保留人才和技术，等待宏观经济回暖后，发挥规模优势，迅速捕捉商机，实现集团利益最大化。

显然，日本财团是一种一损俱损、一荣俱荣的商业组织形式，这与日本文化中的共生共荣思想的影响有极大的关系。此外，日本自古就有以商

兴国的传统，特别在二战之后，贸易立国甚至成为日本的国策，杰出的商人在日本被誉为“商魂”“国宝”。长此以往，商社以及其财团所属企业就成为日本经济的基石。从某种意义上讲，商社也就是日本微观经济的操盘手。既然政商双方都对商社这种商业形态的存在和发展具有高度共识，商社在日本的快速发展就不难想象了。

值得注意的是，在日本，政商之间的关系一直处于相互依存、相互支持的状态。日本政府的重大国策多咨询于财团，而非院校学者、财团领袖成为内阁高级顾问是常事。战后初期，三井、三菱、住友等大财团的家庭成员和大管家都曾担任过首相、大臣。三井历史上也曾被称为“政商三井”。这种政商关系如何形成？抛开上述大道理，我们可以看到白益民提供的一个别具意味的解读视角：日本的政商名流大都毕业于东京大学、早稻田大学和庆应大学，同学或校友关系自然有利于政商之间建立无缝隙人脉资源。

币原喜重郎，日本第 44 任首相（1945 年），他是三菱财团创始人岩崎弥太郎的女婿

日本经济 = Σ综合商社

二战结束后，日本经济全面崩溃，日本企业的竞争力远远比不上欧美企业。

为了提高企业在国际市场的竞争力，20 世纪 50 年代，大企业之间合并、协作以及产业再组织成了当时日本政策思想的主流。

1953 年，日本政府修改了《禁止垄断法》，放宽了持有竞争关系的公司的股份及兼职的限制，三井、三菱和住友三大老财阀才能重聚起来。同时，战后的一些新财阀也相互结合，形成芙蓉、第一劝银及三和三大新型财团企业集团。

此外，日本政府还鼓励财团之间通过相互持股、系列贷款、人事互派

（白益民在三井物产东京总部的一个同事就是三菱商社某部长的儿子）等纽带形成集团之间的联系，以增强团体对外竞争能力。这些政策的出台直接促进了日本财团的形成和发展。这些大财团横跨各产业，构成日本经济的基础，掌握着国家的经济命脉。

因为日本财团不存在上下支配关系，因此财团也被称为“横向集团企业群”。另一方面，“纵向集团企业”也是日本大型企业所必备的一个特征。这类集团企业是一个在母公司一元化、垂直领导下活动的有机的事业集合体。

不仅如此，集团企业的经营活动范围往往并不限于集团内部，许多制造业企业将集团外部的中小企业群作为长期、经常性交易的对象（外包公司），实际上将它们纳入自己业务经营的内部范围。外包公司有的朝着水平方向延伸，如三菱公司拥有 190 家成员公司；有的朝着垂直方向发展，像丰田公司拥有 175 个初级供应厂商和 4000 多个二级供应厂商。

此外，在主要的制造商和全国几千个零售商之间还存在着销售联盟。局外人要想打入系统内部，真是比登天还难。

综合商社是日本经济的总参谋部，是日本国家经济战略的制定者，同时也对日本政治、外交和军事等方面具有很强的政策影响力。与此同时，日本财团几乎都加入经团联，经团联主席又被日本民间誉为“财界总理”。日本政府对世界经济事务的认识和研究几乎完全依赖于财团的研究机构。

从以上表现看来，把日本经济称为一家超大型综合商社并不为过，西方人甚至将日本称为“大日本会社”。

中国：如何跨越障碍？

综合商社表面是一个商业公司，实质上却是一个金融公司。没有金融功能，也就没有综合商社

日本综合商社素有“第二银行”之称。综合商社表面是一个商业公司，实质上却是一个金融公司。没有金融功能，也就没有综合商社。

中国如果发展综合商社，关键在于如何赋予商社以金融功能。

而从现实看，中国现有的金融体制确实又限制了综合商社的发展。

中国的金融体制正处于转轨时期，目前的银行还属于统得较死的行业。对于较为垄断的金融市场，综合商社难以介入，尤其是商社贷款功能在中国属于严格的金融业务。因此，金融禁区不打破，中国的综合商社很难取得实质性的发展。

在我个人看来白益民是一个基于现实的理想主义者。按他的想法，政府应该给部分流通企业以重点的资金支持，而政府选择这些企业进行扶持的前提是：该企业是否有较强的经营能力和市场辐射能力，是否有较强的抵御风险能力。

白益民建议，我们不妨假设流通类上市公司为最适合培育综合商社的母体。为使这些企业成长为综合商社，必须首先使其扩大自有资金规模。具体方法可采用兼并重组方法，也可采用增资扩股方法，还可以扩大向金融机构融资。当然，资信状况提高后，还可以在国际范围内采用其他的直接融资方式获得资金。

我国综合商社的金融功能需要最早发展的应该是营业信用。因为在流通贸易中，赊购赊销是极其自然的，也是所有流通企业涉及资金信用的最早形式。待综合商社的资金来源稳定后，则可进一步开展租赁和担保业务。最后，在商社金融功能成熟后，根据情况开展长短期贷款及预支货物和预付货款等业务，使综合商社具备全面的金融功能。

具体而言，要发展综合商社，在金融体制改革方面有三条路可走：一是以银行为龙头，兼并工商企业；二是工商企业兼并银行；三是给商社金融以银行经营权。这对于中国来说，无疑是新的重大抉择。

不过，“未来往往就是人为选择的结果。”白益民说。

■来源：《商界评论》2007 年 6 月，作者：萧三匝

第三节

转型服务 利润并非来自控制

“我们老是在问自己，我们存在的意义在哪里?”——用服务连接利益。

做买卖，不是搞制造

“国内企业现在很关心多元化，但是做之前，应该先看看日本的商社是怎么做的。”

曾经在三井物产中国公司工作了12年、写下《三井帝国启示录》的白益民指出：**“在国内，一说做什么，就是我要控股，我做老大。日本呢？三菱、三井什么买卖都做，而不是什么制造业都做。日本的商社有一种服务的理念。它培育与商社相关联的企业，但入股可能只有10%甚至5%。它相信把企业扶持壮大起来，企业跟商社的买卖就会增加，商社的营业额就增大。”**

当然，商社也仍然要选择做什么、不做什么。丁敏谈道：“企业的多元化本身是一件好事。多元化显示的是活力。关键是企业要把握住好的发展方式。”

白益民认为：商社是不参与制造业本身的。“制造业有它的系统，专门的技术、专门的经验，商社没法什么都会。更重要的是，如果你投资到哪儿就要控制到哪儿，必然押进去数目巨大的资金，结果，现金都变成了机器、厂房，你多少年才收得回成本？商业资本是流动资金，不是固定资产投资。商人靠捕捉商机的敏感性找到很多投资机会，钱就能活动起来。提高商业资金的运作效率，才能做好多元化。”

做产业的扶持者

魏杰进一步说明：“商社至少目前还看不出要进入实业。但商社实际已深入生产领域了。我们不是金融投资的方式，我们仍然是看作一个事业去做的，或者看准这个资源、能源的项目。”

日本几乎每个加油站的背后都有一家商社

小山介绍：日本国内的电力公司是日本液化天然气最大的用户。为了确保它稳定的供应渠道，三菱商事、三井物产就成为最主要的供应商，为它们去海外如文莱、印尼、马来西亚、中东、俄罗斯等开拓货源。为了能提供充足的货源，商社会自己投资，从事勘探。而这类投资风险很大，数额很高，即使20%的股份也在十几亿、几十亿美元。商社就与当地资本合作，甚至与欧美企业像壳牌、BP等一起来投资开发，实现多头需要。

日本的石油，很大一部分是三菱、三井两家公司做的。它们将原料从中东买进来，把它做成各种石油加工产品；而同时，炼油厂、储油罐、储气罐也多是商社的；商社还在日本各地建加油站，几乎每个加油站的背后都有一家商社。所以，商社从上游到终端一条链地做起来。白益民因而谈道："商社既是产业的组织者，又是产业的扶持者。"

稳定的利益共同体

小山十分肯定："商社是中间商，起的就是中介服务作用。"

商社找到并确立了产品项目后，一般就会分社，实际就是变成子公司，让它们独立出去。商社对它们只是拥有股权，从0.5%到60%不等。这些公司和它们的产品，完全可以叫四井、五井，根本不必叫三井。三菱则规定：只有三菱拥有超过50%股份的公司，才可以申请使用"三菱"的名称，这是要守住一个品牌。

参股比较大的公司，商社会派人去管理，担任董事长、总经理、副总经理，或财务总监。公司下面的干部、员工，都由公司自己招聘，不是商社本身的职员。这样，商社就不会庞大无比。

很多时候，股份不一定是投钱，而是派出干部、用人才。商社内部形容其资产是：只有人和办公桌。

在很多情况下，厂家的盈利来自增加设备、购买原料、扩大投资，这要占用很多资金。商社参股后，先把原料供给你，货到再收钱，这实际就是变相在给厂家融资。

每家商社所在的财团体系里，都有主办银行。商社跟银行之间有股权关系，它通过商业资本、金融资本去联系产业资本，与各产业之间又相互持股。就这样，通过各种形式，有的虽然参股5%，看着微不足道，但却形成了一个利益共同体。

曾供职于三井、现在中央财经大学任教的柴庆春说："这个利益集团似乎非常松散，却很稳定。靠什么？不是靠绝对控股实现的，是靠一种供求关系把利益联系在一起的。"

正是因为这样，商社要不断优化项目。三井物产业务部副总经理许小薇告诉《中外管理》的记者：不赚钱的产品，商社就放弃、撤资、转让。商社处理这些事情要比厂家快很多，毕竟商社不是纯粹做产品的。不过做资源、能源，基本没有这样的事，除非发生了政治变化。

商社多元化失败的项目也很多，小山说成功率只在1‰。但商社的多元化至今是成功的。企划部副经理裴欣说："一个项目是否可行，要看三年。"

信息就在公司内部！

信息全球化、情报网络化，高度集中、快速反馈，这是综合商社很早就被业界看好的一大服务优势

白益民当年有幸到三井东京总部进修三个月，让他大开眼界。"我第一次进去时，整个就傻了。用手轻轻碰碰这、按按那，就立刻能够看到世界各地的情况。那是一种什么感觉——你在其他任何一个地方做生意都是井底之蛙。政府的信息也没有商社快。哪儿发生了什么事，政府部门都会立刻打电话问商社知道不知道。"

信息全球化、情报网络化，高度集中、快速反馈，这是综合商社很早就被业界看好的一大服务优势。一般人无法想象，在没有电脑、网络的时

代，商社里的电传和专线电话就非常发达。任何一位员工任何时候都能了解其业务范围内所需要的全球信息，而东京总部则能看到全世界所有的最新资讯。

在今天，商社的这个优势还有吗？白益民说：有。因为信息的背后是人。商社在全球建立起来的国际化人脉网络仍然是最有价值的信息平台。“这些人都是非常专业的人才，他们懂得在信息的海洋里拣出真正有用的信息。这才是信息的真正价值。”

小山则说：“商社认为，如果你要找信息，不要到外面去，信息就在公司内部。互联网只能更强化我们的情报功能。”

高附加值其实建立在完善的服务平台上。从三菱商事的相关文件中，我们看到了它的十大交易机能：金融、事业投资、加工（根据商品交接时的要求进行加工）、物流、销售、代理事务（进出口业务）、组织各种工作（合作、合并、信息网络）、发展先进技术、提供各种信息、经营咨询。

由此形成了综合商社的现代商务模式：以金融、投资、交易、信息来创造价值。

你愿跟谁做生意？

咨询，是商社服务功能又一大块业务。可是，其做事方式完全不同于西方的咨询公司。

“我们给客户做咨询，都是免费的。双方在咨询报告出来后，如果项目启动了，我们还提供投资，我们也承担风险，”小山随后特别问道，“你说，你是愿跟我做生意，还是跟那些单纯的咨询公司做生意呢？”

小山说：“现在，所有的制造业企业都不一定靠商社了。他们自己管自己的销路、自己采购自己的东西。商社中间交易的贸易作用越来越淡化，这没错。现在我们的利润来源，已经主要不是中间佣金，不是靠吃差价了。但是，无论供应商还是用户，它发现商社能在中间起作用的地方，就还是要继续用我们的。我们老是在问自己：我们的存在意义在哪里？这就是要有解决方案。”

“在商社里我们也经常问：你是为供应商服务还是为用户服务？我们

以投资收益赚钱。我们投资当地开采业，那里的企业搞活了，收益好了，它就给我红利，我们又投资海运公司，如果它的经营赚钱，也会给我红利；我们还投资加油站，如果它赚钱，我也赚钱。所以现在商社最大的收益利润，70% 在投资部分，30% 才是中介收益。只要我们能够掌握整个产业链的需求，市场状况就都能掌握了。”

从贸易到服务，从浅层次服务向投资生产领域和提供全套服务解决方案的方向发展，用服务连接利益，显然综合商社的贸易性质仍然没有改变，但生意却更做到家了。

■来源：《中外管理》2007 年 4 月，作者：王缨

第四节

全球手机价值链中的日本魅影

近年来，日本厂商没有任何试图超越苹果 iPhone 的实质野心，因为日本人知道苹果的成功根植于文化上的优势，而自己并不具备这样的能力。

如今，全球手机尤其是智能机的风头都被苹果与三星抢去了。日本手机，几乎只剩下一个索尼品牌在苦苦支撑日本手机的“脸面”。

据中国社科院发布的 2011 年《新兴经济体蓝皮书》显示，iPhone 中有 34% 的零部件来自日本

人们纷纷猜测着这是日本电子业的衰退。从表面上看的确如此，但真实情况却相反，日本已经通过控制产业链的核心技术，背地里谋取了更大的利益。在所有相关的产业链中，几乎都有日本企业的魅影。

假借苹果盈利

“果粉”，这个因苹果而在中国盛极一时的庞大群体，足以说明苹果在如今中国消费者心中的地位。在苹果2009财年收入中，中国仅占比2%，不到3年时间，中国已经成为苹果的第二大销售市场，仅2012年上半年，苹果在中国地区的销售额就已达到124亿美元。

然而，在苹果庞大的产业链里，中国仅扮演了两个角色，一个是代工，一个是消费主体。中国消费者为苹果贡献了大量的利润，殊不知背后却是日本电子厂商在假借苹果这个品牌完成本土及国外电子产业链的整合和分工的图谋。

据2011年中国社科院发布的2011年《新兴经济体蓝皮书》显示，iPhone中有34%的零部件来自日本。当iPhone手机在硅谷完成设计后，苹果的团队很快就会给太平洋对岸的日本供应商发去消息，预订一批紧俏的核心部件，包括传感器、电子罗盘、蓝牙模块及各种芯片等。iPhone的全球产业链的第一站也将会在日本继续展开。

苹果iPhone 5手机使用的图像传感器就是由日本索尼公司提供。2011年3月，索尼在仙台的一家图像传感器工厂由于日本地震和海啸而遭到破坏，直接导致索尼向苹果iPhone和iPad提供图像传感器的时间延迟。

电子罗盘组件具有相当高的不可替代性，市调机构iSuppli在2011年的调查指出，全球97%电子罗盘的产能都集中在日本。全球前四大电子罗盘供货商都是日本公司，按照出货排名分别是旭化成微电子（属第一劝银财团）、雅马哈、爱知制钢（属三井财团）和阿尔卑斯。iPhone手机的电子罗盘正是来自全球最大的电子罗盘厂商旭化成微电子。

iPhone手机上的闪存芯片都是由仅次于三星的世界第二大NAND闪存芯片制造商日本东芝（属三井财团）生产的，有时多达2/3的东芝旗下工厂生产的闪存芯片会用于iPhone手机上。

乔布斯不喜欢人们随意打开iPhone的盖子，他甚至设计使用五角形的防撬螺丝，但人们还是从各种拆机报告中看到，日本永远是出产iPhone零部件的大户。

在2010年6月8日iPhone4的发布会上，乔布斯盛赞新一代iPhone采用的韩国LG生产的IPS屏幕："这种显示器可能是做梦也想不到。"其实LG在IPS上的很多专利技术是日立提供的。LG飞利浦LCD公司购入了日立的IPS技术，成为其创造辉煌的有力支持。2008年飞利浦撤资后，LG飞利浦LCD公司更名为LG显示器公司（LG Display），由LG独立运营。如今的LG显示器公司已经成为苹果新一代产品最主要的显示屏供应商。

苹果iPhone 5手机的屏幕由日本夏普、日本显示器公司（Japan Display）和LG显示器公司共同提供。日本显示器公司成立于2011年11月15日，由日本三大电子巨头索尼、东芝、日立以及日本政府主导的投资基金——日本创新网络公司，合并旗下中小型液晶面板业务共同成立。

除此之外，iPhone手机使用的大量晶振、电解电容、磁性元件等被动元件的高端领域也被日本厂商垄断，包括精工爱普生、大真空、红宝石（Rubycon）、村田、太阳诱电、东京电气化学工业（TDK）等，主要用在对精度、可靠性要求严苛的领域；而台湾厂商如乾坤、国巨，主要提供片式器件等相对标准化、成熟化的产品。

挟持三星推其模式

当苹果iPhone以全新触控技术颠覆了人们对手机概念的时候，韩国三星也以"大屏战略"开启了三星手机的新时代。在智能机市场，三星曾超越苹果，在2012年一季度以4450万部的出货量居首，而苹果同期为3510万部。

三星显示器公司自2007年起量产的4代AMOLED第一条产线，所需玻璃基板数量有90%左右是向日本旭硝子（属三菱财团）采购

由于日渐感到来自三星手机的威胁，2011年4月，苹果在美国起诉三星抄袭。此后，双方又在多个国家互诉，使冲突不断升级。然而，不管最后苹果和三星谁胜谁负，随着智能机市场的不断扩大，作为技术和零部件的主要输出

地，日本都是最大的获益者。

韩国在全球 AMOLED（主动式有机发光二极管显示器）面板出货市占率稳居龙头宝座，但隐藏在其风光背后的却是 AMOLED 所需设备几乎被日厂控制的现实。

韩国显示器产业协会曾在2008 年7 月指出，截至当时，韩国 AMOLED 用玻璃基板自制率仍为0。三星显示器部门（现三星显示器公司）自 2007 年起量产的4 代 AMOLED 第一条产线，所需玻璃基板数量有90% 左右是向日本旭硝子（属三菱财团）采购；而 LG 显示器公司量产中的 2 代线 AMOLED，所需玻璃基板数量有95% 左右是向日本电气硝子采购的。

三星和 LG 显示器公司的3.5 代 AMOLED 的生产线必须依赖一家日本供应商 Tokki（2007 年被日本佳能收购）来提供蒸镀机台和封装设备等关键设备。三星移动显示器公司的4.5 代 AMOLED 生产线的关键设备供应商也大多是日本厂家——Tokki、日本制钢所、大福等等。

三星的旗舰智能机使用的图像传感器（CIS）就是与日本索尼共同开发的，之前三星使用的图像处理器（ISP）芯片也全都是日本产品。高画素图像处理器芯片领域中，技术最先进的是 NEC（属住友财团）和富士通（属第一劝银财团）等日本企业。

三星电子总裁李健熙在 2011 年 1 月 11 日接受采访时就承认，三星或许表面上领先于日本，但零配件方面还需追赶日本，还需要很长的时间和研究的过程。同年，三星开始与日本富士通、NEC 等公司谈判，计划成立合资公司共同研发智能手机芯片，以降低对美国高通公司芯片的依赖。而高通公司占据了全球智能手机芯片市场份额的70% 以上。然而，在经过半年多的谈判后，日本公司担心其芯片技术外流三星，在 2012 年 4 月终止了与三星的共同研发计划。排除三星之后，2012 年 7 月 30 日，日本富士通、NEC 和 NTT DoCoMo 3 家公司宣布成立合资公司 Access Network Technology，3 家公司各持股 60%、20% 和 20%。

三星集团有许多公司是跟日本开办的合资企业。如三星重工业与三井财团的石川岛播磨重工业合资，第一合成纤维公司与三井财团的东丽、三井物产等公司合资，三星电管工业公司与住友财团的日本电气（NEC）、住友商事合资经营，三星电子零件公司与三洋电机（属住友财团关联企业）等公司联合创办。

三星创始人李秉哲认为，缺乏资源的韩国，尤其要学习日本的经验，发展高技术产业。三星的发展策略一直紧盯日本大商社，以超越日本半导体业者为目标。

HTC：日本的新宠

2012年10月，中国台湾第一大、全球第四大智能手机品牌HTC开始减少购买三星生产的智能机组件，把图像传感器订单转向日本索尼和美国OmniVision，并把部分AMOLED面板订单转向中国台湾友达光电。HTC是中国台湾宏达国际电子股份有限公司（简称宏达电）旗下的品牌，宏达电市值超过8000亿新台币，仅次于台积电、鸿海、台塑石化，名列中国台湾上市公司市值第4大公司。

事实上，宏达电与索尼早已有合作。2008年，宏达电曾为索尼爱立信代理生产Xperia X1手机。2010年7月，宏达电聘请索尼爱立信的首席技术长Ron Louks担任首席战略长一职，负责公司的战略规划和技术开发，聘请索尼爱立信产品部门负责人Kouji Kodera担任首席产品长，负责宏达电全球产品的规划及管理。

2012年2月，索尼爱立信被索尼收购之后，双方又开始内容上的合作。4月份，当索尼PlayStation Suite转为开放性平台PlayStation Mobile之后，宏达电立即开始接洽加入该游戏服务认证。6月份，宏达电成功取得索尼旗下公司索尼电脑娱乐的PlayStation认证，成为参加PlayStation Suite的第一家第三方公司，索尼电脑娱乐也可以通过HTC手机将索尼的游戏经验拓展到全球市场。

日本电子企业不仅与宏达电有直接的合作，而且还借助与友达光电的合作，间接完成成为HTC手机零部件供应商的图谋。

2012年2月2日，日本出光兴产株式会社与宏达电的AMOLED面板新供应商、台湾面板巨头友达光电缔结了OLED（有机发光二极管）战略联盟，合作开发次世代面板应用产品。4月，索尼也计划与友达光电成立

OLED 电视和面板的合资工厂，以追赶 AMOLED 领域领先的三星和 LG 显示器公司。鲜为人知的是，索尼早在2005 年就与出光兴产株式会社签署了 OLED 发光材料的合作协议。

就在日本企业对友达光电实施战略性捆绑之后，2012 年 9 月，宏达电与友达光电宣布合作开发完成4.3 寸的 AMOLED，并将其成为宏达电反攻智慧型手机市场的秘密武器，而友达则成为全球“唯二”可量产 AMOLED 面板的厂商，在下一代先进显示器技术上领先突围。

宏达电石英组件的主要供货商中国台湾加高电子实际上也是一家日本企业，其大股东是日本大真空，公司 5 位董事里有三位来自大真空，大真空社长长谷川宗平就是其中之一。加高电子成立于 1976 年 11 月 22 日，成立之初，其技术全部来自日本大真空，目前已发展成为台湾地区第二大石英组件制造商。

2010 年 8 月，美国内存大厂金士顿成功杀入宏达电供应链，为宏达电智能手机提供 eMMC（嵌入多媒体存储卡）闪存芯片，而金士顿的 eMMC 芯片使用的是东芝闪存。

随着苹果、三星、HTC 掀起的智能手机和平板电脑热潮，智能手机零部件厂在中国台湾的投资迅速膨胀。2011 年 5 月，日本松下宣布在台投资 100 亿日元，新建及扩充印刷电路板（PCB）工厂的产能，新产能主要供宏达电使用。

高机能终端装置多层印刷电路板制程是日本松下早在 10 几年前就已拥有的技术，虽然中国台湾厂商有意合作引进该技术，却需要支付庞大的权利金。因此，也只有松下使用该制程，并在日本、中国台湾设有生产线。

暗藏的鹰爪

2012 年 8 月份，福布斯网站一篇名为《暗藏的鹰爪：为何日本手机无法风靡全球?》的文章揭开了日本布局手机产业链的“阳谋”。

文章认为，日本手机厂商之所以无法打入海外市场，是因为它们从没有做出任何实质努力在其他国家推广自己的系统。这种不作为现象在马来西亚、印度尼西亚以及其他或明或暗反对西方的伊斯兰国家尤为明显，而日本作为东方国家，本来在这些地方占据着有利的地位。

此外，这种不作为在美国市场也很明显。在20世纪90年代后期，任何对此有所关注的人都清楚，日本领先美国几乎达到两代人的优势。然而，不管是在纽约还是在西海岸，日本厂商从未进行任何公关努力去说服美国科技记者相信日本拥有更好的系统，更遑论在美国应用推广了。

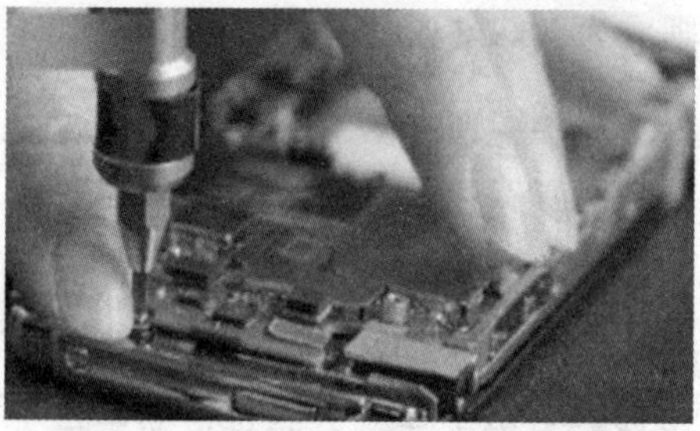
手机制造业绝大部分最好的就业机会都属于零部件制造这一块，而且从20世纪80年代初开始，日本人就勤勉地将自己的目标锁定在手机零部件业务上

一个有趣的事实是：尽管日本厂商几乎没有手机产品出口海外，但谈到手机零部件的话，情况就完全不同了。德意志银行（Deutsche Bank）在2000年发表了一份鲜为人知但却研究充分的报告，其中就对日本这种领导地位达到的惊人程度有所披露。该报告甄别出手机九大支持组件，并列出36家几乎占据全球所有生产份额的制造商，其中有29家是日本公司。

手机制造业绝大部分最好的就业机会都属于零部件制造这一块，而且从20世纪80年代初开始，日本人就勤勉地将自己的目标锁定在手机零部件业务上，而这一点完全被西方忽视。正如国际贸易数据证实的那样，其结果是在不考虑品牌的情况下，美国和其他地区的市面上销售的手机产品中装满了日本制造的零部件。

另外，谈到手机产业“软”的一面，日本不会打算跟印度和俄罗斯这些工资水平较低的国家竞争。近年来，日本厂商也没有任何试图超越苹果iPhone的实质野心，因为日本人知道苹果的成功根植于文化上的优势，而自己并不具备这样的能力。

■来源：《环球财经》2012年12月，作者：白益民

第五节
商权天下，日本综合商社的启示

“股权模式”看重绝对的股权，往往忽视企业的社会价值、产业价值和生存能力等。日本企业的“商权模式”，看重的是合作对象的商业价值和在产业链中所起到的作用，其结果是产业资本、金融资本和商业资本的完美结合，从而创造利益的最大化，而衡量商业价值的机构就是综合商社。

如果一个国家不能输出价值观，就不能称为大国；如果一个国家不能成功地输出资本，则算不上一个真正的经济大国。

对外直接投资，是衡量一国资本输出的最重要表现形式，也是中国经济各种宏观指标中的最大弱项之一。2010 年，中国的经济总量已超过日本，位居世界第二，而对外直接投资额（FDI）的存量却只有 2300 多亿美元，与欧洲小国丹麦差不多，与日本的 2.9 万亿美元相比，不算九牛一毛，也只能是九牛与一牛。这意味着，中国如果想通过海外投资在更深层次的领域影响全球商业走势，其道路还很漫长和曲折。

尽管国内外经济学家大多都在提醒中国避免日本经济的覆辙，但就海外投资战略来说，中国还是更应该借鉴与学习日本曾经走过的道路。商权重于股权，日本企业海外投资战略的最大特点，是普遍以“商权”为中心，其他国家的海外战略，则大多以“股权”为中心。

美国企业是“股权模式”的典型。它们更看重的是绝对的股权，因此更习惯于从财务报表的盈利项来决定是否要收购某家公司，而往往忽视企业的社会价值、产业价值和生存能力等。因此，这种战略缺乏对整个产业链条的观察与考量。

日本公司喜欢充分发挥聚集效应，比如松下的 60 多家在华工厂都集中在东南沿海地区。上图为松下电器杭州工业园

中国公司的海外并购战略思维更接近美国企业，这种模式使得中国公

司在进军海外时容易急功近利，缺乏精密布局。所以，中铝集团增资力拓、中海油公司竞购优尼科无不落入了“股权”的这个陷阱。而以“商权”为中心的日本企业，则更愿意通过先合资再稀释股份的方式，慢慢蚕食。

所谓以“商权”为中心，就是看中所投资猎物的商业价值和其在产业链中所起到的作用。确定这个价值的机构就是综合商社。其结果就是产业资本、金融资本和商业资本的完美结合，从而创造利益的最大化。

在具体实践中，可以发现日本公司更依赖于集团化作战和财团模式，很少会单兵作战，所以抗风险的能力非常强大。从产业布局来看，日本公司喜欢充分发挥聚集效应，比如松下的60多家在华工厂都集中在东南沿海地区。

日本公司的海外战略都经过漫长的战略考量，绝不轻易布局。2003年，松下电器中国有限公司的注册资本为300万美元，而到了2006年，这个数字已经飙升了10倍。松下用这笔钱不断稀释中方合作伙伴的股份，把它们原本的合资工厂变成了独资。对于中方合作伙伴来说，或许获得了不少现金收益，但多年打造的销售渠道和网络就拱手送给了松下公司。

20世纪60年代，刚刚走出去的日本企业和现在中国公司的情况非常类似：一样面临着不熟悉海外法律、不懂得处理政府关系、不知道如何本土化等诸多问题。但此时，日本的综合商社为日本公司迈向海外起到了指引航道的作用。二战之后，日本的综合商社要比日本的制造业更早进入海外市场，它们在最短的时间内获取资源和信息，然后为跟随其后的日本公司提供全面的服务。

比如，当年丰田汽车刚刚进入广州时，其物流网络、配送方案、零部件存储都是丰田财团旗下丰田通商这家综合商社来完成的。商社与上游的财团、下游的制造业也保持着密切的股权关系，通过商业资本和金融资本建立起一种密不可分的关系，让资金的效能最大化。

股权融于商权

学习与借鉴日本综合商社的“商权”思想，不仅要研究其具体的战略技巧，还需要从战略的层面去理解。

商权的思想，追溯其历史渊源，其实是中国古代文明孕育出古东方商业文明的精华。自古以来封建王朝的重农抑商政策，使“商权”的历史发展一开始便背负着底层的身份，但也致使商业的发展更着眼于长期战略，更精于耕耘，商业心境也更稳重，不因短期的波动而轻易改变商业战略，从而避免因浮躁而毁于朝夕。

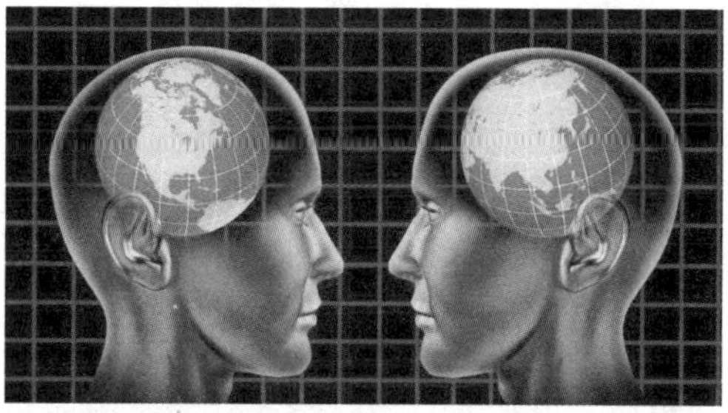

由西方文明和东方文明创造出来的股权和商权思想，发展至今演化出两个极端高手——善于股权即金融的美国，以及善于商权即产业的日本

深受中国古老商业文明洗礼的日本人，发展和深化了对商权思想的独特理解，其中长期稳定的合作关系是商权最为核心的内容，包括长期的市场渠道、长期的供应链、长期的融资渠道等等。在这种商业氛围中，市场占有率第一位，利润第二位，因为只有较高的市场占有率才能稳定整个体系，做到共同发展。

而西方商业文明创造的股权思想，创造者是西方世界的统治者，来自富裕阶层以及宗教势力阶层，其最终目的无非是为了更容易地获得商人辛勤耕耘的成果，以及吸收底层者的财富供其一时享乐，而待挥霍行为致使这些财富消失时，凭着“股权”，就能将法律威胁降低，从而承担一定责任后逃之夭夭。

由西方文明和东方文明创造出来的股权和商权思想，发展至今，演化出两个极端高手——善于股权即金融的美国，以及善于商权即产业的日本。然而，随着世界经济一体化的发展，两个文明产生了碰撞，致使很多沉浸于单一商业文明的商人失去自我，许多非西方国家的企业最终因盲目崇拜西方商业文明而数典忘祖，走向西方浮华的商业文明。唯一没有撇弃且融合东西商业文明之长从而发展强大的，便是日本。

以三井物产为首的综合商社就将这种融合发挥到了极致。三井物产等综合商社拥有广泛的贸易网络、深厚的产业底蕴以及与之配套的金融力量，凭着产、商、融三位一体的商业体系将东南亚进行产业分工定位，并衔接成东南亚贸易网，再利用金融进行投资推动相互间的衔接以及升级和发展，从而塑造成了著名的“雁行模式”。

但是在他国建立势力强大的商业力量，会让当地升起强烈的民族主义情绪，为了融合这些民族主义情绪，日本通过股权的方式，以极低的股权进入一个国家的产业市场，并鼓励当地国推动“国产”产业。日本就是通过极低的股权敞口，进入市场，并将自己的技术、产业、金融、贸易快速输入，成为一个国家产业背后的真正的掌控者。西方国家热衷于使用的经济数据，如GDP、进出口贸易额等，其实掩盖了日本的经济收益，而夸大了日本企业所投资国家的经济增长。

商权与股权的融合，将带来更大的商业利益和市场额，并将商权发挥到极致。例如，日本综合商社在东南亚推广第二代生物乙醇的行动，就将商权战略发挥得淋漓尽致：

2012年3月5日，伊藤忠社长冈藤正广宣布，获得美国Zeachem公司的股份，但没有披露具体股权比例，日本媒体则称股权在10%以下。

Zeachem公司拥有第二代生物乙醇技术，由于第一代生物乙醇技术以粮食为主要原料，使得粮食安全受到威胁，第二代生物乙醇技术则以木材废物以及农业废物为生产原料，具有很大的发展潜力，但Zeachem公司没有足够的资金实力以及市场推广力。

伊藤忠由此抓住机会，买下小部分股权，借助其综合商社在全球尤其是东南亚广泛的贸易网络、深厚的产业底蕴以及强大的金融力量，推动该技术在东南亚的推广，通过东南亚农业区域的背景，为其调配东南亚相关资源，协助其商业化生产，并最终向全球推广。

Zeachem公司首席执行官兼总裁吉姆·因布勒也表示：“伊藤忠将为新兴生物精炼公司提供一个‘资源餐厅’，供其访问并充分利用这个平台资源范围（即产、商、融）来帮助新型生物公司加速全球技术的商业部署。”

2001年，日本丸红商社和月岛机械株式会社获得了来自美国BC国际公司的生物质能转换技术许可；2008年7月，美国范恩尼姆公司也将其第二代纤维乙醇技术转让给丸红商社，以求通过日本综合商社的产商融实力来助其推广技术。而作为日本能源工程建设“集团军”的日晖株式会社也获得这些技术，并与自身的技术相结合，推动了完全由日方掌握自主产权的第二代乙醇技术及其工程研发。凭借少量股权，日本商社就掌握了整个乙醇的贸易、产业、金融等等的商业链。

股权化于商权

通过股权直接获得商权，便是融合股权和商权的商业行为。此外，通过商权也可获得股权，并通过股权再获取商权的商业行为，进行间接的商业扩张。

2012 年 4 月 6 日沙特基础工业公司（以下简称“沙比克”）宣布，将投资 1 亿美元在上海康桥建立其新技术中心；而在此前的 2 日和 3 日沙比克还宣布，将在天津和重庆扩建其规模庞大的化工产能，其中与中石化合资新建的 26 万吨聚碳酸酯项目是中沙（天津）石化百万吨乙烯项目的二期工程，投资达 110 亿元。

大家都知道，沙特是中东产油大国，并且已建成世界顶级的石化产业群，从一个只会出口石油资源的国家一跃成为拥有顶尖石化技术的国家，并发展成为第一大石化产业国。然而，包括全球产业界在内的很多人都没有注意到，该国的石化技术、石化产业以及配套的石化发电厂、海水淡化设备等相关的产业配套设施是谁提供的。这些当然不是该国自主开发。答案只有一个：以三井、三菱为首的综合商社才是该国石化产业的掌控者，即商权掌握者。

20 世纪 70 年代，沙特石油公司总裁塔赫尔在大阪世博会向三菱财团表达了建立石化产业的想法，此后由 60 多家日本株式会社（主要是三菱财团子社）组成的沙特石油化工公司（SPDC）与沙特基础工业公司组建了东方石油公司（Eastern Petrochemical Company，简 称“SHARQ”），此后日本三井、三菱为首的综合商社蜂拥而至，在沙特东海岸建立了首个沙特拉比格石化群——朱拜勒石化产业区。

2004 年，沙特石油公司与以住友商社为首的综合商社合作，在综合商社贸易、产业、金融三位一体的协助下，在沙特西海岸拉比格建立起该国第二

以日本三井、三菱为首的综合商社才是沙特石化产业的掌控者，即商权掌握者

个石化产业群——拉比格石化产业区，使其成为名副其实的石化产业巨头。此外，日本阿拉伯石油株式会社等还参与阿拉伯石油开采，从而将沙特上中下游能源产业链掌控，商权紧握。

而沙特基础工业公司在中国建立石化产业，背后其实还是三井、三菱等综合商社掌握核心技术，沙特只不过是日本产业“本土化”后间接进入中国石化产业链的一种路线，是其与中国本土化的日资企业联合，在中国获得股权，从而扩大石化产业链，间接获得商权的曲线之路。

除了这个曲线获得商权的案例外，中国与新加坡签署中新天津生态城的协议也是同理。新加坡的产业充满日本产业基因，三井物产等综合商社得以通过新加坡，进入天津生态城，展开产业链构建工程。

新加坡本土企业本身也需要日本综合商社的贸易、产业、金融网络来获得商业机会，并被纳入综合商社体系内，成为其资源平台，这也是中新天津生态城项目签署后，日资企业以及新加坡本土化的日资企业带着新加坡企业涌入天津进行热火朝天的产业链建设的原因。

股权——商权——股权——商权……从这些曲线获得商权的案例中，中国企业家还应该认识到：不能将商权和股权两极化，要保留东方商业文明的底蕴，融会贯通，不可崇拜外来商业文明，失去自我。而面对日本综合商社这类产业大鳄，中国必须沉下心来打造自己的产业技术、贸易网络和金融力量，才能真正赢得和保持独立，才能将“商权”和“股权”运营自如，才能在世界上获得更多的商权并规避各国民族主义情绪，成为一个能够输出资本的真正的经济大国。

产业投行与金融投行

每一个国家的成功都不可复制，日本的海外投资战略也只能在某些方面给予中国参考，而不能成为模仿的对象——至少中国的土壤还很难建立起一家综合商社，但中国企业在征战海外市场时，必须掌控产业的主导权。

中国企业如果想并购海外公司，往往都必须依靠美国的投行来完成，这必然面临很大的风险，因为我们的定价、财务制度都会在美国投行面前暴露无遗。而日本公司进行海外并购的时候，几乎很少用美国的投行，完全是依靠综合商社来完成并购。

所以，中国公司的海外征程中，也必须有一个强大的产业组织者，对此可以称之为产业投行——不仅仅立足于资本运作，更加重视产业链条的整合与搭建。该产业组织者应该像真正的商人一样，在世界各地寻找商机，占据资源。这也是任何一家想进军海外的公司必须具备的基因。

综合商社打造企业“共荣圈”

在对“商权”的掌握中，居于核心的综合商社到底是什么？似乎还没有一个确凿的定义。综合商社像影子一样，隐没在全球93个国家或地区的某个角落。日本综合商社多发端于贸易公司。

发展到今天，商社的基本定位仍然是提供交易服务：助力出口商开拓海外市场，为进口商提供市场行情，监督贸易双方的商业信用，帮助筹措资金或安排贸易，甚至提供全球范围的运输服务。用日本学者小岛清的话来讲，综合商社“是在一定的时间和场所中起中介作用的类市场合作体系”。

<table>
<tr><td colspan="2">金融集团</td><td colspan="2">三菱日联金融集团（MUFG）</td><td colspan="2">瑞穗金融集团（MFG）</td><td colspan="2">三井住友金融集团（SMFG）</td></tr>
<tr><td colspan="2">组织财团</td><td>三菱财团</td><td>三和财团</td><td>富士财团</td><td>第一劝银</td><td>三井财团</td><td>住友财团</td></tr>
<tr><td colspan="2">经理会</td><td>金耀会</td><td>三水会</td><td>芙蓉会</td><td>三金会</td><td>二木会</td><td>白水会</td></tr>
<tr><td colspan="2">综合商社</td><td>三菱商事</td><td>双日商事</td><td>丸红商事</td><td>伊藤忠</td><td>三井物产</td><td>住友商事</td></tr>
<tr><td rowspan="2">主办银行</td><td>合并前</td><td>东京三菱银行</td><td>日联银行</td><td>富士银行</td><td>第一劝业银行</td><td>银花银行</td><td>住友银行</td></tr>
<tr><td>合并后</td><td colspan="2">三菱东京日联银行</td><td colspan="2">瑞穗银行</td><td colspan="2">三井住友银行</td></tr>
</table>

续表

代表企业	三菱重工 三菱电机 三菱汽车 麒麟啤酒	夏普 NTT 神户制钢 帝人公司	日产汽车 日立 佳能 日本精工	富士通 五十铃 JFE 钢铁 古河电气	东芝 丰田 王子造纸 三越	NEC 马自达 三洋 朝日啤酒
行业领域	汽车 重型机械 军大 成套设备 石油化学 核能等	钢铁制造 纺织纤维 石油橡胶 通信业 液化气 陶瓷等	金融业 城市住宅 海洋开发 石油开发 地热利用 煤炭等	化工纤维 金融 光通信 计算机 石油开发 地热利用 食品等	化工 机械设备 综合电机 汽车制造 钢铁 核发电等	石油化工 钢铁 有色金属 精细化工 海洋开发 核能等

目前，日本有六大财团，三井、三菱、住友、三和、富士和第一劝银。它们通常是以横向联合的方式，由三个核心部分——主力银行、综合商社、大型制造企业组成。

作为日本产业的“母体”和组织者，目前，日本有六大财团，三井、三菱、住友、三和、富士和第一劝银。它们通常是以横向联合的方式，由三个核心部分——主力银行、综合商社、大型制造企业组成。

以三井财团为例，樱花银行是其主力银行，三井物产是综合商社，而索尼、东芝等具有代表性的纵向发展的制造企业集团，通常称为企业系列。除此之外，一些现代金融机构如保险公司和证券公司也通常被划归某一财团，但它们的独立性更强，是财团核心的综合商社的主要股东。

在日本，“共生共荣”是普遍的价值观。而财团最大的意义就是能建立庞大的生产体系，分工合作，避免竞争，力求共赢。

财团内的企业群体会将集团外部的中小企业群作为长期稳定的交易对象（外包公司），也就是将它们纳入自己的业务经营范围。这些外包公司有的向着水平方向延伸，如三菱公司旗下囊括了 190 家成员公司；有的朝着垂直方向发展，丰田公司下属 175 个初级供应厂商和 4000 多个二级供应厂商就是最好的佐证。此外，在主要的制造商和全国几千个零售商之间还存在着销售联盟。这样一来，如同铸造了铜墙铁壁，刀枪难入。

有一个典型的例证：2008 年 2 月，东芝高调宣布退出与索尼持续数年的 DVD 标准之争，在不知情者看来，东芝无疑承认自己的惨败。然而双方却已然达成共识，握手言合于背后。事实上，这两个公司非但没有世仇，反而是在同一个强大推手的作用下平分天下，东芝强调其目标为世界级的“基础电子+综合电机”统帅，索尼欣然同意，因为它的志向在于成为全球“综合电子+娱乐产业”的领袖。著名日本产业问题专家白益民认为：“这是一场‘阳谋’。这场‘阳谋’的总导演就是索尼、东芝的背后推手，以三井为代表的日本财团。”

更出人意料的是，不同的商社之间也存在表面竞争却私下合作的情况。商社负责人会定期聚首共商亨宜，通过协商和利益均分，确定各自的客户群体和目标市场。彼此一旦达成共识，也就意味着商社新的演出就要开始了。

■来源：《北大商业评论》2012年6月，作者：白益民

第六章　产商融结合的日本

日本企业靠什么向产业链上下游延伸？实际上是一个产业投行，它不是美国式的金融投行。产业投行的思维类似商人思维，有点类似浙江的温州人。先去跟人打好交道，与当地政府打好交道，然后再带领一群企业杀过去，不仅各个企业之间的资源汇集、情报汇集，而且其背后还有主办银行的金融支持。

日本的产商融模式是其他国家没有的，商贸是连接产业和金融的重要环节，这套体制促使了日本产业控制力的增强。其核心就是综合商社，而另一个部分就是金融控股集团，这个金融机构和综合商社形成一种联系，然后再和产业进行结合。并不是某个企业控制了一个产业，而是结合了商业和金融。

中国的经济模式缺少产业组织者，而我们把它理解成控制者。其实它的控制来自你的缺失，如果你也有了属于自己的产业组织者，你也有了商社，你也有了财团，形成产商融三位一体结合的经济制度，就不可能被人控制，因为你已经形成自己的一套完整产业体系。

作者题注：

如果我们要转变当前的发展模式，完全可以去研究日本模式、德国模式，然后对照中国国情，选择一个最适合的。同时要学其他国家的模式，还应该在实践中不断修正这个系统，只有这样才能领悟其中精髓。

本章提要

产商融的模式很重要，即产业和商业可以形成一种共生模式。可以形象地总结为：产业是陆军，商业是海军，金融是空军。日本有很多财团和商社组织，这是一种综合性的商业组织，经营内容包括贸易、金融，以及实体产业。

在产商融的模式下，日本造就了5万多家百年企业，以及新一代的财团，丰田财团就是其中一个。丰田在日本被称作丰田银行，它的现金流达到了200亿美元，而丰田汽车只是丰田财团旗下的一个公司。

从另一个角度看，所谓的财团实际上是一个长期稳定、从事专业化分工协作、相互紧密依赖、有共同文化理念的人群的集合体。它围绕全套完整的产业链而构造，使整个产业协调统一发展，最终成为真正的“国民企业”。

日本的综合商社素有“第二银行”之称，有的书刊则称之为“影子银行”或“幕后银行”，这说明了综合商社在日本金融界的地位。日本综合商社外部负债为自我资本的30倍，充分反映了借贷资本在综合商社金融功能中的地位。

综合商社来自中国的商业文明，不是日本特殊的东西。传统的晋商是先做贸易，有了贸易公司，再开始做钱庄，钱庄和贸易公司合起来，跟产业进行结合，形成这样一个体系。所以日本的商社的形态完全是东方化的，来自中国。

任何一种模式都不可能是完美的。重要的是，我们要意识到，目前我们学习美国模式已经出了问题，金融没有哺育产业，而是从产业发展中“吸血”。要发展实体经济，就要向实体经济发展较好的国家学习，例如日本、德国。

第一节
产商融结构支撑强大的日本企业

据中国产经新闻报道，中国的GDP已经超越日本，关于日本企业的亏损报道也连篇累牍，日本企业现状到底如何？日本企业依然强大还是早已不是中国企业的对手？知彼知己，才能百战不殆，中国企业有必要了解我们的邻居的真实状况。

白益民就这个问题进行了专门的论述。

白益民指出，现在，我们看到的大幅的报道都是日本经济不行了，国债很多，中国GDP超日本。但是，日本的GDP只占GNP的40%，说明日本已经是投资国了，其在海外的经济体远远超过国内。所以是我们忽视了日本在海外的扩张，更重要的是，日本企业的海外扩张并不是单兵作战，而是关系错综复杂的集团作战，因此战斗力很强。

例如，日本在中国有五万家企业，这五万家企业被财团关联起来，形成一个完整的产业链。

日本到底是一套什么经济模式？简单说，就是产商融结合的财团体制。

日本有三菱、三井、住友、富士、三和、第一劝银六大财团。

以三菱财团为例，可以把它分为父体和母体，财团是一个大家族的感觉，原来是家族企业，现在我把它叫作企业家族。父亲的角色是主办银行、保险等金融业务，即三井住友控股公司。母体是综合商社，三井物产，做彼此关联的产业。

美国的经济体系就缺少这么一个组织体系，这就导致美国的产业到后来会丢掉，各自为政。日本产业的关联由商社通过贸易、投资平台搭建起来，再和金融机构关联起来。金融实际上是钱生钱，不太顾及产业，就像父亲在家庭里不太知道怎么照顾孩子，这方面还是需要母亲。产业发达一定需要一个非常优秀的母亲，从生育开始。

例如，我们只知道丰田汽车，其实在背后有一个综合商社，即丰田通商，由这样一个商社在中国布局，现在有100多家合资企业。在丰田体系中，包括汽车制造企业、世界上数一数二的汽车零部件企业、汽车的装备制造企业丰田自动织机，这和美国通用的体系是不一样的。美国通用基本是个组装厂，而日本全都具备，而且相互支持。

在日本百强企业中排名，商社的地位很高，都是排在前面的位置。综合商社起到一个航空母舰的作用，要出海必须要有航空母舰的配合，就是产商融的体系，这也是日本企业能够在海外立足的原因。综合商社等于产业投行，每一个具体的企业都是专业化发展的。

很多人在学习综合商社，韩国获得了成功。例如三星的手机，背后是三星物产的大商社财团体系。

传统的晋商就是先做贸易，有了贸易公司，然后开始做钱庄，钱庄和贸易公司合起来，跟产业进行结合，去做这样一个体系

其实，白益民指出，综合商社来自中国的商业文明，不是日本特殊的东西。就像《乔家大院》所演的那样，传统的晋商是先做贸易，有了贸易公司，然后开始做钱庄，钱庄和贸易公司合起来，跟产业进行结合，去做这样一个体系。所以日本的商社的形态完全是东方化的，来自中国。

财团，日式产融的实践者

2011年3月11日，日本发生破坏性极强的9级地震，公众普遍认为日本的经济在一定时间内难以恢复。但在专家的眼中，在日本的产融结合的模式下，日本国内的损失不足以影响日本整个经济体，因为日本在海外投资所带来的经济体量远大于国内。

“日本的产业链条已经遍布世界范围，”中国社科院日本经济理事会理事白益民说，“很少有人知道，丰田、东芝以及7－11、Versase等耳熟能详的品牌背后，都有一个共同的名字——三井物产。”

三井物产热衷于通过各种程度的持股形式，参与和渗透到产业链的上下游企业中，在保证对资源的充分占有的同时，又通过控制贸易端而获取利润的最大化。

“它将财团关联企业推到台前，不断地扩大着市场、资源和疆土，而自己则隐藏起来，像极了‘影子帝国’里的王者，不动声色地观看着一幕幕城池的‘攻陷’和王国的扩张。”白益民在《瞄准日本财团》一书中如是描述。

日系产融进化历程

早期日本的财团并非现有模式，日本现代财团进化的催化剂源于二战。

二战以前，日本的企业都是以财阀（金融资本集团）的形式存在。财阀原本是日本战前的金融资本集团的通称，主是指日本19至20世纪的三井商社、住友商社、三菱商社及安田商社4大企业集团。由于金融资本集团是和封建家族联系在一起的，因而人们习惯于把日本的金融资本集团称为财阀。在二战期间，鲇川、浅野、古河等6家新财阀崛起，总称为日本十大财阀。

日本战败之后，财阀模式也被打破。战胜国意识到，大型财阀是日本军国主义的背后支撑力量，工业化体系背后也是大型财阀。这一时期，日本出现了短暂的产融分离的格局。很快，日本出现了经济衰退，失业率上升，政府也不稳定。

但几年后，这一局面就被打破。

朝鲜战争的爆发，适时地缓解了日本国内的经济衰退。参与朝鲜战争的美国此时已无暇顾及改造日本经济了。另一个潜在的原因是，美国此时急需日本的支持，这给日本产融结合提供了机会。1955年加入关贸总协定的日本，产融开始聚合，财团重新出现。

“日本之所以产生财团，是它们不希望外资进入日本国内导致财团失去对产业的掌控，”白益民分析说，“依附于外资势必造成产业的分散。”重新聚集起来的财团已经不同于原来的财阀。“原来的家族成员被赶走之后，经营企业的都是职业经理人。”

一直担忧日本财团的美国开始动用《反垄断法》，规定金融公司持有一家公司的股权不得超过10%。而日本财团为了适应环境，发生了“基因

转变”，由原来的一家公司直接控股转为持有不同公司的股权，进而通过不同的公司再联合持股，达到控制该家公司的目的。

但这还不是现今日本财团的真实面貌。事实上，金融资本进入产业之后都面临一些问题，或是不懂产业，或是不懂市场。为了牢牢控制全产业链，日本财团又开始了基因突变。

白益民认为，日本财团发展到这一阶段时，已经由原来的金字塔持股形式，变成了网状的球体结构。而牢牢将产业和金融联系起来的，是商贸。

“日本的产商融模式是别的国家没有的。商贸是连接产业和金融的环节。”白益民指出，日本的财团开始向综合商社演变。它们的业务不仅限于贸易，还包括投资、给中小企业融资，由此带动成套设备的出口，做项目（事业投资）。这些商社的持股方都是金融机构，后来变成了产业投行——以贸易为平台，进行产业投资，不是为了控股，而是为了编织产业链。“通过和这些企业进行信息沟通，商社可以进而掌握企业本身的需求，为其服务。从你想要什么样的服务我做什么样的服务，到最后让你依赖这种服务。商社的发达，最后变成了产商融的结合。”

编织产业链

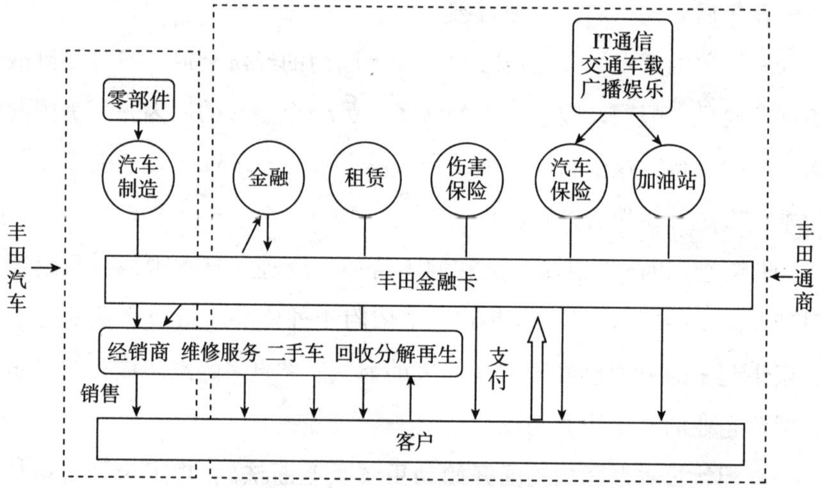

从丰田汽车进入中国市场的历程，就可以看出产业、商贸、金融之间是如何紧密作战的

不同于欧美等地的产融结合模式，日本的产融模式更像是修了一个水库，保护产业链内的企业旱涝保收。

在产商融的模式下，日本造就了5万多家百年企业，以及新一代的财团，丰田财团就是其中一个。“丰田在日本被称作丰田银行。它的现金流达到了200亿美元。”白益民告诉《财经国家周刊》记者，汽车只是丰田财团旗下的一个公司。

而从丰田汽车进入中国市场的历程，就可以看出产业、商贸、金融之间是如何紧密作战的。

20世纪80年代，中国改革开放以后，国家经济重新焕发生机，德国大众等一批公司看准时机进入中国合资办厂。其中却未见丰田汽车的“身影”。直到1998年，丰田汽车才迈出了进军中国的第一步，在成都合资建立了四川丰田汽车有限公司，丰田通商为其合资方之一。

四川丰田投产不到一年，产销“柯斯达”客车2000多辆，几乎没有库存。在其后相当一段长时间里，丰田“柯斯达”一直占据中国各级领导的公务用车市场。

此后，在丰田通商帮助下的丰田汽车，又建立了沈阳沈飞日野汽车制造有限公司、天津丰田汽车、广州丰田有限公司，仅2005年一年就生产了18.5万台以上的汽车。

其实，表面上丰田汽车按兵不动，实际上，其背后的丰田商社早已开始了中国的布局。正是因为丰田通商的小心布局，丰田汽车才能在中国创造如此好的销售成绩。

实际上，1987年，丰田通商与札幌啤酒合资成立了华乐种苗有限公司。华乐的存在，更深一层的目的是深入研究中国内地汽车市场，为丰田汽车日后可能的发展奠定基础。

在近距离观察中国市场的两年后，丰田通商与小糸制作所合资成立上海小糸车灯有限公司，专门生产汽车灯具。这家公司在日后发展成为中国本土最大的汽车灯具制造商，2005年时的市场份额超过50%。

从1993年至1998年期间，丰田通商共建成28家企业，其中24家为汽车生产服务的企业，4家主营进口贸易及销售。这些贸易公司以及汽车零部件配套生产企业，顺利地解决了丰田汽车的销售问题。

事实上，人们熟知的丰田汽车只是丰田财团旗下 5 家世界 500 强企业（丰田汽车、丰田自动织机、丰田通商、爱信精机、日本电装）之一。丰田财团还拥有十几家财团一级企业，均是世界知名企业，从上游原料到下游物流，产业链覆盖汽车产业所有环节。

在日本，丰田财团的地位可以视为与三大财团（三菱、三井、住友）集团及三大银行财团（芙蓉、三和、第一劝银）并立的较独立的企业集团。受东南亚金融危机拖累，1997 年三井财团的樱花银行出现经营不善的情况时，曾向丰田要求增资。制造商援助银行无论在哪里都是一个特例，丰田财团强大的实力可见一斑。

财团模式被复制

日本的产融模式很快被韩国复制。三星便是其中较为经典的一家。韩国三星财团的创始人李秉哲少年时期留学日本，就读早稻田大学专门部政经科。

韩国三星财团的创始人李秉哲少年时期留学日本，就读早稻田大学专门部政经科

1941 年，三星商会改称“株式会社三星商会”，由一个私人商会发展成初步具备现代企业雏形的企业。李秉哲在汉城经营国际贸易，开始了他的财富积累。1948 年三星商会改称三星物产公司，这是真正意义上的股份制企业。

1953 年 8 月，三星建立了“第一制糖株式会社”，从商业资本转变为产业资本。当时三星通过日本三井物产，引进了田中机械的成套设备。后来的肥料厂建设，李秉哲最后也同日本的三井物产就引进资金和技术达成了协议。

三星物产综合贸易商社的建立，三星重化工及三星半导体技术产品的飞跃发展，无不模仿日本企业的经营管理制度并与日本有关企业保持密切的关系。特别是在经营合理化方面，三星几乎是定期向日本商社进行咨询。

三星作为先导企业，比政府先行一步积累了国内外有关经济和法律方面的大量资料和情报。韩国政府建立“综合商社”的方案几乎全是以三星提供的资料为基础制定的，三星物产公司因此被政府指定为“综合商社 1 号”，成为韩国综合商社的先驱和样板。

此时，三星物产作为综合商社，主导着韩国的对外贸易，为韩国产业结构的高度化和世界化发挥着“火车头”的先导作用。

李秉哲认为，同样缺乏资源的韩国，尤其要学习日本的经验，发展高技术产业。有意思的是，作为学生，三星的目标是超越日本半导体业者。

■来源：《财经国家周刊》2011 年 4 月，作者：徐英

第二节
产业、商业、金融应“立体作战”

2012 年，中央经济会议召开，确定“稳中求进”为 2013 年经济工作的总基调，把“稳增长”放在了更重要的位置。2012 年，我国经济发展中面临的一个重要问题是实体经济发展遇到诸多问题。如何推动实体经济发展、促进包括我国汽车行业在内的实体产业更加健康地发展，是中国经济的重要议题。在此大背景下，日本汽车产业的发展对我国汽车产业及实体

经济发展有一些可以借鉴之处。

产商融合的模式更有利产业发展

作为日本支柱产业之一，日本的汽车业是如何建立并崛起的呢？事实上，日本汽车产业的发展是商人带动起来的。丰田是日本最早崛起的企业，由纺织业起家。丰田纺织的创始人丰田佐吉曾经是一名工匠，在日本大财团三井物产的帮助下成立了商会，使其发明的纺织机实现工业化生产。后来三井物产的老板带丰田佐吉到底特律参观，此后通过资金支持帮助丰田家族建立了丰田汽车。

三井物产是个大的综合商社，有自己的银行和贸易公司等。可以说，把丰田带入汽车行业的是商人。商人关注的是市场、产业，如果没有三井物产这样的商社来担任产业组织者的角色，以丰田为代表的日本汽车产业是不会发展起来的。

这给我国汽车业怎样的启示呢？中国缺少敢于做产业组织者的商人，或者说商社、财团。在我国，推动汽车产业发展进步的总是技术人员，而不是“做市场”的商人。

二战后，日本汽车产业曾经一度陷入困境。以丰田为例，由于丰田家族是工匠出身，对企业如何经营、管理，如何把握市场脉搏并不精通，一度面临生死存亡。后来是丰田的大股东之一三井银行挑选了一位“做市场”的人——石田退三做丰田的领导者，引领了丰田产业的崛起。由此可见，熟悉市场、懂得贸易的人才是最合适的企业经营管理者。

在我国，吉利等实际上也是这样，它们是商人起家，所以会用商人的方式做产业，这也是为何它们做自主汽车产业比很多大集团做得好的原因。

毋庸置疑，日本汽车产业之所以能在世界崛起，最重要的一点就是产商融合的模式，即产业和商业可以形成一种共生模式。日本汽车产业基本都是运用这一模式，这种模式也是日本经济模式的一个代表。

这套东西实际上可以形象地总结为：产业是陆军，商业是海军，金融是空军。日本有很多财团或者叫作商社的组织，这是一种综合性的商业组织，经营内容包括贸易、金融，以及实体产业。丰田、本田、铃木等汽车企业身后都有这样的大财团做后盾。这些财团实力雄厚，通过参股的方式掌握着众多产业，这样能够把产业、资本和贸易有机结合到一起，实体产业发展随时都有金融和商业的支撑。

然而，我国目前的情况是，海陆空各自为政，没有形成立体作战，陆军和海军、空军有很多对立、竞争。企业和经销商之间常有矛盾，还常常存在融资难的问题，所以产业很难发展壮大起来。

建立综合性商社 有助于汽车业做大做强

中国的汽车企业要发展，需要进行改变，不能再搞“游牧经济”“部落经济”。欧美日都在把汽车企业做大，将一个企业做成一个“帝国”，而我国的汽车企业却是一个个“部落”，这如何能与强大的对手抗衡？我们也要形成“帝国”，要把汽车企业通过资本力量、商业力量串起来，把产业整合起来。我们自己的企业有了实力，自然不用再看外资企业的脸色。

从这个角度来说，兼并重组迫在眉睫。但是，政府主导的兼并重组实际上不能起到积极的作用，只有商人主导的以盈利和市场需求为目的的兼并重组才是最好的组合。

我想我国恰恰缺失了这样的产业组织者——商社。金融好比是父亲，但家里最重要的是母亲——哺育子女，商社的作用就是母亲的功能，孕育企业、组织企业、服务企业、照顾企业。

我多次提到商社，商社在日本汽车产业发展中起到了多大作用呢？我们还以丰田为例，它背后的商社是丰田通商。丰田通商的作用是帮助丰田汽车与其他企业发展，为其做后备支撑，最主要就是进行产业布局。

在国内，我们看到的丰田汽车有两家合资企业，一个是广汽丰田，一个是一汽丰田。实际上，丰田通商在中国有200家企业，有独资的，有合

资的，甚至广布汽车产业以外的各个产业，它们都可以获得大量的产业、技术情报，这是综合商社一个重要的任务。

在这样的基础之上，丰田通商进行投资布局，通过点的布局，织起了一张隐形的网络。它不仅仅做汽车，还做电装等零部件。事实上，日本的商社都是这样的作用。所以，我们知道，全球的关键汽车零部件，很多是出自日资企业。可以说日本的汽车产业已经躲在了供应链的环节里面，这是非常值得关注的事情。

专注实业发展才有未来

我国的经济发展近几年出现了虚拟经济与实体经济之争，实体产业发展不尽如人意。对比一下日本，其发展产业的模式与我国一些传统的商业模式是一样的，当年以乔致庸为代表的晋商走的就是这样的路。乔致庸先做贸易公司，然后做钱庄，就是做金融，随后再通过金融反哺实业。日本的商社也是这样。例如，三井物产先是卖布料，积累了一定资本做成百货公司，后来发展海外贸易，紧接着开始进入金融领域，建立三井银行等金融企业。有了强大的金融体系之后，三井银行开始投资实业，持有包括丰田汽车在内很多企业的股份，扶持这些实业逐渐强大。

我国受美国经济思维影响较大，跟风追随美国大搞股市，搞得做企业的人不能踏实做实业，只想通过炒股、投机等“赚快钱”

如今，由于中国受美国经济思维影响较大，追随美国大搞股市，搞得做企业的人不踏实做实业，只想通过炒股、投机等“赚快钱”，这就是虚拟经济“抢了”实体经济的钱。要知道，美国之所以这样做大股市，是因为它已经在前期积累了大量实业资本，而我国的实体经济还没完全发展起来。如今，美国一直喊着要实现制造业的回归，也是因为股票和金融衍生物的盘子做得过大，实体经济必须要再次发展了。

此前，广汽与奇瑞结成了合作关系，而汽车业内也一直在提联盟这一概念。汽车企业联盟是很好的事情，但更好的，应该是汽车企业与其他产业的企业结合在一起，往立体的角度发展，向多元化方向发展。中国的一些民营企业应该联合起来，一起做产业、贸易、物流等，形成综合商社，共同做大做强。

日本的企业就是这样，形成联盟，形成跨产业的合作模式，互相持股，但没有谁控制谁，只是在产业链上形成了交叉。目前我国汽车企业的联盟似乎还没形成互相持股的资本联盟，希望未来会有突破。

此外，我们的国有企业，总是被美国的咨询公司洗脑，被灌输的概念就是专业化，实际上专业化就是“独木”，我们应该倡导“森林经济”。要有大树，还要有小草、有灌木。独木经济不行，总是要周边给予它营养，好长成参天大树，其实等周围是沙漠了，你也要死掉。日本灌输的是共生模式，不求变成大树，希望把它们共同抚育，一同成长，在困难时期能够互相扶持。

除此之外，汽车企业不仅要和业内企业联盟，还要和商业企业、金融企业形成共生关系，这个很重要。如果有一家综合商社性质的集团能够支持汽车企业，就像产业投行一样，将不仅解决资金投入问题，更解决长期发展问题。

事实上，中信集团确实有点像综合商社的性质，旗下有各种贸易企业，还有银行和证券公司。但可惜的是，中信并没有表现榜样作用，很大原因是因为它花了太多精力去搞证券投资，没能在扶持产业发展方面投入足够精力。

另一方面，我们必须看到，**任何一种模式都会有副作用，不可能是完美的。更重要的是，我们要意识到，目前我们学习美国模式已经出了问题，金融没有哺育产业，而是从产业发展中“吸血”。我们要转变当前的发展模式，要发展实体经济，就要向实体经济发展较好的国家如日本、德国学习。**

可以说，现在转变向美国学习的观念最重要。我们可以去研究日本模式、德国模式，对照中国国情，选择一个最适合的。不过，要学其他国家的模式，就一定要系统化学习，不能拆开，只学最好的，这样不见得奏效。应该在实践中修正这个系统，只有这样才能领悟其中精髓。

■来源：《中国汽车报》2013年1月，作者：白益民

第三节

三井：永续控制产业链核心的秘密

产业链模式深深根植于日本的经济模式中。说到三井财团，首先要明白三井财团代表的不是企业模式，而是典型的日本经济模式。对比日本和美国的经济模式，可以看到这样一个现象，很多产业都是美国先做起来，比如收音机、洗衣机、电视机、汽车等，但是做到一定阶段，特别是二战以后的20世纪七八十年代，就基本被日本接管。

在产业竞争中，美国模式是失败的，也就是说它的经济模式在产业链全球竞争中并不是好的模式。美国模式在短期内发展迅速，但可持续性不强。自从日本在家电、数码产业打垮美国，又在汽车制造领域里打垮美国，美国的制造业实际上已经被掏空。后来，在失去了全产业链的竞争优势后，美国在其他方面弥补了全产业链的战败。

日本的这种财团模式是一种可持续性的、能够在几十年里占据产业链高端核心位置的模式。美国在技术创新和金融领域有优势，但长期来看，日本的经济模式，通过全产业链的控制，最终赢得了长期可持续发展。

农耕模式 PK 游牧模式

任何经济模式都有它的文化属性，日本的经营文化实际上是源自我国江浙传统的农耕文化

日本模式类似农耕模式，美国模式类似游牧模式，而任何经济模式都有它的文化属性。在两种不同的文化背景下，人的行为方式、组织模式、发展模式及体制都会产生各自的特点。研究三井财团的产业链模式，首先要回归到整个日本的文化特点上来。

日本的经营文化实际上是源自我国江浙传统的农耕文化。所谓农耕，就要播下种子、插秧、施肥，还要除草，而且耕作需要各种工具，也就需要制造工具；在种庄稼的过程当中，可能会因为雨水过多而造成内涝或者因为缺少雨水而造成干旱，为此还要建水库、引渠、灌溉。这样一来，就需要有人专门做种子的事情，有人做工具的事情，有人负责水库，有各种产业围绕着这个主业形成产业链，形成一个系统。

美国是一个移民国家，经过南北战争，北方战胜南方的庄园主，北方游牧文化占据美国文化的主导地位，倡导自由竞争。游牧文化是用放牧的方式，把牛羊赶到有水草的地方，它们不会安定下来精耕细作。现在的中国，其实采用的是美国的经济模式。

中国人或美国人看到贫瘠的地方，就会离开，去找好的地方，人才是这样，资金也是这样，嫌贫爱富，这如何能与稳定的日本产业链抗衡呢？日本的经济模式，实际上是以产业为基础，它们认为产业是不会倒闭的，所以把钱投入里面精耕细作。

在中国，也有人说我们在做产业链整合，但都是美国式的思维，只是简单地进出资本。日本的资本进入并不是为了分红，而是交叉持股。中国的企业缺少产商融结合体制，没有综合商社这样的关键性产业组织者。

产商融结合体制

日本的模式实际上是产业、商业和金融相结合的财团模式，这套体制促使了产业控制力的增强，而其核心就是综合商社。商业与产业的关系是什么？商业把各个企业连接起来。另一个组成财团的重要部分是金融控股集团，这个金融机构和综合商社形成一种联系，然后和产业进行结合。所以，并不是某个企业控制了一个产业，而是结合了商业和金融。

回过头我们看日本的企业，像三井这样的大企业里的东芝、丰田、石川岛播磨等，都有金融集团持股。综合商社和财团内的企业，如东芝、丰田等在很多产业的节点上都有合资关系。商社又形成贸易、买卖，在这种情况下又形成了一个网状结构。你看到的每一个企业都是某一个网上的节点，它形成的与其叫产业链，不如叫产业网。

而中国的企业不但没有形成产业网，产业链都没形成，大家是相互竞争的关系，而不是一种共生的关系。企业和商业之间是对立关系，所以我们经常能够看到中国家电企业和美国的纠纷。而日本已经通过财团将这些企业形成命运共同体。

三井财团是一个新型的家族企业，但它不再是依靠自然人的血缘关系界定家族成员，而是以企业法人之间的资本关系形成新型的命运共同体，依靠终身雇佣制、年功序列制、企业内工会来维系整个财团体制的稳定。

从另一个角度看，这个财团实际上是一个长期稳定、从事专业化分工和协作，相互紧密依赖，有共同文化理念的人群的集合体。它围绕全套完整的产业链而构造，使整个产业协调统一发展。经过现代企业制度的改造，它已经成为真正的社会企业，被日本人称为“国民企业”。

在这个新型的、现代化的家族式企业集团中，主办银行（或金融集团）扮演父亲的角色，通常决定家属成员的血缘关系和姓氏归属，是家庭成员稳定的经济来源；而综合商社扮演了母亲的角色，它负责生儿育女（众多的制造业），对孩子的教育和成长施加影响，并为儿女长大后外出求学与发展谋划（获取情报），甚至为子女选择对象和操办婚嫁（创办合资企业）。

综合商社在日本又被称为“第二银行”，或“影子银行”，但它与单纯的银行又有所不同

要是你深入综合商社里面，你会看到首先它是一个贸易公司，但与买办代理型贸易公司不同，它更是一个投资型的综合贸易公司。就像三井物产的社长所说，从卫星到鸡蛋，它可能什么都做。但它不是百货商店，综合的意思其实是集成，通过集成来发挥综合效应。它以贸易为平台，介入产业，同时又有金融的服务功能。

综合商社在日本又被称为“第二银行”，或“影子银行”，但它与单纯的银行又不同，有投资银行的功能，又有对关联中小企业的融资功能，它对关联的中小企业的帮助并不是融资那么简单，比如它还包销它们的产品。像三井物产作为三井财团的母体，已经培育出众多的世界级企业，三井财团体系内的五百强企业更是一大把，其中就有丰田、东芝、索尼、三井住友银行、商船三井、三井造船、石川岛播磨重工、三越百货等知名企业。

这种模式在面临全球产业转移浪潮时，产业是丢不掉的，不像美国，一转移，美国就丢掉了整个产业。所以你看到日本这么多年始终占据全球制造业的中心，而美欧的制造业日益空心化。

与其说三井财团有很强的控制能力，不如说它们一直在坚持自己的文化，以产业为根基，精耕细作。它们并没有去控制谁，而是按照自己的信念和方式，踏踏实实地工作，没有因为这块田地贫瘠，就转移地方，而是想办法给它施肥、灌溉，把这块地种起来。你认为它是控制，而实际上它们是扎根下来。

中国最大的问题在于没有产业组织者，为什么我写了《三井帝国在行动》在国内引起强烈反响和重视，是因为这本书告诉了大家中国的经济模式缺少产业组织者，而我们把它理解成控制者。其实它的控制来自你的缺失，如果你也有自己的产业组织者，你也有商社，你也有财团，形成产商融三位一体结合的经济制度，就不可能被人控制，因为你已经形成自己的一套产业体系。

交错布局渗透产业链核心

无论是收购资源、技术还是品牌，其实都和打仗一样，无非是想占领那块阵地。打仗的话，你必须把周围的情况弄清楚，一上来就火力猛攻一个阵地，而没有一个铺垫过程，或者急于把主力部队开过去，动静很大，对方很快就能阻击你的主力。

在这个方面，日本走过的路非常值得我们学习。日本企业往往是分路包抄，比如说它的综合商社先布局，财团的关联企业分散开来，采用合资的形式，先在一个山头入股，再在另一个山头入股，通过此类的布局先建立人

日本产业投行的思维类似商人思维，有点类似浙江的温州人。他们先去跟人打好交道，与当地政府打好交道，然后再带领一群企业杀过去

脉关系。其实最后能否完成收购，关键的还是这些被收购方的人是否认同你。如果它们把你当作伙伴而不是敌对的收购者，那么趁它们陷入危机或缺钱时再去收购，对方反而是欢迎的。

争夺印尼东部的天然气资源时，中海油当时买了印尼东固气田的部分股权，英国的天然气公司想出售它在东固的股权，三井物产也想买这个股权，但三井物产并没有直接入股，而是它的一个合资企业入股了。当时中海油获取了优先认股权，当英国天然气公司要卖的时候，中海油就启动了优先认股权阻击了三井物产。

虽然三井物产没有进去，但实际上东固气田的股份里，除了英国的天然气公司及 BP 外，大部分都是日本的资本，包括双日、丰田通商、三菱商事等，它们都是以合资的面目出现的，从外面看不到日资的痕迹。日资却通过这种方式，把东固气田 50% 以上的股权拿到手了。虽然中海油阻击了三井物产，但其他的日资公司也启动了优先认股权，最后中海油多拿了 4.5% 的股权，但日资企业多拿了 6% 的股权。

日本综合商社靠什么向产业链上游延伸？实际上靠的就是一个产业投行，它不是美国式的金融投行。产业投行的思维类似商人思维，有点类似浙江的温州人。它们先去跟人打好交道，与当地政府打好交道，然后再带领一群企业杀过去，不仅各个企业之间的资源和情报得以汇集，而且其背后还有主办银行的金融支持。

而中资企业，往往就是一家，中铝、五矿等的海外收购都是这样，基本上都是依赖投行，没有协作单位，也没有关联企业的支持，更不能在整个产业链条中做长远布局。

日本人在二战后是没钱的，没钱的情况下它们用什么方式扩张，用什么方式与其他国家竞争呢？首先是综合商社出去，完成情报工作，了解当地的资源、产业情况，建立办事处，从做贸易开始；然后金融资本利用商社的情报力量获取投资信息；接下来再把产业资本引入，在当地企业入股，办合资或独资公司等。

日本的这种财团体制实际上脱胎于二战前的日本财阀体制，在这个体制内部，有主办银行，有做贸易的综合商社，有做实体产业的公司。但二

战后，日本的财阀体制被美国人解散了，美国人认为财阀体制是战争的根源之一，将包括三井、三菱、安田等在内的几大家族财阀解体。像三井物产这类的综合商社，也被分割成170家小公司。20世纪50年代初，日本的这些企业又重新聚合，逐渐形成了三井、富士、第一劝银、三菱、住友等财团。原来的家族关系变成了相互持股的关系，实际上还是变相的家族主义，集中力量做事。

■来源：《经理人》2011年2月，作者：白益民

第四节

日本综合商社应对金融危机之路

综合商社有一套自己规避风险的能力

日本的商社被称为“熊猫”，是一种特殊的没有其他国家能模拟的商务模式。这种商务模式一直在成长最快的领域展开事业，在贸易方面支撑了日本经济的高速成长，而收益的多样化和对事业投资领域的不断扩展，让日本5大综合商社同时取得了不菲的收益。

2008年12月上旬，除了偶尔下一点小雨外，东京的天气格外晴朗，城市中心日比谷公园里的银杏刚刚染上一层黄色，向阳背风的地方叶子还是绿的。但日本的报纸、电视并没有关注东京的晴朗，而是铺天盖地地渲染国际金融危机，让日本人的心情十分灰暗。黑云压城，尽管日本家底殷实，但浓黑的悲观色彩似乎是日本媒体关注的唯一色彩。

流通业显然在危机到来时最先感受到了商界的变化。2008年12月16日，零售企业永旺公司决定和三菱商事就商品采购、海外出店达成合作，正式对媒体宣布两家在资本及业务方面进行“提携”。

三菱商事投资368亿日元从市场上收购了永旺股票，这个程度的收购大概达到了永旺股票总比率的4.59%。在资本集约型企业那里，有这个数

的资本就足以在股东大会上说话了，很多时候甚至可以成为大股东之一。不过，三菱商事似乎还不满意，它准备继续从市场上收购永旺的股票，一直增加到5.05%。这样，在永旺那里，三菱商事将成为第一大股东，有绝对的发言权。

就在三菱商事涉足永旺的时候，日本的另一家商社企业三井物产决定向7&I持股公司出资，拿到该公司2%的出资额。7&I持股由此开始强化与商社的关系，增强自己的商品采购能力。

商社积极地向流通企业出资，反映出日本商社的一个经营特点：不是单单从事商品交易，而是要通过投资来参与流通的整个过程；特别是参与商流的全过程后，商社有了自己的主动性。

在金融危机到来、流通行业处于动荡的时代，商社以攻为守，其业务链条也得到扩展；而链条越长，克服危机的余地也就越大。

特殊的商社史

在东京伊藤忠商事总社，伊藤忠商业战略研究所松村滋弥接受了记者的采访。

三菱财团的历史可以追溯到1870年，那年一位叫岩崎弥太郎的人在高知县的农村，创立了一家企业，这家企业就是三菱的前身

商社不同于工厂，它靠贸易起家。在20世纪50年代，日本国内“制造业负责生产，综合贸易公司负责贸易”的分工体制，让商社获得了巨大的发展机会。但20世纪70年代的韩国、90年代的中国，虽然同样有生产及贸易巨大发展的时期，当时的政府也花大气力学习日本的商社体制，但最终没有在中韩出现那样的机构。“分工体制的建立，能让商社获得发展，而有意图地去建造国营综合商社，一般不会取得成功。”松村所长告诫说。因为商社是和日本贸易共同发展起来的，而且在战前已经具备了相当的贸易能力，历史要素在这里起着很重要的作

用。比如三菱商事，该公司虽然是1954年正式成立的一家企业，但三菱财阀在二战前就存在，三菱公司的历史可以追溯到1870年。当时日本正从封建的江户时代向明治时期过渡。那年一位叫岩崎弥太郎的人在高知县的农村，创立了一家企业，这家企业就是三菱集团的前身，也是三菱商事追溯自己的历史时，每次必定提到的一段过往。

三菱创立之后不久就迎来了明治维新的巨大浪潮。在这股浪潮中，企业开始了煤炭和铜矿山的开采事业，之后为了销售煤炭和铜，设立了营业部门和资金筹集部门，成立了三菱公司。以后，煤炭及铜的销售部门、负责在生产过程中购买原料的采购部门先后从原来的三菱公司中独立出来，在1954年成立了三菱商事公司。

仔细观察后，我们会发现，日本多综合性企业集团，如过去的财阀性垄断集团就有三井、三菱、住友，独立于垄断集团的小企业集团也有很多，如以银行为中心的芙蓉集团等等。垄断企业在二战后由于日本颁布了解散财阀令而纷纷解散。后来的几家大的商社企业，再度组建公司，形成了今天的综合商社体制。

在北京，三菱商事株式会社中国总代表中原秀人接受记者采访时说：“三菱商事源于三菱公司的营业部、采购部，最初的工作就是以三菱集团为中心，为经营煤炭以及机械产品的三菱金属、三菱重工等一大批同属于三菱集团的企业提供采购服务，为它们采购资材、原材料及设备等，也为它们销售机械设备等产品。”

刚刚组建的三菱商事，主要工作是产品的销售、原材料的采购及物流。但到了后来，业务内容有了较大的扩张，开始为其他日本企业乃至海外企业提供一系列的服务，帮助客户销售商品并提供原材料、资材，在这一过程中，取得了发展。

从企业发展的历史看，中国企业大都比较年轻，而且不存在日本那样的综合性企业集团，更多的是一些专业性的企业。企业内部也有采购部门，但能够让采购部门发展成商社的不多。不仅中国是这样，世界上很多国家也同样。即便是学习日本学得最好的韩国，同样没有能全盘导入日本的商社模式。

多元化的商社功能

如果说熊猫独生于中国，那么商社就独存于日本。黑白分明是熊猫的特点，那么独存于日本的商社具有什么特点呢？

记者采访了丸红株式会社经济研究所所长柴田明夫。柴田是日本著名的经济评论家，解释自己所在的企业，也是采取评论家的方式，他说：“商社的主要内容是贸易与投资。”

丸红公司做资源的开发与供给、产品的销售及零部件的供应、工厂、发电等各种项目。“我们还在开发新的业务，包括生命科学、面向老龄人的服务、新能源、纳米技术等等。”柴田所长说。该公司在20世纪90年代就开始在国外投资矿山、油田，进入21世纪以后，又去越南投资发电厂，“越南电力的21%是我们投资的。”柴田所长补充说。

但是，商社依旧不是管理工厂的企业，也不是投资银行那样的金融公司，柴田所长向本刊记者解释说：“商社是在组织生产，将自己的资本投入企业中去，发挥金融功能，同时自己最擅长的毕竟是物流，我们做了几十年的进出口贸易，有这方面的经验。当然我们会通过市场调研，进行风险管理，具有其他各种经营资源的调配支援能力。”商社模式一个比较大的特点是多元化，不是字面上的单纯从事贸易业务的企业。

商社模式一个比较大的特点是多元化，不是字面上的单纯从事贸易业务的企业

这种多元化是从贸易开始的。记者查看了三菱商事的多元化过程：日本社会在不断变化，如果商社企业只是一味地从企业客户那里买来产品销售给终端客户，附加值就会越来越低，仅仅从事这项业务会导致商社的功能逐渐丧失。随着时代的变化，三菱商事对商社的功能做出了改变，增加了内涵。

有些客户、行业非常重视咨询以外的功能。比如有的顾客希望三菱商事能够帮助他们周转资金；还有一些客户，希望其能提供周到细致的物流服务，为了解决客户的这些需求，三菱商事在北京经营了一家叫北京环捷的中型物流公司（北京环捷物流有限公司），在上海也设立了类似的公司。

此外，有些日本公司来中国投资，但这些公司派来中国工作的员工不太了解中国的情况。三菱商事把日本的某个公司介绍到中国组建工厂，在它们不知道该怎么做时，该公司就为它们提供咨询。而且三菱商事的服务与那些只提供咨询的公司不同，在某些情况下会与客户共同承担风险，“一起合作”。例如以日本厂家出资70%、三菱商事出资30%的形式合作。在设立工厂的过程中，三菱商事除了提供咨询服务外，还为工厂提供采购原材料的服务、担任销售等等。

有些生产厂商表示到中国这个新的环境中以后，希望能集中精力生产产品，或是能够专注于发挥自身的优势能力。在这种情况下，原材料采购以及销售等部分就由商社来承担。

应该说商社虽然以贸易为主业，但已经与客户通过咨询、共同投资等等密切地联结在一起。但是商社和客户依然有角色分工：商社的一切活动都是为了自己最终获得贸易权，咨询、投资等等并没有离开这个贸易主线。对于那些自己能够完成相关工作的顾客，商社只给他们提供咨询服务，而对于希望能一起投资的客户，商社开展共同投资的合作，但是不会把投资比率抬得过高。前文谈到的三菱商事对永旺的投资，只在4%～5%，并没有看到有好的市场而大大提高投资份额。

一位有三十多年商社工作经验的企业高管总结性地对记者说：“商社自己承担风险，让自己变成了一个代销商（commission merchant），向客户收取服务费，为客户实施进口代办、出口代办业务。用专业术语来说，即为从事买断及卖断的业务。我们独自负责把客户的产品以某一个价位买下来，然后以自己为主体进行销售，最终发展到了现在这样一个规模。”

用“吸收风险”来创造未来

伊藤忠商业战略研究所松村所长对记者说：“空间与时间的差距，给商业活动带来了巨大的风险及机会。商社对于这些从各种不确定因素中派生出的风险，通过庞大的业务内容，来使之最小化。”换句话说，商社有一

通过吸收时间及空间差距产生的风险，变风险为收益是综合商社应该拥有的重要特点

套自己规避风险的能力。

在松村看来，“综合商社应该有三个特点，第一是能预测未来，在这个基础上开展事业投资；第二是在全世界拥有自己的网络，能担负起日本贸易、海外事业投资的重担；第三是通过吸收时间及空间差距产生的风险，变风险为收益，具有风险吸收体的作用”。

何以能够做到这些？商社的人解释起来非常简单：商业活动中有原材料采购、生产、运输、结算方面的风险，进出口贸易时存在着外汇汇率、其他国家政治波动等方面的风险；综合商社进行数千件、数万件的商务，其经营规模与一些经济规模比较小的国家的国民经济收入相差无几。通过如此规模庞大、内容极为繁杂的交易，在某个领域出现亏损的时候，能够实现其他领域的盈余。靠这些最后让商社能尽早比其他企业规避风险。

正是这种比熊猫还稀少的全世界绝无仅有的综合商社模式，让日本的各大商社均获得了年盈利在1000亿日元以上的营业成绩。我们从伊藤忠商社已经发表的财务报表上看，2007年其纯利润为1771亿日元（约100亿人民币），该公司准备在2009年度取得的利润为2100亿日元。该公司的员工人数为4122人，差不多每位职员一年要为公司带来5000万日元（约300万人民币）的利润。

这让日本的综合商社具有了名列世界500强企业的能力。从丸红经济研究所提供的资料看，三菱商事是日本最大的商社企业，在世界500强企业中排名第127位。三井155位、丸红215位、住友274位、伊藤忠328位。如果对日本企业在500强中的企业再做一个排名的话，5家综合商社全部位列前50位。

商社模式在日本已经足够成型以后，对于商社的作用，松村所长在谈到“吸收风险”时，特意强调：“我们对风险的种类作了规定。对于危险程度，我们由部门高管负责监控；在不确定方面，由财务主管（CFO）、业务部门的高管监控；在事业机会风险方面，则由更高一级的负责人、经营企划者负责。”在明确了企业内部的责任以后，松村所长说：“不去挑战风险的企业得不到发展，挑战风险是综合商社的根本特点之一。”

从管控风险的能力上看，日本的商社模式大大不同于其他国家的贸易企业，这也是其他国家不能出现商社的原因之一。中韩的贸易公司在进出口贸易上能够做到有所作为，在预测未来的机制上，在投资方面，特别是在风险的管理能力方面，均未能进步到商社阶段。这种情况同样发生在资本主义历史比日本要长久很多的欧洲及美国。

早就预测到了中国及亚洲的发展

在日本的几家商社中，伊藤忠商事多年以来领先于其他日本的大型综合商社，与中国展开贸易往来。1972 年 9 月，中日实现邦交正常化。但在 1972 年 3 月，伊藤忠商事已经与中国建立了正式的贸易关系，被中国认定为友好商社。

目前，伊藤忠中国集团由华北（北京）、华东（上海）、华南（香港）三个地区机构以及其管辖下的九个当地法人公司及四个常驻办事处组成。1993 年设立了伊藤忠（中国）集团有限公司（简称：ICN）。2005 年 9 月由中国商务部批准成立了“地区总部”；同时亦被准许经营除一部分需特殊许可的商品外的所有商品的国内销售、进出口佣金代理等业务，此为在中国的日本综合商社中的首家。

丸红经济研究所柴田所长对本刊记者说：“丸红在中国 13 个城市中有 15 处机构，有 42 名职员常驻中国，雇用的中国职员为 261 人。2006 年在华交易额为 9749 亿日元（约 100 亿美元）。”

现在，日本的商社正在加大对亚洲的关注。伊藤忠商业战略研究所松村所长对记者说：“综合商社在海外的业务主要有两块：第一是将日本、亚洲新兴工业经济体的技术移植到亚洲其他地区，以促进亚洲的共同发展，带动这里的革新。具体地说是引导有实力的中小企业到海外求发展。第二是为东亚地区统合及地区内的物流网络做准备。我们愿意推进亚洲地区的统合，希望建立连接东亚地区的物流网络，对基础设施之一的物流网络进行整备，构筑供给链是综合商社的机能之一。”亚洲整体的发展，将是商社企业追求新业绩的重要动力，而这种政治见识、经济活动能力，是普通贸易公司所难以具有的。

每到全球性金融危机到来、日本国内的投资活动处于非常谨慎状态的时候，商社都会出现扩大投资规模、向新的领域迈进的态势。应对危机，商社以攻为守，实施着新的转型。

■来源：《经济》2009年第1期，作者：陈言

第五节

综合商社的金融功能

日本的综合商社素有“第二银行”之称，有的书刊则称之为“影子银行”或“幕后银行”，这说明了综合商社在日本金融界的地位。日本综合商社外部负债为自我资本的30倍，充分反映了借贷资本在综合商社金融功能中的地位。

1853年“黑船事件”后日本被迫开放，进出口贸易发展十分迅速，商人充当出口代理商的角色，势力逐渐强大

综合商社的“商社金融”是指商社所发挥的金融功能，主要有融资、投资、租赁国际性大宗借款的安排等，但这种商社金融又不是商业银行，它与英国和西欧的商人银行类似，资金来源不是直接吸收存款，而主要是借自银行和其他金融机构（如信托投资公司、保险公司等），商社金融的自有资本率是很低的。日本综合商社资产负债率都很高，主要靠借贷资金推动贸易规模的扩展。

日本的商社金融体系

综合商社之所以能从银行借入大量资金，主要原因是商社的主要股东都是包括大银行在内的金融机构，且拥有一流的情报信息网，在大量的日常业务交往中比银行更能接近告贷的客户，也就更了解它们的经营状况和资信能力，故由商社放贷较银行更有把握。同时，综合商社具有多元经营的优势，可以失之桑榆，收之东隅，其承担风险的能力远大于工商企业。所以银行也乐于将资金交由商社贷放，如有意外，也可少受损失。

日本综合商社的金融功能最早可以追溯到19世纪末期，但真正的发展是在20世纪50年代以后。1853年日本被迫开放后，进出口贸易发展十分迅速，商人充当出口代理商的角色，势力逐渐强大，他们利用自己的资金向地方贷主和生产者的融资，经营押汇业务，从而控制地方转手商人和生产者，支配出口商品的流通。明治维新后，商业发展很快，随着专业商行及中间商的增多，交易环节越来越复杂，资金流量越来越大，综合商社作为物流媒介，其金融功能得到初步发展。

二战以前，日本垄断集团的自有资本率一般都较高，多通过发行股票、债券等方式筹资，综合商社的金融功能表现得相对较弱。二战后，综合商社的金融功能得到了较充分的发展。20世纪60年代，日本经济高速增长，资金明显不足，加上金融机构风险意识增强，许多中小企业筹资困难。综合商社由于进行庞大的经营活动，比银行更接近需要资金的客户，对一般企业经营状况的审查能力也远较金融机构强。

金融机构如果直接投资或贷款给企业，虽然可以获得较大的收益或利息，但万一该企业经营不善或倒闭，金融机构将无法收回本息；而如果金融机构将贷款交给综合商社，再由综合商社贷给一般企业，风险可由综合商社承担。综合商社由于经营规模大、品种多、策略灵活，具有较强的承担和化解风险的能力，形成了较高的资信度。银行经综合商社将贷款贷出，大大降低了银行的风险，因而综合商社金融功能得到了迅速而全面的发展。

日本综合商社发展是贸易与金融紧密结合的产物，特别是商社与大金

融机构的密切协作关系，使商社获得了充足的资金。同时，它的股权结构是一种贸易、实业、银行环形持股的结构，其最大的股东是金融机构。这些商社的股东同时也将大量的资金贷款给综合商社使用。综合商社所发行的股票当中有一半以上为这些金融机构所持有。有些金融机构包括城市银行、信托银行、地方银行、产物保险、人寿保险等。

日本综合商社的资金来源

（1）相关银行

综合商社从大财团金融机构借入资金占借入资金总额的25%～30%。其中又以1～2家大金融机构借款居多。1974年以后，受政府立法的影响，本财团的借款比例下降到10%左右，而从其他财团金融机构分散借款比例之和超过10%，资金来源呈现出银行多元化的态势。

（2）政府金融政策的支持

日本政府一方面通过日本银行为商业银行提供巨额贷款，使之能够满足综合商社的资金需求，保证企业经营活动的正常运转；另一方面通过日本输出入银行和日本开发银行向外贸业和制造业大公司提供出口低息长期贷款，鼓励企业出口和向外投资。1977年，日本输出入银行对三井物产等5家商社提供贷款共计8800亿日元。

（3）直接金融

商社金融主要包括商社信用、直接投融资和租赁服务几个方面

直接金融是商社资金来源的重要补充，这包括：发行债券直接筹集资金；发行股票筹集主权资金；发行商业票据筹集长期资金。

金融功能是综合商社以巨大的筹资能力为基础，以广泛的金融服务为纽带和手段，建立起一种贸易、金融、产业联动发展的金融运作机制。商社金融主要包括商社信用、直接投融资和租赁服务几个方面。综合商社的资金来源主要有三个方面，即所属金融机构和社会金融机构的间

接金融、直接金融和政府政策性金融。

综合商社的金融功能

（1）创造企业间信用

综合商社是流通企业，在与众多企业建立贸易关系时，自然会发生一种信用关系，这种信用关系是以商社为中心进行的，商社为自己的贸易伙伴企业提供商品的赊购、赊销、票据的支付和接受、延期付款信用等，成为卖方和买方之间从事企业信用业务的机构，解决其经营活动所需要的大部分周转资金，保证再生产的顺利进行。

一般说来，综合商社债权销售额（即赊销额和票据收取额之和）超过债务收购额（即赊购额和票据支付额之和）的部分为其创造的商业信用总和。这一数额非常巨大，1996 年，主要综合商社的商业信用总和均超过其资产负债总和的 10%。

（2）投资及融资

投资和融资活动是综合商社金融功能的主要内容，综合商社的投融资活动分为国内及国外两部分。综合商社的国内投资与融资，有的是单纯地为了获得利息和股息，有的是在新兴行业中进行风险投资以先行占领市场，有的是为了维护集团企业之间的关系，有的是为了扩大自身的融资能力，而更多的则是为了获得生产企业产品销售和原材料供应的贸易代理权。

20 世纪 80 年代初，三井物产一家商社的长短期货贷款合计为 4450 亿日元，加上销售债券 22281 亿日元，所提供的信用达 26731 亿日元，其规模与营业额较低的城市银行贷款额大体上相等。

日本对外直接投资始于 20 世纪 50 年代，综合商社作为日本海外投资的先驱，利用其综合优势，以独资或合资形式积极参与流通销售、生产制造、资源开发等领域的投资，约占日本对外直接投资的 1/3。综合商社对制造业的投资被称为“日本式投资”，即由制造厂家、综合商社和接受投资国企三者共同进行投资。以充分发挥各方面的优势，降低投资风险，取得收益。

（3）租赁服务

租赁业务有较好的融资效果，除提供设备租赁及分期付款服务外，租赁机构还附带提供保养等售后服务，因而使其在短期内得以迅速成长。综合商社与生产企业，特别是为数众多的中小企业有着紧密的贸易、信用等业务关系。

综合商社利用其强大的融资能力，发挥自己的信誉优势，与银行合作，纷纷成立租赁公司，开展租赁业务，不仅使自身获得较大的收益，也进一步加强了生产企业的合作关系。

表6－1　日本财团的金融和商社资本分布状况（1967年）

	三井集团	三菱集团	住友集团	富士集团	三和集团	第一劝银集团
	二木会	金曜会	白水会	芙蓉会	三水分	三金会
银行保险	三井银行 三井信托 三井生命 三井海上	三菱银行 三菱信托 明治生命 东京海上	住友银行 住友信托 住友生命 住友海上	富士银行 富士信托 富士生命 安田海上	三和银行 东洋信托 日本生命	第一银行 朝日生命 富国生命 日产海上
商社	三井物产 东食 东棉	三菱商事	住友商事	丸红商事	日商岩井 日棉	伊藤忠

贸易和投资密不可分，国际贸易与海外直接投资有着十分密切的关系。综合商社进行的直接投资大多数是与贸易密切相关的，以单纯获取利润为目的的投资为数极少，比如投资于资源开发业是为了稳定各种资源来源和价格等。总之，围绕着贸易和促进贸易，综合商社的金融功能在一百年内得到较好的发展。

探索中国商人自己的金融模式

资金实力和融资能力是大型流通企业开展经营、发挥商业职能的基础条件。作为我国大型流通企业发展的目标模式——中国式综合商社，必须具备较大的资金规模和融资能力，以实现一定的金融功能。

综合商社是流通企业，是这类企业的超自我价值实现，专职的流通企业都有可能发展成综合商社，政府应该帮助那些发展走在前面的流通企业，实现中国流通企业建立综合商社的梦想。而资金问题又是一直困扰我国流通企业发展的瓶颈问题。因此，借鉴国外经验，扩大流通企业规模，使其具备一定的金融能力，对于摆脱流通企业的经营困境、迅速扩大综合商社的经营规模、建立新型工商关系、建立新型的银企关系都有较大的意义。

中国的金融体制正处于转轨时期，目前的银行还属于统得较死的行业。对于较为垄断的金融市场，综合商社难以介入，其各种金融功能在目前的中国受到一定制约，更难一步到位。尤其是商社贷款功能在中国属于严格的金融业务，在我国现行金融体制下，贸易公司根本不可能进行金融业务操作，同时其资金来源受到极大的制约。

另外，综合商社金融功能的性质虽与我国非银行金融机构有相通之处，但在很多方面并不兼容，主要体现在：信托投资公司的信托业务主体是“受人之托，代人理财”，难以自主决策资金的投向，其特定的经营范围与综合商社的金融功能存在较大的位差，财务公司则限于集团内部融资，不能面向社会，差距更大。

所以，从目前体制上看，我国的综合商社要进入金融业、形成与金融机构相互持股的密切关系有困难。但是，金融资本、产业资本与商业资本相互融合是市场经济发展的必然趋势，国家也会逐步放松金融管制，为我国综合商社的发展创造相对宽松的金融环境，我国综合商社的金融功能应基于企业间信用，在外部环境和自身条件允许的情况下逐步发展。

我国还没有能与综合商社实力相比拟的企业，也没有严格意义上的综合商社，我们所要研究扶植赋予金融功能的综合商社还只是一个雏形，一个培养母体。我们要在这一母体上，使之迅速扩张并在金融和其他功能的辅助下继续扩张，尽早成为真正的综合商社。

■来源：《三井帝国启示录》中国档案出版社2006年8月，作者：白益民

第七章　无所不及的情报网络

真正的情报其实来自商品的交换，在商流、物流过程中产生了信息流，有价值的信息被提炼出来产生了情报。这个过程靠的是综合商社的整套网络和机制，各个经销商的布点，准确把握时间差和价格差，尤其是快速的信息传递和沟通。那么，日本综合商社是如何做到让信息和情报快速汇集和流动的呢?

三井物产在东京、纽约、伦敦、悉尼和巴林设有5个电脑控制中心，由人造卫星连接着驻海外87个国家和地区的149个办事处，其通信线路总长达44万公里，可环绕地球11圈。利用密布世界各地的信息网，三井物产不停地收集经济、政治、军事、科技、社会等各类信息，并进行综合性、战略性的研究。

有效情报是指从海量的信息中提取关于某个部门或者某种产品、商品的信息，而这个工作需要“专家”来完成，也就是商社里的商人，商人们因为长时间从事某种工作而成为这方面的专家。这些有组织的商人长期地集合在一起，最终成为综合商社真正的情报系统。

作者题注：

当今社会是信息的社会，国与国之间、企业与企业之间比拼的早已经超越了实际的产品，而升级成为一种信息战。在这场战役中日本之所以能够屡次取胜，与其高效严密的情报系统不无关系，这对于中国也有着很强的借鉴意义。

本章提要

日本的综合商社集贸易、金融、信息功能于一体，它们的情报搜集、加工处理和传递能力堪称世界第一，远远超过了日本政府。其情报体系的工作效率相当高，传递情报的速度十分惊人，甚至被认为在美国中央情报局之上。

依靠着昼夜不停的通信网，日本综合商社注视着世界每一个角落的风云变幻，掌握着世界各地的经济动向和贸易上所需要的任何一个哪怕是极其微小的情报，以提高在世界贸易中的竞争能力。

日本财团的企业群因此可以通过分工，行动一致，做到知己知彼、百战不殆。物流企业是“情报高速公路”，也是财团企业的血脉联系。“高速公路”修到哪里，财团的据点就扩张到哪里。

综合商社情报工作的一个重要特征：共享性。由于企业间的协调关系，因此，这里的共享不仅包括内部共享，还包括跟外部的关联企业进行共享。例如丰田属于三井财阀，所以三井物产得到的一些信息就要与丰田共享。

商社里面并没有专门的一群人研究情报，一线业务员、业务骨干、部门管理者都是情报员，知行合一。也没有固定的情报分析培训，企业通过实践教育员工应该去获得什么样的信息和情报，培养目标性。

日本商社历来都有为国家提供情报服务的传统，将之视为“爱国的一种义务”。日本的外务省国际情报局还经常与商社驻外办事处互通情报，并为商社的情报活动提供指导与帮助。

第一节
日本综合商社：超级商业情报局

2009年7月8日，力拓中国首席代表、哈默斯利铁矿中国区总经理胡士泰被中国警方拘留，这戏剧性地说明了商业情报在铁矿石谈判过程中处于一个何其敏感的地位。

更深一步说，自2003年以后，中国取代日本成为世界最大的铁矿石进口国，但却没有获得相应的定价话语权，到底是什么因素影响着话语权的归属？40多年来的铁矿石基准价格体系中，日本一直占据主动，又是什么原因？

无孔不入的综合商社

20世纪五六十年代，日本最大的综合商社三井物产开始在海外购买铁矿石，然后和国外签订长期合同，进一步投资矿山，最后进入矿山企业的董事会。由此，三井物产积累了丰富的铁矿石贸易经验，并且通过签订长期贸易合同、投资、参股、成立合资公司、参与经营等诸多手段与矿山企业形成了利益共同体。

仔细研究，可以发现：日本的钢铁公司和综合商社是一个利益共同体，它们之间存在着相互持股或共同投资的关系。例如，铁矿石价格上涨，拥有巴西淡水河谷（CVRD）18%股份的三井物产就多赚一些，然后在进行铁矿石贸易时让利给新日铁，这也是为什么铁矿石谈判总是淡水河谷与新日铁率先达成协议。当铁矿石便宜了，新日铁成本降低，三井物产负责钢铁制成品销售的时候也可跟着获利。

在铁矿石谈判中，日本有关的企业高度集中，长期以来都只有一个对外的声音。日本的铁矿石谈判权表面上是在新日铁等钢铁企业，其实掌握在综合商社手里，只是台前幕后的分工不同而已。日本国内只有新日铁、JFE（川崎制铁与日本钢管合并而成）、住友金属、神户制钢所和日新制钢等5家企业有冶炼厂。负责进口铁矿石和销售钢铁制成品的则主要是三井物产、伊藤忠商事等日本综合商社，运输部分则是由商船三井、日本邮船等公司承担。

在海外，日本综合商社与钢铁企业有大量合作投资或是配合密切的子公司。例如，三井物产把新日铁引入上海宝钢，成为其全方位的合作伙伴，而自己又与上海宝钢成立钢铁物流公司——宝井，从而深入到钢铁产业链的各个环节。由此，三井物产可以轻易掌握中国钢铁企业各层面的商业情报，为其掌握的上游铁矿石资源（如巴西淡水河谷）提供准确的定价依据，从而在与中国买家的价格谈判中占据主导地位。

值得关注的是，日本综合商社在四五十年前就去印度、澳大利亚等地寻找新资源、建立据点、构建网络。日本人的观念里，做生意的本质就是利用信息不对称，这又包括：数量上的不对称、质量上的不对称和速度上的不对称。从这一点来看，综合商社就是一个情报局，无论在对上游资源端的控制或对下游销售端的构建上，都是为情报流通服务的。

情报能力媲美中情局

日本的六大综合商社都不遗余力地建立强大的情报系统。日本综合商社的工作效率相当高，它们传递情报的速度十分惊人，甚至被认为在美国中央情报局之上

日本的综合商社集贸易、金融、信息功能于一体，它们的情报搜集、加工处理和传递能力堪称世界第一，远远超过了日本政府。最大的综合商社有 6 家，即：三井物产、三菱商社、伊藤忠商事、丸红商事、住友商社、双日（日商岩井、日棉）。它们在世界 187 个城市设有 800 多家分支机构，向国外派出 1.6 万余人，重点搜集各国的经济、政治等情报。

强大的情报网络对综合商社的商品交易特别重要，因为即使在很遥远的地方发生的危机都可能对商品价格产生深刻的、直接的影响。**因此，日本的六大综合商社都不遗余力地建立强大的情报系统。日本综合商社的工作效率相当高，它们传递情报的速度十分惊人，甚至被认为在美国中央情报局之上。**

综合商社大约5～60秒钟即可获得世界各地金融市场行情，1～3分钟即可查询到日本与世界各地进出口贸易商品品种、规格的资料，3～5分钟即可查出国内外1万多个重点公司的各年度生产情况，5～10分钟即可查出各国政府的各种法律、法令和国会记录，5分钟即可利用数量经济模型和计算机模拟画出国内外经济变化带来影响的曲线图。各大商社的情报部门再利用这些情报信息开展各种各样的信息服务，如信息编译、咨询，以及竞争对手及其市场占有率、产品质量、品种、价格的动态分析等。

日本各大商社和大企业都有一套依靠计算机和通信网络支撑的反应快速灵活的情报传递网络。例如：三井物产拥有一个最先进的综合情报系统，叫作“三井全球通信网”，是日本几大综合商社海外信息网中最有代表性的。三井物产公司依靠这个昼夜不停的通信网，注视着世界每一个角落的风云变幻，掌握着世界各地的经济动向和贸易上所需要的任何一个哪怕是极其微小的情报，以提高在世界贸易中的竞争能力，为打入和占领世界市场进行不懈的工作。

日本商社历来有为国家提供情报服务的传统，将之视为爱国的一种义务。日本的外务省国际情报局还经常与商社驻外办事处互通情报，并为商社的情报活动提供指导与帮助。商社则利用其在全球众多的分支机构、雄厚的资金、先进的设备与专业人员，为外务省国际情报局的情报活动提供有力的支持。

综合商社的情报部门总部都设在日本本部，由一位副总经理负责。他统一搜集并分析国内外汇总来的情报信息，并把精选出的情报提交给有总经理和董事出席的上午碰头会进行讨论。日本商社情报工作有一个显著特点就是重视对全体员工的情报教育。各商社招聘来的工作人员都要接受三年的包括情报技能在内的岗位培训，以及搜集情报训练。凡驻海外办事处的人员大都有搜集情报的任务。在搜集情报方面，各大商社不仅有专职的情报人员，而且注重营造一种人人抓信息的氛围，让每个职员都成了企业的信息员。

为什么日本能而中国不能？

面对垄断型的铁矿石巨头，中国方面信息过于公开化，一般的新闻记者都能了解到很多协议签署情况、库存水平及需求量等信息。中国有铁矿石进口资质的企业共有112家，钢铁企业、贸易商和中介公司都可以对外询价和咨询，很轻易就向对手泄漏了商业情报，让它们很容易就了解到各个企业、市场和港口的原料库存、进口矿的平均成本及生产进度等信息。

在“力拓案”中，力拓虽然是矿山企业，但是其行为在某些方面同日本综合商社的做法并无二致：在中国设有据点，聘请专业人才和“敲门砖”人才

日本综合商社最宝贵的资源就是人才，大体上有两类：一类是拥有专业商品知识和贸易技能的人才（一般是日本人），另一类是拥有丰富人脉资源，类似于“敲门砖”式的人才（一般是当地人），当然也有些超级人才是“专业”和“人脉”两种功能都具备的。

其实，在“力拓案”中，力拓虽然是矿山企业，但是其行为在某些方面同日本综合商社的做法并无二致：在中国设有据点，聘请专业人才和“敲门砖”人才。像胡士泰一方面跟中国大型钢企保持大量业务往来和很密切的关系，另一方面又跟中小钢企频繁接触，甚至签署长期供货协议，在中国钢企之间左右逢源。力拓在主动推销产品的同时也接受很多中国钢企的询价及咨询，这样也很容易摸清楚中国企业的需求量、库存水平以及谈判底线。

如何构建商业情报防火墙

铁矿石价格谈判，就像是跟外国军团在打仗，只有知己知彼才能保证获胜。针对这种铁矿石谈判失利的局面，中国应高度重视有关的商业情报工作。

首先应该在国内建立一个屏蔽机制，把对外窗口控制在为数不多的几个公司手中，询价权放在窗口公司，不让外界能轻易控制铁矿石等资源商品的定价。为此，中国企业想取得信息的不对称优势，先得转变信息不对称的劣势。

面对现在开放的市场环境，构造对外窗口的时候，中国需要有一个像综合商社一样，结合金融、产业和贸易的企业实体来跟海外垄断巨头对话，而不是一些纯生产型企业。综合商社作为铁矿石交易的主角，表面看是一个贸易企业，实际上是一个“产业投行”。例如，三井物产号称世界最大的贸易公司，而在它的股东中，排名前十位的三井住友银行、中央三井信托银行等都是金融机构。

此外，有关部门对中外合资或外国独资的流通企业及仓储企业也需要重点关注。像钢铁物流中的资金流、信息流、票据流等都是重要信息，如果大量商品物流让合资或独资企业来做，各种重要情报必然会让谈判对手获得。而且，还要加强对港口及港口仓储的管理，各种动态的存储信息及运输信息需加强保密。

总之，中国铁矿石谈判是个很好的例子，让人清楚地看到在中国经济体制中，完成对中国钢铁企业的整合并一致对外，需要一个具备“产业投行”功能的综合商社来实现。

■来源：《第一财经日报》2009年7月，作者：白益民

第二节
三井物产：比中情局更牛的情报网

你能想象获取商业秘密的最快时间是多少？

5～60秒钟即可获得世界各地金融市场行情；1～3分钟即可查询日本与世界各地进出口贸易商品品种、规格的资料；3～5分钟即可查出日本国内外1万多个重点公司的各年度生产情况；5～10分钟即可查出各国政府的各种法律、法令和国会记录；5分钟即可利用数量经济模型和计算机模拟画出日本国内外经济变化带来影响的曲线图……再利用这些情报信息开展各种各样的信息服务，如信息编译、咨询，以及竞争对手及其市场占有

率、产品质量、品种、价格的动态分析等。

这就是三井物产的实力，它作为日本最大的综合商社之一，其强大的情报网络甚至被认为在美国中央情报局之上。

高效运作的情报体系

日本企业家中流行一句名言："情报就是金钱"。因此日本的大公司都具备较强的情报能力，而情报能力最强的则是集贸易、金融、信息功能于一体的综合商社，它们的情报搜集、加工处理和传递能力堪称世界第一。

综合商社就是一个情报局，在日本，号称世界最大贸易公司的三井物产，它拥有一个最先进的综合情报系统，叫作"三井全球通信网"，是日本六大综合商社海外信息网中最有代表性的

所谓情报就是在商流与物流之中所产生的一种信息流，而真正的情报来自商品的交换，在交换的过程中发现商机。在日本人的观念里，做生意的本质就是利用信息不对称，这又包括：数量上的不对称、质量上的不对称和速度上的不对称。

从这一点来看，综合商社就是一个情报局，无论在对上游资源端的控制或是在对下游销售端的构建上，都是为情报流通服务的。

在日本，号称世界最大贸易公司的三井物产，被称为"产业组织者"，它拥有一个最先进的综合情报系统，叫作"三井全球通信网"，是日本六大综合商社海外信息网中最有代表性的。

早在四五十年前，三井物产就去印度、澳大利亚等地寻找新资源、建立据点、构建网络，迄今已有上千家子公司分布全球，200 多个办事机构、办事处分布在全球的 80 多个国家，就连日本政府的信息也没有三井物产的快，哪儿发生了什么事，政府部门都会立刻打电话问这家商社知道不知道。

那么，三井物产如此庞大的情报体系究竟如何运作呢？

三井物产全球通信网始建于1971年。在没有电脑、网络的时代，三井物产就利用电传机和中央数据处理系统来联系全球。

20世纪90年代，三井物产进行了大量投资，建立现代化的通信网，每年的电报、电传费就高达6000万美元，约占公司总开支的10%，相当于支付员工工资总额的1/3。任何一位员工在任何时候都能及时了解其业务范围内所需要的全球信息，而东京总部则能看到全世界所有的最新资讯。

到了电脑普及的今天，三井物产通过其设在东京、纽约、伦敦、悉尼和巴林的5个电脑控制中心，由人造卫星连接着驻海外87个国家和地区的149个办事处——其通信线路总长达44万公里，可环绕地球11圈，从里约热内卢到相距最遥远的约翰内斯堡，一个信息走完行程4万公里只需5分钟。

不仅如此，三井物产在日本国内50个大城市也建立了信息网，其情报信息中心面积达12.5万平方米，信息通信系统昼夜24小时不停运转，不停地收集经济以及国际、政治、军事、科技、社会等各类信息，进行综合性、战略性的研究，每天都有高达6.5万份情报在传送。

除此之外，三井物产情报部门总部设在日本总部，由一位副总经理负责，他每天都会统一搜集并分析国内外汇总来的情报信息，并把精选出的情报提交给有总经理和董事出席的上午碰头会进行讨论，每天送给公司最高领导人审阅处理的都高达100份。

正是依靠这个昼夜不停的通信网，三井物产注视着世界每一个角落的风云变幻，掌握着世界各地的经济动向和贸易上所需要的任何一个哪怕是极其微小的情报，以提高其在世界贸易中的竞争能力。

“人的三井”

信息全球化、情报网络化、决策高度集中、供需快速反馈——如此强大的情报网络对三井物产的商品交易非常重要，因为即使在很遥远的地方发生的危机，都可能对商品价格产生深刻的、直接的影响。如果说三井物产在海外成立众多子公司和合资公司是在完成战略布局，那么三井物产的情报力量就让一盘棋顿时被激活。

可是在今天国际互联网的时代，综合商社的情报优势还有吗？

回答是肯定的，因为信息的背后是人，互联网只能更强化商社的情报功能。曾任日本贸易振兴会的海外调查部部长的木村说过："情报工作最重要的是人，是具有分析能力、判断能力、熟悉情报业务并能独立工作的人。"现在信息技术使情报传递和收集的成本大幅下降，但是商业情报体系的建立和情报人员的培养不是一朝一夕就能够建立起来的。

情报是指从海量的信息中提取关于某个部门或者某种产品、商品的信息，而这个工作需要专家来完成，也就是商社里的商人，商人们因为长时间从事某种工作而成为这方面的专家。这些有组织的商人长期集合在一起，最终成为真正的情报系统。

情报工作最重要的是人，是具有分析能力、判断能力、熟悉情报业务并能独立工作的人。而商业情报体系的建立和情报人员的培养不是一朝一夕就建立起来的

三井物产始终重视情报人员的培养教育工作，把人才视为决定性因素、最宝贵的资源。这些人才大体上有两类：一类是拥有专业商品知识和贸易技能的人才（一般是日本人），另一类是拥有丰富人脉资源，类似于"敲门砖"式的人才（一般是当地人），当然也有些超级人才是专业和人脉两种功能都具备的。

这些人都是非常专业的人才，他们懂得在信息的海洋里拣出真正有价值的信息。因此，三井物产在全球建立起来的国际化的人脉网络仍然是最有价值的情报平台。

不仅如此，三井物产情报工作的一个显著特点就是重视对全体员工的情报教育。商社招聘来的工作人员都要接受三年的包括情报技能在内的岗位培训，以及搜集情报训练。凡驻海外办事处的人员大都有搜集情报的任务。在搜集情报方面，三井物产不仅有专职的情报人员，而且注重营造一种人人抓信息的氛围，让每个职员都成了企业的信息员。

与中国不同的是，在日本，年轻职员每天都被要求做大量的报告，报告的内容是个人认为有价值的信息，当世界各地相关领域的伙伴对此进行关注并发现商机时，就会与发出信息者进行讨论。信息发出者一般只有在想创造新的业务、新的商机时才会发出信息。

当然，这些严格的报告要求，一般只是对新人尤其是外籍职员实施的，对于已经形成习惯的人则不再做硬性要求，而是凭个人自觉。

对于外籍职员，企业要求每次出差必须发报告，而日本职员则只要在睡觉前将当天的报告提交上去即可。但是日本实际上实行的是师父带徒弟的模式，因此这种每天将自己所得的信息与人进行沟通的习惯的建立，靠的不是制度，而是一代代在新旧交替中的传承。

商业情报局

据统计，像微软这些企业的情报系统对企业经营的贡献率大约是17%，而像三井这种贸易财团则是以信息为最终的经济效益，其情报就是整个公司的命脉。

日本缺乏资源，因此日本的企业靠的并非是产品而是情报，靠情报来获取技术、市场、资源和渠道。以日本的粮油食品部门为例，国与国的产品信息就非常重要。

首先是信息搜集。例如玉米是饲料行业的作物，所以一个玉米方面的专业人才会搜集与饲料有关的情报信息。除了看《中国畜产报》这样的刊物所公布出的信息之外，还需要搜集一些市场上的价格信息和各地的产量数据、天气数据等，以及猪肉、鸡肉等的存栏，以便提前判断好饲料的需求量。假如中国的玉米先卖到日本市场，等中国玉米资源不足时，三井物产就可以把美国的玉米卖到中国市场。日本是不产玉米的，但可以利用这套体系进行全球资源配置。

其次，当信息的收集工作完成后，收集者要首先对信息作出一个自我判断，然后将原始信息加上个人评论后按照相应的规定发送到相关部门。

当某个人发送的消息多而且准确的时候，对方就会很愿意为这个人提供其需要的信息，从而使个人在内部形成一个交互的个体。这种网络的建立靠的不是公司的规章制度，而是个人沟通。

由于日本职员实行的是终身雇佣制，福利等都由企业承担，因此企业就是家，所以日本员工工作、加班非常自觉、主动，是不用考核制度的。

欧美企业实际上也有这种现象，但是欧美企业更加讲究个人主义和自由，因此无法形成与共生、共荣文化相关的情报分享氛围。

再次，这些信息发出后，东京的业务部门会立即和美国进行交流并作出判断，看其中是否存在商机。东京有专门团队负责分析内部、外部汇总的信息，团队规模大小不等，一般为十几个人。刚进去的大学生负责派船、装货、与客户沟通等简单事宜，两年之后可以做内部计算并同时学会看合同条款。五年之后就能成为判断市场的人，能够根据期货市场、现货市场和船运市场等情况进行情报汇总。

这里就不得不谈到三井物产情报工作的又一个重要特征：共享性。由于企业间的协调关系，因此，这里的共享不仅包括内部共享，还包括跟外部的关联企业进行共享。例如丰田属于三井财阀，所以三井物产得到的一些信息就会与丰田进行共享。

反情报与战略研究所

日本的信息情报的共享性非常强，看上去似乎很容易造成信息的外流，然而三井物产这类日本商社并不担心这个问题。

第一，日本人内部没有叛徒。在日本人看来外泄资料这种做法是不道德的，日本人不轻易换公司，即使换了公司也不会将以前公司的情报泄露出去。这与崇尚自由的美国是不同的。

第二，在与中国员工一起工作时，日本人是有防备心的，有些文件不允许中国人知晓，会议不允许中国人参与，信息只是在日本人之间流通。这类信息多是涉及核心竞争力的战略信息。

但与此同时，在日本，由于所有的情报都是共享的，因此除一些坐落在财团体系内的战略研究所或者是一些宏观经济方面的研究机构之外，日

本不存在特别专业和独立的情报或者信息部门。

这些研究所的研究课题可以根据自己的兴趣来确定，也可以是当业务部门想对某个问题进行深入研究而又没有时间和精力时，提出课题后由研究所做跟踪研究。这些研究所属于智能部门，与秘书室、行政人力资源部等平级。这些部门在日本企业中也处于非常重要的地位。

比如三井物产的战略研究所。从 1991 年 10 月开始，三井物产将情报调研部独立，升格为三井物产贸易经济研究所，并进一步完善各种职能。现在，这个研究所已经更名为三井物产战略研究所。研究所的所长又同时在某大学担任校长，还是日本政府和鸠山政府的智囊。日本产业、经济方面的决策都来自这些真正财团的研究机构，而不是靠大学。

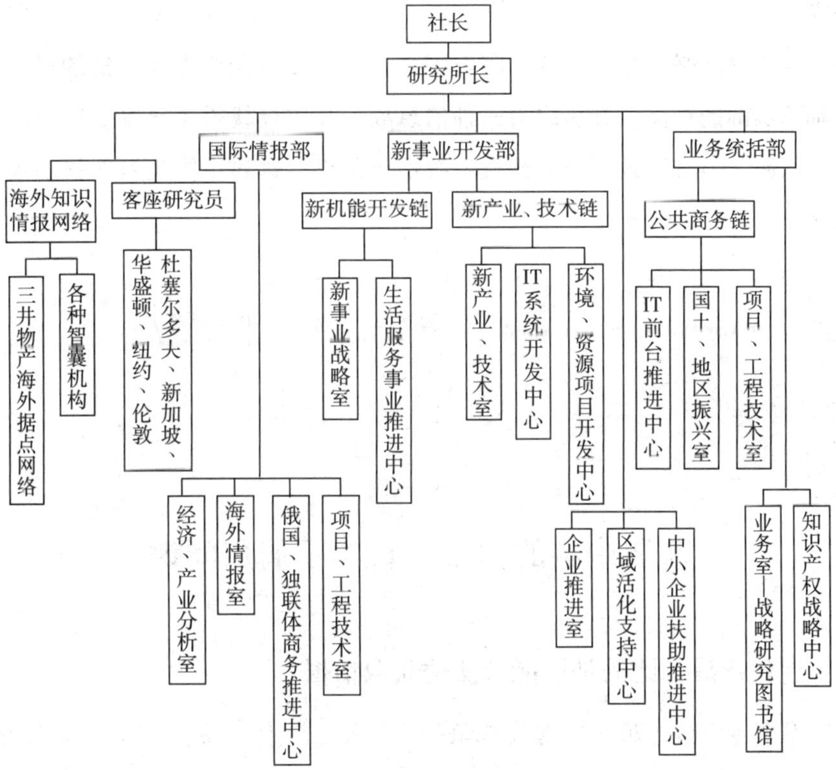

三井物产战略研究所组织结构图

由于中国和欧美企业中的人是流动的，因此就要有一个专门的部门来负责搜集、管理这些材料，而决策的制定则是靠大学。但大学教授其实并不懂商业，也不懂情报，不懂真正的研究。大学教授只是将已经发表的论文和书籍进行重新拼凑，这种方法远落后于日本的战略研究所。

三井物产战略研究所作为民间研究机构，从研究的深度、广度和企业的接受程度来看，都比政府的研究机构更有效率。特别是宏观经济研究领域，三井物产战略研究所的成果更是被日本企业界认为是经济变化的风向标，就连日本政府也经常利用它的信息。

日本商社历来有为国家提供情报服务的传统，将之视为爱国的一种义务。日本的外务省国际情报局还与商社驻外办事处经常互通情报，并为商社的情报活动提供指导与帮助。商社则用其在全球众多的分支机构、雄厚的奖金、先进的设备与专业人员给外务省国际情报局的情报活动提供有力的支持。

当今社会是信息的社会，国与国之间、企业与企业之间比拼的早已经超越了实际的产品，升级成为一种信息战，在这场战役中日本之所以能够屡次取胜，与其高效严密的情报系统不无关系，这对中国也有很强的借鉴意义。

■来源：《商界》2011年8月，作者：白益民

第三节 获取中国的情报，日本不屑用间谍

现代商战，比的是谁能合法地获取情报

军事专家讲，70%的现代战争是打后勤。现代的商战何尝不是如此！在谁能获取充足的商业情报，谁就能获得商业战争胜利的时代，物流就是后勤，就是合法获取情报，进行“商权”控制的最重要因素之一。

物流企业的业务往来中，包含了行业的各种信息，经过汇总、整理、分析，就可以了解整个行业的运行情况。如果说通过商业间谍去打通产业

各个环节是阴谋、是违法的，那么，通过掌握产品物流的各个环节，然后分析出最有价值的商业情报，进而最终形成对本行业的控制，就是“阳谋”、是完全合法的。

随着传统制造业与物流业的融合，物流供应链越来越成为影响一个产业甚至一国经济命脉的重要力量。一旦链接产业各个环节的物流渠道掌握在别人手里，就足以给我们的产业带来致命影响。

中国媒体曾经一直在热议铁矿石公司在对外谈判中失利的事件。笔者认为，其根子就在于我们这个号称在生产、消费、出口三个方面都是“钢铁世界之最”的大国，没有掌握原料、钢铁产品和相关物流的主动权，以至于没有掌握及时、可靠和全面的商业情报，而对方却通过各种途径，包括非法手段获取情报，导致了中方后期的谈判失败。在这方面，日本财团的经验是值得参照的。

日本财团是怎样公开合法地获取情报的

2009 年 5 月，日本的新日铁率先与力拓就 2009 年铁矿石谈判达成降价 33%。由此，中国钢铁企业与力拓的谈判陷于极其被动的局面，而且双方矛盾不断激化。

新日铁快速与力拓达成铁矿石价格协议的主要原因在于，新日铁通过众多密布在中国的日本财团的钢铁生产企业和相关物流企业，已经洞察到中国市场将带动铁矿石现货价格上涨。事实上，新日铁、三井物产、商船三井、上海宝钢、巴西淡水河谷形成了一个利益共同体，归属三井财团这个大经营系统之中。其中，物流公司成为它们之间重要的纽带关系和情报交换通道。

早在 2002 年 7 月，三井物产（三井财团的综合商社）与中国最大的钢铁企业上海宝钢签订了一项综合合作协议。不到半年，与这两大企业相关的某家从事金属材料的加工、配送及管理服务的物流企业成立。三井物产钢铁制品本部首席运营官渡边清贵对该项合资的解释是：“通过与宝钢的合作，三井得以实现在中国逐步建立覆盖全中国的钢铁加工物流网络，其中包括将中国国内的钢铁服务中心都纳入到我们高效的系统中来。”

这句话看似外交辞令，其中却暗藏玄机。“入世”前，中国政府控制物流等国民经济的命脉，日本财团参与中国的市场竞争，其“战略后勤”只好放在境外，打起仗来未免不那么顺手。中国“入世”后，日本财团的“战略后勤”前移，甚至与中国本土的物流和营销网络服务交融。

尤其是中国“入世”过渡期结束，物流业全面开放，日本财团的综合商社在华扩张步伐明显加快。它们依靠强大的资本和经营实力，在中国市场迅速扩张布点，抢占稀缺的物流网络资源，获得市场领先地位。从钢铁物流到铁矿石物流，日本财团企业做到了有机的结合。

日本财团的企业群因此就可以通过分工行动一致，做到知己知彼，百战不殆。物流企业是“情报高速公路”，也是财团企业的血脉联系。“高速公路”修到哪里，财团的据点就扩张到哪里。相比商业间谍，日本财团的物流企业显然更为可怕。

物流的商业威力到底有多大

中国最著名的“照片泄密案”：日本财团根据 1964 年《中国画报》上一张照片就揭开了中国当时最大的石油基地——大庆油田的秘密

实际上，物流与商流、资金流和信息流联系在一起，这“四流”构成了一个完整的流通过程。“四流”互为依存，密不可分，相互作用。无论是买卖交易，还是物流和资金流，这三个过程都离不开信息的传递和交换。没有及时的信息流，就没有顺畅的商流、物流和资金流。因此，三井物产不需要动用什么“间谍”或者寻找“内鬼”就可以获得中国钢铁产业详尽的动态信息。

物流不仅仅是促成了情报交换（信息流）这样简单。中国加入世贸组织的过渡期结束后，物流业全面开放，外资在华扩张步伐明显加快。它们占据了越来越多的战略资源和市场话语权。

在钢铁产业链的铁矿石运输环节，由于有着三井财团的血统，商船三井公司（MOL）和宝钢建立了长期稳定的合作，双方铁矿石长期运输合约持续时间大多超过20年，2003年开始负责从西澳大利亚向上海每年运送500万吨铁矿石，同时每年为宝钢承运巴西进口矿约130万吨。到2009年时，商船三井为宝钢每年承运1000万吨以上的铁矿石。显然，商船三井和其子公司商船三井物流借助它们拥有的巨大网络，有足够的能力把握中国乃至全球铁矿石市场的情报，并与三井财团的成员分享。

经济全球化背景下，不仅是日本财团，其他外资物流巨头在华谋求独立的物流供应渠道也是必然趋势。这些外资企业还向我国重要的物流设施资源渗透，建立独立的包括海陆空的物流体系，对接其全球供应链。同时，外国企业巨头还通过合资方式涉足铁路运输，进一步向我国内陆运输延伸。此外，中国出口货物60%的结算方式为FOB，定舱权由国外买家掌握，很多买家都指定外国船公司为承运人，因此国内货主不得不使用外国公司的船。这些优势使得外国船东在中国海运市场拥有巨大的话语权。

公路运输网、港口、铁路、航线等物流设施资源对国民经济具有战略意义，是“战略后勤”的重要组成部分。在全球产业转移过程中，中国本土的企业参与不够。此外，中国物流企业的观念，还停留在“多干快上”的初级阶段，以工具的多少、承载量的大小等基础行业数据作为发展指标，仅仅是从业务链条进行分析评估而已。

目前来看，由于中国物流市场和产业发展比较初级，企业物流管理理念滞后、水平整体不高。在一些领域，外资取得了较大的市场优势，因此对全行业已经拥有相当大的话语权。因此，中国企业必须行动起来，建立合纵连横的财团体制，打造中国独立自主的遍及全国乃至全球的物流体系，夺回产业发展的话语权和控制权。

■来源：《环球财经》2009年7月，作者：白益民

第四节

日本商社——人人都是情报官

信息和情报的获取和分析能力是日本商社的核心竞争力。日本商社的每一个员工共同构筑了日本商社的情报竞争力。

日本商社：人人都是情报官

我在三井物产商社工作多年，我理解商社的核心竞争力就是商业情报，贸易机会都是建立在信息或者情报流动的基础之上。最早强大起来的日本企业就是商社，商社出海的时候先在海外建立各种据点、办事处，进行产品进出口活动，最后形成集约化、大规模的进出口贸易集团，这样的商业形态下情报就容易汇集，同时商社也高度依赖情报。

真正的情报其实来自商品的交换，在商流、物流过程中产生了信息流，有价值的信息被提炼出来产生了情报。以我曾经工作的粮油食品部为例，商社这样进行全球资源调配：日本不产玉米，那就买中国的玉米；中国缺玉米的时候再把美国玉米卖到中国来，完成贸易。

这个过程靠的是商社的整套网络和机制，各个经销商的布点，准确把握时间差和价格差，尤其是快速的信息传递和沟通。那么，日本综合商社是如何做到让信息和情报快速汇集和流动的呢？

硬件促进信息共享

硬件只是确保信息能够快速流动，信息成为情报，最主要是依靠人员——只有专家才能把信息提炼为情报

我是在 1993 年进的三井物产，那时候电脑还没有普及，更没有 Email、Internet。但三井有电传机，类似于商社内部的因特网，一按按钮就能把信息发出去，可以包含标题、关键词，那边有个显示器，接收到后打印出来给相关人员，基本上就是简化的

Email。这个电传机联系全球 80 多个国家的 200 多个办事处。我天天就在电传机上写报告，全球的上百家机构都能够看到我发送的信息。

三井的电话通信体系也很发达。比如说我在北京，随便拿起电话，就能像打市话一样打到全球各地——三井专线包租了光缆，几个代号就能拨到纽约去。

这些硬件设施让情报在三井物产内部并不是一个简单的信息搜集，更多的是信息共享——让关联的企业和机构能够共享某一信息，让每个人从中筛选对自己有用的信息，而不是汇集到总部去，其他人却看不到。

最重要的还是人

硬件只是确保信息能够快速流动，信息成为情报，最主要是依靠人员——只有专家才能把信息提炼为情报。日本商社的专家是如何形成的呢？

第一，专业。日本商社的商人、员工，终身基本上就是围绕自己从事的工作转。比如我做粮油贸易，或者做玉米、大米这种粮食产品，一辈子都干这个，谁还能比我更专业？这是日本终身雇佣制的结果。商社员工之所以能够成为专家，因为他很稳定，都是有组织有归属的人，长期集合在一起，这才是真正的情报系统，是有血有肉的情报系统。因为年功序列制，这些专家还不断培养出新的专家。

我那时候搜集的数据都跟东京、美国的三井共享。东京有更大的专家团队每天观察全球动态，判断到底是不是有商机。

有一年我发现中国国内小麦减产，判断中国有可能需要进口小麦。而且我还注意到胡锦涛要去访美，估计少不了签单，于是就把这些信息分享给了东京和美国方面。东京和美国方面密切关注这件事，紧锣密鼓地展开电话交流、客户拜访，它们在美国与中粮密切接触，终于成交。表面上是中粮买了美国的小麦，背后实际上是三井在做，跟中粮签单的是三井投资的一家占 50% 股权的美国企业。

作为专家，我把我认为有价值的信息分享给各地的同事，时间长了，大家就知道我这个人提供的情报准还是不准。有了信任，上级和其他专家就会重视你的专业能力。

第二，敬业的文化和习惯。日本无论是商社还是大企业都要求员工当天就回复收到的问题。例如我从北京发出的信息或提出的问题，日本同事当天就要回复，即使回答不了也要回复，保证信息和交流通畅；日本企业还有做报告的习惯。例如出差到北京和中国人开了个会，晚上睡觉之前一定要把今天谈的东西总结出来发给总部。日本商社在华那么多的职员，每天都在干这事，那是多大的信息量！中国企业是做不到的。

我给各地的同事分享很多信息，主动性靠自己。我将信息提供给他们，因此当我向别人要信息的时候，他们也很愿意帮我。这些都是自己建立起来的好人缘。

日本商社并没有专门的一群人研究情报，一线业务员、业务骨干、部门管理者都是情报员，知行合一。也没有固定的情报分析培训。我刚进三井时什么也不会做，东京方面就总是问我问题，时间长了，我就会去一线询问、研究，把问题都弄清楚了再汇报给东京。就这样通过不断地问，企业实际上教育了我应该去获得什么样的信息和情报，让我做事有目标性，情报能力就被逼出来了。

及时、共享、专业、规模

日本企业有很强的协作管理能力，共享不只限于内部共享，还包括和外面关联企业、财团进行共享

总结而言，日本商社的情报系统有几个特点。

第一是情报及时性很强，当天的事情当天就细化报告，我在中国参加什么会议，在会上学到什么了，跟谁吃饭，跟谁交流，得到什么信息，都写到报告里，马上发出去。商业情报本身也有很强的时效性，隔几天这信息可能就没用了。

第二是共享性很强。日本企业有很强的协作管理能力，共享不只限于内部共享，还包括和外面关联企业、财团共享。这和日本的文化是有关系的，在日本人内部是没有叛徒的，不像美国人，换一个公司，可能什么都敢干。

第三是情报的专业性很强。中国学者的专业性往往是知识性的归纳，而这里的专业性，指的是有非常好的专业判断能力。互联网时代有海量信息，但如果你不是专家，你是分辨不出来的，很容易被误导。

最后是规模性和持续性。日本商社的情报规模很大，而且是可持续的，不是零零散散、断断续续的，各个地方情报会源源不断地自动地涌过来。

■来源：《中欧商业评论》2011 年 7 月，作者：白益民

第五节

离职员工自曝日本商社情报链

通常，日本商社培养一个贸易员兼情报分析人员，要 5 年以上的时间。经过锻炼，这位职员就能做到更高级别的贸易主管席位上，他不仅拥有了人脉、掌握情报的能力，还能在第一线做实时的买卖交易。

当得知力拓集团中国区的一位高管胡士泰因被确认为“刺探窃取中国国家机密”而被上海公安局调查之后，在日本一家著名财团的综合商社里任职十多年、现已辞职的邓先生①并没有特别震惊。

“力拓集团虽然生产铁矿石，但实质就是一个贸易商，跟三井这家企业很像。”时时刻刻收集讯息、把这些讯息转给上级部门并使公司获利，曾经是邓先生工作中重要的一部分。

这家著名的综合商社是怎样培训自己的员工成为一名合格的情报搜集和分析人员的？他们又是如何利用这些情报游刃有余地与当地人做贸易的？邓先生为我们揭开了一个真实的日本商社情报链。

如何传情报

邓先生工作的这家商社被冠以六大综合商社之一的名称，经营钢铁、

① 注：文中提到的邓先生就是白益民，我本人。

纺织、机械、化工、能源、电子和信息、粮油食品、有色金属、轻工建材的内贸、进出口贸易和转口贸易等多项业务，以及作为“产业组织者”参与众多领域的投资。

1980年，这家商社在北京设立了首家中国事务所，如今在华已发展成为拥有14个事务所以及110余家合资、独资企业的大规模办事、贸易和生产机构。

邓先生告诉记者，该商社没有真正的情报机构，承担信息传递工作的不是别人，恰恰是像他这样的贸易职员。

每天早上，从事粮食贸易的邓先生会收到来自公司各国家、地区办事处的上百封邮件。而公司内部强大的“综合情报系统”也会为邓先生和他的同事们提供数以万计的内部数据、各国经济与政治信息的支持。

“大部分的邮件都是我经常联系的同事写给我的讯息，如产品的期货和现货价、库存、贸易量、装船情况；而公司的内部系统则有更系统的年度、季度数据汇总、分析报告等等。”

早在20上世纪70年代还没有Email时该商社就已大规模使用一种名为“电传机”的设备用于传递信息

如果中国各地的粮食库存、价格有什么变动，邓先生自己也会登陆国内的各种专业网站，把紧要的数字及时送达到其他人的邮件里。

“每个行业不同，职员们的信息收集方式也存在差异。比如食品行业的同事出差的频率会比较多，他们会和生产商、经销商做更仔细的沟通；我出差的时间不算太多，原因是粮食类的信息时时刻刻在变动，自己就要分配较多的时间在观察和汇总这些数据上。”

邓先生告诉记者，其实早在20世纪70年代，尽管还没有Email，三井商社就已大规模使用一种名为“电传机”的设备用于传递信息。

现在有了计算机、Email后，信息的互动也变得更快、更全面。“比如我想更多地了解一个不熟悉的粮食品种，这个品种最好由一位巴西同事负责。我可以从通信簿中很快找到他的名字，并发电邮询问其价格和库存等。而我个人也要时刻接受陌生同事的询问。”

除了商社内部交流，向外界打听产品的产量、销售价格也是另一个重要的情报搜罗方法。与他交往最多的就是一家大型国企。

“但这家企业和其他客户多数时候会守口如瓶，他们一般会说不知道。不过也可能他们真的不知道。我们一般会请客户吃吃饭、聊聊天，这些过程中会获得一些信息。”

分析和整理情报甚为关键

拿到了情报之后，业务人员该如何使用呢？

“海量信息是否有用，归根结底还要靠人的经验判断，而这显然需要很长的时间来磨炼。”日本商社通常培养一个贸易员兼情报分析人员，要5年以上的时间。

起初，刚毕业进入该商社的大学生会专门负责名为“Delivery”的工作：他们安排贸易品装船、排期，看库存等等。两三年之后，公司将派他直接去和客户谈合同。

这一阶段中，公司的员工们能逐步熟悉相关的贸易法、掌握谈判技巧，并加深对客户所在企业经营情况的认知与了解。而且，在彼此的沟通中，职员更能慢慢地学会培养与客户之间的感情。这个阶段需要5年甚至更久的时间。“你会从这些工作中，慢慢地学会甄别情报、培养自己的判断能力，了解哪些情报是很有用的。”

经过锻炼，这位职员就能做到更高级别的贸易主管席位上，他不仅拥有了人脉、掌握情报的能力，还能在第一线做实时的买卖交易。

向上级传递

当然，更重要的买卖决策不是掌握在各国子公司的职员手里，而是在东京总部。一些较有价值的讯息或数字，工作人员会简单地做出一些表格，但最后会由总部的后台做数据的整理和挖掘。**三井商社的神经中枢就在东京，各国、各地区的钢铁、粮油、电信等数据都会传回那里。此后，**

总部会有专人统一搜集并分析国内外汇总来的情报信息，并把精华提炼出来，给有总经理和董事出席的上午碰头会进行讨论。

从商社的经营战略上来说，东京总部的视野更加开阔，他们能作大势的判断、分析，随后作出全球性的排兵布阵。

邓先生回忆说，中国在20世纪90年代前期都是玉米出口国，突然某一年的某个时间中国开始限制出口玉米了。

他立即把这个信息传回东京。该商社得到讯息之后第一时间让美国子公司订购了一批玉米并首次卖到了中国，自然获利不薄，“这便是情报的重要性。”

■来源：《第一财经日报》2009年7月，作者：白益民

第六节

日本财团的情报和智库

日本始终是中国经济绕不开的命题。由于缺乏正确的信息源，中国对于日本的经济发展一直有种雾里看花无法着力之感。时常在新闻中提及的“综合会社”、“财团”在日本经济发展中到底扮演怎样的角色？而日本又是怎样借助前者构建自己的商业情报体系的？其情报体系的特征如何？

商社构建了与国家战略高度契合的情报体系

综合商社是日本的全球情报局系统。目前日本较大的综合商社有7家，不仅包括传统的三井物产，还包括三菱商事，往友商事、伊藤忠商事、丸红和双日六大商社及近些年成长起来的丰田通商。它们在世界100多个国家或地区设有1000余家分支机构，全球据点员工数3.2万，关联企业员工总数达37万，重点搜集各国的经济、政治和科技等情报。

各商社的产业布局各有特色，有交叉有覆盖，实际上它们在微观经济

层面发挥着非常大的作用。以三井物产为例：三井综合商社和财团既是一个概念又是两个概念，财团相当于商会或者商帮。三井物产在中国也渗透到各个领域，三越百货是日本最大的商业百货公司，中国台湾的公司背后都是日本的财团，包括富士康等，技术、设备都是日本在支撑。三井物产的事业部，渗透到国民经济的各个部门，实际就是一个帝国。

位于上海的三井洋行旧址，当时的三井洋行负责对北洋政府提供政治借款，同时收集中国政治、经济、军事等情报

一个企业想长足发展就必须与本国发展战略相结合，在政策允许范围内运营，综合商社便与国家战略和实际需要实现了高度契合。日本的信息不止停留在企业层面，商社是为国家战略层面服务的，六大财团实际是国家的6大番，已经达到国家的层面，很多经济政策是财团制定后政府拍板，实用性很高。

实际上，日本社会形成的“政商三井”，不是简单民营企业，而是国民企业：既有民营色彩又有国家特色（经过一系列的整编，又有国家成分，是真正的国营形态）。三井与国家高度契合，包括在战争状态中，当时叫三井洋行，掌握各种情报，其实是间谍机构，实际为国家服务。

从濑岛龙三和伊藤忠商事的成功看情报的作用

濑岛龙三是一个传奇式人物，曾经在阿拉伯世界经济崛起的时候成功预测第三次中东战争在六天内结束。濑岛龙三作为二战日本大本营参谋，在战争期间做过很多工作，对战争进程无法进行形成过很多结论，将很多东西萃取成情报，直到日本投降。他在战争中磨炼出的对情报超级敏感的能力成为之后在商业上成功的重要资本。

曾度过长达11年与世隔绝的关押生活，连“利息”都弄不明白的濑岛龙三，最终依然能成为伊藤忠商事会长，并使当时名不见经传、业务单

濑岛龙三是一个传奇式人物，他在战争中磨炼出的对情报超级敏感的能力成为之后在商业上成功的重要资本

一的中等规模商社一跃成为大型综合化商社。他凭借的是自己在情报、商业上的才能，可当之无愧地得到“战无不胜的情报人员（CIO）”的称谓。

濑岛龙三还为韩国经济发展作出重要贡献——濑岛龙三曾指导韩国前总统朴正熙通过韩国三星走政商综合之路。三星手机实际是在财团的背景下发展起来的，只是三星财团中很小的部分，现在的三星财团规模之大超乎想象。伊藤忠董事长认为伊藤忠能真正成为一家综合商社，濑岛龙三的功劳最大。

伊藤忠商社最开始是综合商事、银行、财团三大体系。其产业公司包括金融和保险等商社、地产、矿业，形成一个财团体系。伊藤忠在中国建立了大型综合商社中最大规模的拐点网络，同时确立了渠道网络、人脉人才、合作伙伴等多种竞争优势。正是依靠对经济、产业方向的前瞻性认识以及一贯重视中国的态度，伊藤忠才确立了“中国最强商社”这一地位（伊藤忠被认为是中国的第一个商社，是周恩来批准的）。

日本商社至今在中国还保留着各种获取信息的源泉。伊藤忠商社产学研学院涉及中国的各个领域，三井在北大投资一千万元组织了一个商业论坛，签了10年。每次论坛之后所有的东西就都拿走了。包括中国的7－11便利店也跟三井有关，曾经伊藤忠的顶新以7.1亿元收购康师傅，康师傅也有三井的底子。同时伊藤忠在中国很多领域做了战略性投资，包括杉杉集团有25%股份是伊藤忠所有，宁波第一高楼就是三井和杉杉一起建的，还有各种其他项目。

情报作用例证：一张照片解析大庆油田和铁矿石暗战

日本人关注大庆油田，既有商业目的，又有政治目的。关于大庆油田的位置，中国当时对外保密，但是日本通过媒体间接透露的信息，成功获取了油田位置和产量。比如通过王进喜戴的帽子判断出大概的位置是东北的某一带，通过王进喜到马家窑说了声“好大一片油田啊”，推断出油田就在马家窑附近，通过媒体报道的背油到铁路判断出油田离铁路不太远，最后结合搜集到的各种信息判断出大庆油田的准确位置，并且根据当时中国开采油田缺少设备的情况，日本三菱通过需要提供的设备的情况，估算出大庆的年产量。

三菱财团的情报采集点遍及全球，有 90 多个国家或地区和 500 多个点。三菱在日本跟中国建交之前就成立了很多贸易公司跟中国做生意。当初三菱把设备卖给中国的大庆真正的目的是获得大庆的石油资源，它们跟中国的协议就是用石油换设备；后来中国要建设宝钢需要外汇资金，中国又把大量的石油卖给日本换取外汇。1978 年，伊朗局势动荡，加大了日本对石油的需求，也加速促进了日本实现从中国获取石油资源的计划。可以说中国大炼钢铁计划是靠拿石油换日本设备才建起来的，同理，三井在宝钢建设中也发挥了很大的作用。

三井和新日铁有密切的联系：在宝钢建立起来以后，现代化设备无法冶炼中国本土铁矿石，中国需要建设铁路来运输从国外进口的铁矿石，因此又从日本购买铁路建设所需设备，到后来中国汽车的板材也基本都是新日铁提供，这些都有三菱的背景。中国虽然成为世界第一大铁矿石进口国，却一直在铁矿石谈判中处于被动，中国不掌握情报的最后的结果就是高价买日本的东西。

日本情报战略研究机构

日本战略情报机构实际上是智库，有三井物产战略研究所、三井业绩研究所、日本综研等。三井物产战略研究所从 1991 年 10 月开始，将情报调研部独立，升格为三井物产贸易经济研究所，并进一步完善各种职能。1999 年，研究所更名为三井物产战略研究所，隶属日本三井财团旗下三井物产控股独立法人研究单位，主要从事经济方面相关的调查研究。研究所下设国际情报部、新事业开发部和业务统括部三大部门，为各委托单位提供经济方面的专业调查和研究服务。

三井物产战略研究所作为民间研究机构，从研究的深度、广度和企业的接受程度来看，都比政府的研究机构更有效率。特别是宏观经济研究领域，三井物产战略研究所被日本企业界认为是经济变化的风向标，连日本政府也经常使用它的信息。三井物产的战略范围，可以调动三井物产来研究，三井物产的活动可以给它们带来大量的信息。

在中日经济界、经济学界，沈才彬的名字如雷贯耳，他曾担任三井物产战略研究所中国经济中心主任

1998年9月，日本三井财团旗下三井战略研究所研究员市川周同石原慎太郎一起出版了《对美宣战：说不的日本经济，从美国金融奴隶的身份中解放出来》一书。该书以日本经济战略为题，矛头直指美国霸权，此书在日本国内引起了一定的影响。

一桥大学的石原慎太郎实际上是个商人，代表了日本财团的利益，而日本的财团又代表了日本政府的利益。三井物产战略研究所有个中国人叫沈才彬，本来就对中国比较了解，加入了日本国籍，对三井物产研究所作了很大的贡献。在中日经济界乃至经济学界，沈才彬的名字如雷贯耳。他曾担任三井物产战略研究所中国经济中心（研究中国经济发展及中日经济合作的专门研究机构）主任。年满卸任后，出任多摩大学教授，并创建会员制中国商务研究所，在日本商界持续发挥影响力。

PHP研究所是隶属日本住友财团旗下的民间智库暨出版社，由松下电器创始人松下幸之助于1946年创立，主要任务是充当智库，经常举办论坛等活动，向政府做政策进言，与松下政经塾为姐妹社团关系。还有日本综研智库，每个智库的方向定位都不一样。此外安倍晋三实际上也是三菱人，从上学开始就是在三菱旗下，实际上是财团的人，代表财团的利益。

■来源：一启读书会，2014年10月25日，主讲人：白益民

第八章　韩国拷贝商社模式

作为韩国最大的综合商社，三星物产（属三星财团）对韩国经济的发展起到了火车头般的带动作用。在主导韩国对外贸易的同时，也引导了国家工业的高度化和世界化。面对三星的骄人成绩，同样处于“转型与升级”时期的中国，以及正实施“走出去”战略的中国企业，能学到些什么？

韩国政府几乎完全是以三星物产提供的资料为基础制定的发展方案，仅仅用了30年的时间便创造了震惊世界的“汉江奇迹”，被誉为“亚洲四小龙”之一和“发展中国家经济复兴的样板”。尽管“三星物产”与“三井物产”的名称只有一字之差，但它们的经营理念、组织模式和行为方式几乎一模一样。

以日本、韩国的综合商社为代表的财团模式，围绕“全套完整产业链”构造组织结构，以主办银行、综合商社和制造企业“三位一体”的方式，集研发、技术、情报、争夺原料、抵御外资、海外市场扩张等功能于一身。建立日韩式的综合商社以及财团体制正是中国之所需。

作者题注：

借鉴韩国的成功经验，从中国企业走出去、海外获取资源和能源、中国获取世界先进技术与情报信息等众多的角度出发，中国都应建立如三星物产这样的综合商社。

本章提要

一个在20世纪60年代人均收入还与撒哈拉以南非洲不相上下的经济体，如今已经紧随英国与法国之后，成功最关键的因素就是其大企业财团和综合商社在经济发展和工业化中发挥了中流砥柱的作用。

综合商社在推动韩国以重化工业出口为标志的出口为导向的工业化战略的实施、提高出口规模经济效益、抑制中小企业出口商恶性竞争方面，发挥了极其关键的作用。可以说，没有综合商社，就没有韩国经济的腾飞。

韩国综合商社可以被看作是贸易功能的一种补充形式，通过自身的巨大情报网络，广泛地搜集、分析各个领域的信息，起着产业“国际天线”的作用。韩国学者林炳润曾指出“财团就是韩国经济之全部”。

三星财团创始人李秉哲青少年时曾留学日本，就读于早稻田大学习部政经科。由于长期受到传统儒家思想及日本的商业文化的熏陶，他将后者运用到了企业的各个方面，使得三星物产很早便具备了综合商社的雏形。

事实上，近年来三星物产硕果累累，除了拿下价值400亿美元的阿联酋核电工程以外，“世界的挑战”迪拜塔、马来西亚标志性建筑“双子塔”和台北“101大楼”也都是三星的杰作。

需要强调的是，商社一定是财团的商社，利用财团为主导的经济发展体系也是政府培植大型综合商社的微观基础。韩国便是由私人资本和政府权力结合，形成产业、贸易、金融一体化的财团体制。

第一节
韩国综合商社的发展

韩国的学习商社浪潮

虽然韩国在20世纪50年代就开始实施以进口替代为中心的工业化战略，相应地采取了一系列保护国内市场的措施，刺激制造业的发展，但是由于韩国国内市场狭小，工业基础薄弱，特别是资源贫乏，这使得韩国经济严重依赖美国，国内经济畸形发展。

韩国原是一个资源贫乏、经济落后的农业小国。1955年，人均国民生产总值仅为67美元，出口额仅占国民生产总值的1.4%，制造业的出口几乎为零。到了朴正熙时代，韩国政府改变了战略，于1967年提出实行外向型工业化的发展战略，宣布将工业化重点转移到生产资料的进口替代和已完成进口替代的消费资料部门的出口，政府全面介入进出口贸易活动，最终建立起政府主导型的对外贸易管理体制。

朴正熙时代，韩国政府改变了战略，于1967年提出实行外向型工业化的发展战略，政府全面介入进出口贸易活动，最终建立起政府主导型的对外贸易管理体制

进入20世纪70年代以后，由于世界经济严重衰退，许多国家对进口商品实行了限制，韩国工业品的出口市场日益狭小，劳动密集型产品出口急剧下降；国内通货膨胀及劳动力价格上涨又削弱了韩国工业品的国际竞争力。在这种内外交困的情况下，韩国政府制定了一些刺激出口的政策，贸易活动又活跃起来。但由于国内贸易公司数量过多，产销、销销之间缺乏明确的职能分工，外贸秩序一度出现混乱的局面。公司内部抬价抢购，低价倾销，进行不正当的竞争，使企业和政府都蒙受损失。

仔细研究了日本综合商社在对外贸易和经济增长中的地位和作用之后，韩国决定把综合商社这种外贸企业组织形式引入本国外贸企业，利用

综合商社信息灵敏、市场开拓能力强、海外融资渠道广等诸多优势，在海外广泛设立商品推销机构，使商品直接进入出口国的流通领域，并以综合商社为带头羊，带动韩国经济的起飞。随后公布了一系列组建综合商社的有关法规、法令。这就是韩国综合商社产生的初衷。

韩国于1975年开始组建综合商社，引进了使得同期日本仍保持出口高速增长和高贸易盈余的综合商社制度，是因这一形式在客观上适应了韩国进口替代、出口导向工业战略的需要，也是由于韩国经济受世界石油危机的影响出现经济停滞和通货膨胀，韩国经济受到严峻考验。在韩国，综合商社为出口导向型经济服务，也分别加入了企业集团或财团，成为这些集团或财团加强竞争、进行扩张的有力工具。

韩国的财团在发展中直接得到政权的支持和庇护，其综合商社也就在这样的背景下发展壮大起来。在20世纪70年代，出口对韩国经济增长的贡献率高达59.6%，推动了韩国经济结构向重化工业的转变，这主要归功于综合商社的组建。韩国组建综合商社时制定了一套高起点的综合商社标准，并辅之以政策支持，这样的推进方式不仅使得组建的综合商社质量高，而且符合市场经济的公平竞争原则。

经过20年的发展，韩国经济取得了令人瞩目的成就。韩国现有80万个流通企业，排在前几位的商社如三星、现代、大宇等出口额均超过韩国出口总额的10%，八大商社的出口额占韩国出口总额的50%以上。1995年，排在前几位的商社经营额都超过100亿美元。如三星物产的销售额为170亿美元，现代商社130亿美元，大宇商社100亿美元。韩国综合商社的发展虽晚但很成功，关键在于政府的严格规范和大力支持。

韩国经济是政府主导型的市场经济，政府对经济的干预能力很强，干预手段完备，其资源配置和经济运行调节是通过市场机制和政府的直接和间接行为来实现的。这种经济模式是由韩国的政治、经济体制决定的。这种政治经济体制在很大程度上减少了干预层次，避免了行政部门之间的权力之争，提高了决策速度和决策执行效率，这是韩式综合商社得以产生和实现的体制基础。

韩国商社成立资格

韩国政府规定，只有当外贸公司达到韩国商工部颁布的综合商社标准时，才能取得综合商社资格，享受政府政策支持。对这些标准，商工部每年都进行修改，对不符合商社标准的综合商社则取消其资格。取得综合商社资格的公司，可获得如下政策支持：

（1）交易方便性。韩国政府对一级企业的经营范围干预非常厉害，但对综合商社是放开的，政府给予商社贸易优先权，并放宽在海外设立机构及加入各类商品出口协会的条件限制。

（2）财政金融政策。在过去实际出口的限额内，商社可优先获取贷款，商社从事出口商品生产所需原材料的进口和用于出口的商品储备也可获得金融政策支持，商社代理中小企业出口可免除35%的营业税和延付公司税等。在资金方面，韩国当时的贷款利率是18%，而对综合商社的出口贷款利率仅为10%。虽然综合商社与银行分离，政府严格限制别的企业从事海外融资，但允许商社开办海外融资业务，介入国内非银行金融机构。

（3）外汇政策。对综合商社开拓海外市场所需的外汇放松管制，允许商社在海外筹措低利息贷款，以及允许持有50万美元以上的外汇。

（4）间接支持。政府重视扶持综合商社的发展，优先考虑综合商社的问题和建议。韩国政府对综合商社的这些政策支持是有时限的，在综合商社形成和发展壮大后（即达到政府预定目标后），政府的各种政策支持也随之消失。进入20世纪80年代后，政府几乎不再给予任何商社政策扶持。

韩国经济营运的政府主导型特点，使得综合商社采取政府推进模式。政府制定、颁布了取得综合商社资格的最低标准，明确综合商社承担的责任和义务。相应地，政府对符合标准的商社予以足够力度的政策支持，使得商社能够迅速发展。1975年以后，韩国商工部公布了扶植综合商社的一系列政策。企业一旦被指定为综合商社即可享受下列好处：

（1）在竞争国际招标的时候优先考虑综合商社；

（2）即使综合商社不是实际需要者，也允许其进口主要原材料；

（3）进口原材料时，综合商社可以拥有两家以上的认证银行；

（4）提高综合商社海外分店的外汇持有额度；

（5）允许综合商社在一个国家设立几家分店；

（6）对综合商社的进出口代理业务减免所得税。

青出于蓝的韩国商社

韩国吸取了日本综合商社的经营特点，又结合了韩国的实际情况，获得了巨大的成功，使韩国成为亚洲“四小龙”中经济发展最具潜力的国家

在世界各国积极移植日本综合商社模式的过程中，韩国吸取了日本综合商社以贸易为主体，集贸易、商业、金融、信息、组织和服务为一体，国内外市场并进，内外贸齐下，开展多元化、规模化、系列化及跨国化的经营特点，又结合了韩国的实际情况，获得了巨大的成功，使韩国成为亚洲“四小龙”中经济发展最具潜力的国家，在钢铁、汽车、造船、电子等现代化工业方面，成了美国、日本和欧洲国家的竞争对手。

综合商社之所以能在韩国经济中占如此重要的地位，主要是由其营运特点所决定的。综合商社经营的商品多达几万种，它的经营活动几乎触及从第一产业到第三产业的所有领域。主要包括钢铁、有色金属、燃料、机械、化学产品、食品、纤维、物资并经营建筑业和不动产等，而且对于一些有待于在未来开拓的领域如第四产业，综合商社亦已捷足先登。

综合商社一方面同金融系和独立系的企业集团有广泛的业务联系，参与它们许多机构的业务活动，并都是金融系企业集团的重要成员；另一方面，它们本身又都是巨大的企业集团，各综合商社都有上百家以上的关系公司或关联公司。综合商社一方面按照企业要求，承担向企业集团所属企业提供原材料和销售其产品的重任；另一方面，按照大银行的要求，代银行为企业提供信贷和担保，为银行承担风险，特别是海外资源的开发投资上承担更大的风险。

韩国综合商社可以被看作是贸易功能的一种补充形式，通过自身的巨大情报网络，广泛地搜集、分析各个领域的信息，起着产业“国际天线”

的作用。从向产业的生产阶段传达信息起，到参加能引起需要者需求的商品的开发，都是商社的开发职能；组织职能是指和两个以上的企业结成协作体制，接受大型成套设备的订货和开发大型项目，这种功能主要包括交易商品的组合、对销贸易、商品出口与工程建设相结合的交易等方面。

综合商社的对外投资与贸易相联系，投资上主要目的是保证资源进口，增加成套设备出口，取得投资利益，保持和加强同国内企业的联系，拓展业务范围等。商社的对外投资主要有三种类型：

（1）对涉外流通部门的投资；

（2）与厂家合作，对制造业的投资；

（3）资源开发的投资。

韩国综合商社的“综合”不仅表现在经办商品的综合性，更重要的是它本身拥有多种职能，这些职能有利于开拓多元化的国际市场，同时，充当国内企业进军海外的可靠伙伴。它集进出口贸易、国内贸易和转口贸易三位于一体。这使得商社控制了从生产到销售的全过程，有利于发挥其规模经济的优势，降低成本，增强产品的竞争能力。

此外，综合商社的金融职能靠庞大的借款支撑。由于自有资金较少，商社经常从政府机构、商业银行、地方银行、外国银行、保险公司甚至其他的中小企业机构和特殊的金融机构借款，商社经常将这些资金直接贷给客户，多数场合从事间接金融活动。

■来源：《三井帝国启示录》中国档案出版社 2006 年 8 月，作者：白益民

第二节

韩国商社的组织启示

许多中国企业都有一个“综合商社”梦，即以三井物产（日本三井财团的综合商社）为标杆，努力从“贸易公司”向具有金融投资功能的“综

合商社”转型。而当我们努力打造中国式的综合商社之时，韩国第一综合商社“三星物产”（属三星财团）早已出师，并成为20世纪70年代韩国经济转型与升级的先驱和样板。

除了阿联酋核电工程，“世界的挑战”迪拜塔以外，马来西亚标志性建筑“双子塔”和台北“101大楼”也都是三星的杰作

2009年12月28日，以三星物产为首的韩国财团联盟击败了来自法国、美国和日本的竞争对手，拿下了价值400亿美元的阿联酋核电站工程，使韩国一夜之间成了“核大国”，让世界为之一震。事实上，除了阿联酋核电工程，“世界的挑战”迪拜塔、马来西亚标志性建筑“双子塔”和台北“101大楼”也都是三星的杰作。

作为韩国最大的综合商社，三星物产（属三星财团）对韩国经济的发展起到了火车头般的带动作用。在主导韩国对外贸易的同时，也引导了国家工业的高度化和世界化。比起三星的骄人成绩，同样处于“转型与升级”时期的中国，以及正实施“走出去”战略的中国企业，能学到些什么?

三星物产：打造韩国经济火车头

三星物产是如何将自己打造成韩国头号综合商社呢?

这家商社的前身为“三星商会株式会社”，1941年由三星财团创始人李秉哲在首尔创立，主要经营国际贸易。李秉哲青少年时期留学日本，就读于早稻田大学习部政经科。由于长期受到传统儒家思想及日本的商业文化的熏陶，他将之运用到了企业的各个方面，使三星商会具备了现代企业雏形。

1948年，三星商会更名为三星物产，成为真正意义上的股份制企业。1953年8月，三星物产建立了“第一制糖株式会社”，从商业资本转变为产业资本。当时，三星物产通过引进日本三井物产的资金、技术等，与三井财团内的各个企业建立起广泛的商业联系。

同时，三星物产还引进了国外的管理方法，模仿日本企业的经营管理制度。特别是在经营合理化方面，三星物产定期向三井物产等公司进行咨询。如强调职工对组织的忠诚度，实行“信赏必罚”，制度的维护、组织的清廉以及教育培训制度等，无不体现出日本式的经营特点。

韩国政府制定的发展方案几乎完全以三星物产提供的资料为基础。三星物产公司被政府指定为“综合贸易商社 1 号”，从而成为韩国综合贸易商社的先驱和样板

李秉哲认为，资源匮乏的韩国，尤其要学习日本的经验。所以三星物产的发展策略一直是紧盯日本大商社的发展，并且比韩国政府率先一步收集国内外经济和法律方面的大量资料和情报。对韩国政府来说，要改革经济政策和制度，必须向民间咨询有关方面的情报，而三星物产给予了积极的支持与配合，从而获得有利地位。

最典型的一个例子是建立“综合贸易商社”制度。韩国政府制定的发展方案几乎完全以三星物产提供的资料为基础。正是出于这个原因，三星物产公司被政府指定为“综合贸易商社 1 号”，从而成为韩国综合贸易商社的先驱和样板。

在获得韩国综合商社称号后，三星物产迅速崛起，追赶日本综合商社。20 世纪 70—80 年代，三星物产作为后起之秀，加快了向国际市场进军的步伐，引起了日本的注意。《日经新闻》周刊曾多次详细介绍三星集团并解剖其成功原因。尽管“三星物产”与“三井物产”的名称只有一字之差，但它们的经营理念、组织模式和行为方式几乎一模一样。

1995 年 9 月，三星物产合并了三星财团的三星工程建设公司。自此，三星物产形成了集贸易、投资、工程与建设为一体的综合商业体系。2008 年实现销售收入 91116 亿韩元（约合 82 亿美元），净收入 3391 亿韩元（约合 3.05 亿美元）。2011 年，三星物产在《财富》世界 500 强企业中排名第 492 名。另外三星财团的其他两个公司三星电子和三星生命也分别在世界500强中排第22名和第333名。

这些数字，无一不证明了三星财团在世界的影响力。

综合商社建立的内外因素

在没有组建综合商社之前，韩国是一个资源极其贫乏、经济落后的农业小国。由于几乎毫无工业基础，韩国经济严重依赖于美国，国内经济畸形发展。

20世纪50年代，韩国政府开始实施以进口替代为中心的工业化战略，相应地实施贸易保护政策，刺激了韩国制造业的发展。到了朴正熙时代，韩国政府决定改变战略，于1967年提出实行外向型工业化的发展战略，将工业化重点转移到生产资料的进口替代和已完成的进口替代的消费资料部门的出口。政府全面介入进出口贸易活动，最终建立起政府主导型的对外贸易管理体制。

随着韩国经济的发展以及世界重化工业的发展，到了20世纪70年代，韩国出口导向开始以重化工业出口为工业化战略方向，钢铁、造船、电子、汽车、石油石化、电气和机械工业等在引进和利用外资与技术的条件下逐步发展起来。可是，以重化工出口为主导的战略的实现需组建大型化、专业化的贸易公司来推动，这无疑为韩国商社的组建提供了“温床”。

1973年，韩国政府邀请伊藤忠的传奇人物濑岛龙三为韩国经济发展献策。濑岛龙三毕业于日本陆军士官学校（韩国前总统朴正熙也毕业于此），二战时是日军大本营作战参谋，战后出任伊藤忠商事会长，成为著名企业家

可是，在韩国以重化工业为主导的出口导向工业化战略第二阶段刚刚实施之际，国际经济环境日趋恶劣。1973—1974年的石油危机，导致世界经济衰退，作为韩国主要出口市场的一些国家因此开始对进口商品进行严格的控制，使得韩国工业品的出口市场日益狭小。韩国经济迫切需要打破

国际上日益严重的贸易保护主义。

其次，1975 年，韩国的贸易公司从 20 世纪 60 年代的几百家增加到 1800 多家。由于外贸公司数量过多，经营分散化、小型化，再加上出口商之间缺乏明确的职能分工，这造成了内部过度竞争，外贸秩序极其混乱。出口导向工业化战略面临生死攸关的局面。

此外，韩国总统朴正熙于 1973 年修改了宪法，为了确保在总统选举中连任，他承诺在任期内要实现出口超过 100 亿美元的目标。可在当时复杂的国内外形势面前，这一目标的实现十分困难。

同期的日本，经济与贸易却持续增长，呈现出一片欣欣向荣的场景。韩国通过对日本综合商社在日本对外贸易中的地位以及作用进行细致的研究，认为综合商社是日本保持高速增长和高盈余的主要原因。于是决定引进日本的制度，建立旨在形成具有较大规模和较高效率的贸易制度和贸易经营组织。

1973 年，韩国政府邀请伊藤忠的传奇人物濑岛龙三为韩国经济发展献策。鉴于韩国与日本一样都缺乏资源，濑岛龙三为他在日本陆军士官学校的后辈朴正熙总统提供的对策是设立综合商社，必须靠出口才能发展经济。

1975 年 4 月 30 日，经过韩国商工部一年多的研究，韩国正式颁布了取得综合商社资格的一组最低标准：

（1）自有资本总额不少于 10 亿韩元（约 250 万美元）；

（2）年出口额达到 5000 万美元以上；

（3）出口产品种类达到 7 类以上，每一类产品出口规模达到 50 万美元以上；

（4）产品出口的对象国要在 10 个以上，每一个国家的出口额不低于 100 万美元；

（5）要有 10 个以上的海外分支机构；

（6）公开发行股票，使综合商社资产为社会公有化。

三星物产掀起了韩国组建综合商社的序幕。5 天后，大宇实业、双龙也获得了综合商社的称号。自 1975 年开始组建商社以来，短短 4 年内韩国总共有13家企业获得了综合商社的称号。与日本综合商社类似，在这13家综合商社里，除了高丽贸易属于韩国贸易协会，其余12家均为韩国大财团的内部贸易公司。

商社给韩国插上“翅膀”

综合商社在推动韩国以重化工业出口为标志的出口导向的工业化战略的实施、提高出口规模经济效益、抑制中小企业出口商恶性竞争方面，发挥了极其关键的作用。可以这么说，没有综合商社，就没有韩国经济的腾飞。

1975—1982年，韩国出口额由52.4亿美元增长到216.1亿美元，年平均增长21.8%。同期，综合商社出口额由6.71亿美元增长到105.35亿美元，年平均增长48.1%，超过全国平均出口增长速度的2.2倍，占全国出口总额的比重由13.6%上升到48.7%，1983年又上升到51.3%。韩国出口的一半是由综合商社实现的，韩国商社成为海外贸易扩张的“急先锋”。

正是在综合商社的带动下，韩国从1962年占世界贸易综合的0.05%迅速上升到1982年的1.2%，整整增大了24倍。1971年韩国位于世界出口排名的第31位，1982年就上升为第16位。综合商社出口的这种变化，说明了综合商社关于贸易大型化、规模化，推动韩国出口高增长和产业国际化的目标，在20世纪80年代初基本已经实现。

在综合商社的出口结构中，重化工业产品出口比重迅速上升。1977年重化工业产品出口的份额占综合商社出口总额的47.4%，1980年上升到54.9%，1983年上到66%，超过了韩国出口产品中重化工业产品占比的平均水平（55.7%）近11个百分点，这对韩国以重化工业为中心的出口导向工业化战略起到了重要的推动作用。

同样，综合商社在实现韩国出口市场多元化方面发挥着主力军的作用。起初韩国传统出口市场主要是面向西欧、北美、日本和亚洲市场，1977年这些地区的出口额占综合商社出口总额的80%。经过6年的出口地区多元化发展，到了1983年，中东、拉美地区、大洋洲、非洲地区的出口额占综合商社出口总额的52%。

在主导韩国企业国际化经营的同时，以三星为首的韩国商社还肩负着提高韩国能源自给率的重任，并担任产业投行的角色。如在哈萨克有三星物产、LG商事与哈萨克斯坦国营石油公司合资的石油合作公司（韩方持有69%的股份），在美国、刚果、中国、印度等国家都看得到韩国综合商社的身影。

需要强调的是，商社一定是财团的商社，利用财团为主导的经济发展体系也是政府培植大型综合商社的微观基础。韩国由私人资本和政府权力结合形成产业、贸易、金融一体的财团，一类是以三星、前大宇为代表，从贸易起步，后转向产业发展，形成贸易产业财团；二是如现代、SK，从产业起步，后转向贸易发展，形成产业贸易财团。

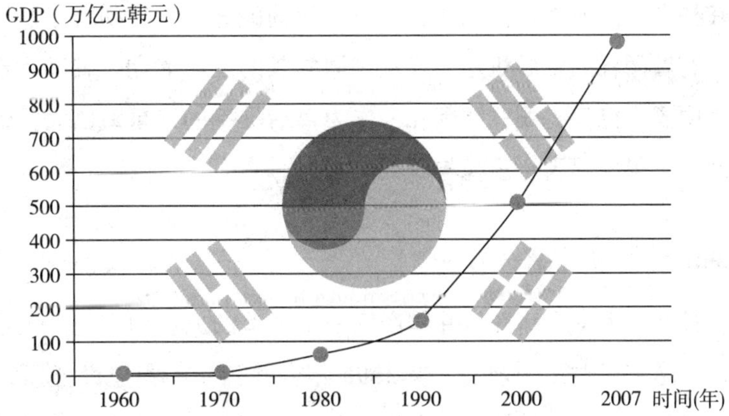

“汉江奇迹”是指1953年到1996年间首尔经济的迅速发展

正如三星物产官网所阐述的那样，正是以三星物产为基础，三星集团才能够始终拥有世界化的人才、稳定的财务结构、有效的收益结构和富有世界性竞争力的品牌价值。韩国组建综合商社仅用了30年的时间，就迅速完成了工业化，创造了震惊世界的“汉江奇迹”，被誉为“亚洲四小龙”之一和“发展中国家经济复兴的样板”。

■来源：《商界》2013年1月，作者：白益民

第三节

韩国综合商社第一号 凶猛的三星物产

据国际原子能机构预测，到2030年全世界将要建设430座大型民用核电站，这些核电站建设订单约合1万亿美元。这是块非常诱人的蛋糕，而能够建造核电站并出口海外的只有美国、法国、日本、加拿大和俄罗斯这五个国家。然而2009年12月28日，海外承建核电站的格局发生了变化，这张名单上增加了一个新名字——韩国。

2009年12月28日，以三星物产为首的韩国财团联盟击败了来自法国、美国和日本的竞争对手，拿下了价值400亿美元的阿联酋核电站工程，让世界为之一震，一夜间韩国成了“核大国”。

在核电应用方面，中国和韩国有着相同的开头，最初都是从国外引进技术，有着同样的发展机遇，经过了同样长的发展时期，韩国现在却遥遥领先于中国，究竟有哪些原因呢？作为幕后推手的三星财团尤其值得中国官、产、学等各界人士重视与研究。

韩国综合商社第一号

与日本最大综合商社三井物产仅一字之差的三星物产是韩国最大的综合商社，是三星财团的前身，其1996年合并三星工程建设公司，2008年实现销售收入91116亿韩元，净收入3391亿韩元。目前，三星物产将其事业领域划分为商事部门和建设部门，其中商事部门以贸易机能为主，主要进口商品包括能源、化工和机械。

另外，三星也从事项目组织业务、石油和天然气等自然资源的开发和发展中国家私人项目的投资。其建设部门则拥有象征先进施工技术的6个核心产品领域的技术，包括建造摩天大楼、高科技工厂设施、道路和桥梁、港口、发电厂和公寓园区，在全世界范围内从事着各种建设，包括民用工程、产业工厂、土地开发以及核电站建设等。

此外，三星物产还集中力量在服务、软件和可持续能源等领域寻找新的商机，以获得使公司持续繁荣的动力。三星物产正通过完善和组合现有的贸易活动，引入具有高增长潜力的产业以确保坚实的财务、市场和技术优势。

三星物产作为韩国最大的综合商社，对韩国经济的飞速发展起到了极其重要的推动作用，在主导韩国对外贸易的同时也起着引导韩国工业的高度化和世界化的作用。

2010 年 1 月 4 日，历时五年，被称为“人类的挑战”的迪拜塔顺利完工，这是由三星物产承建的标志性建筑，三星物产参与了从设计到设备购买、施工、试运行等全过程

2010 年 1 月 4 日，历时五年，被称为“人类的挑战”的迪拜塔顺利完工，而这就是由三星物产承建的标志性建筑，三星物产参与了从设计到设备购买、施工、试运行等全过程。正是有了迪拜塔的开拓，来自阿联酋的高收益项目订单纷纷而至。比如 2008 年 7 月，三星物产冲出法国阿尔斯通等世界大企业的重围，夺得了高达 8.1 亿美元的阿联酋阿布扎比 Shuweihat 电力公司的 S2 发电全套设备的建造订单。2009 年 12 月，三星物产为首的韩国联合公司与阿联酋阿布扎比炼油公司签订总额为 44 亿美元的扩建工程合同。由此可见，阿联酋 400 亿美元的核电项目最终被三星物产为首的韩国电力联盟拿下也并不偶然。

三星物产硕果累累，除了前面提到的迪拜塔，马来西亚标志性建筑“双子塔”和台北“101 大楼”也都是出自三星物产之手。对比三星物产的骄人成绩，实施“走出去”战略的中国不知何时才能承揽这种技术含量高、附加值高的项目工程。除了走技术强国的路线外，优先发展中国自己的综合商社应是当下之必需。

综合商社：韩国经济的加速器

三星物产的成功充分说明了综合商社在韩国企业国际化扩张过程中发挥的重要作用。韩国通过三星物产等综合商社在世界各国及地区成立的办事机构，时刻搜索着商业机会和能源讯息。通过这些设在世界各国的商情网，综合商社将分散在世界各地的顾客需求信息集中起来，然后送到韩国相关企业，并通过发挥综合商社的组织与服务功能，将韩国各有关产业组织起来，在协助韩国企业国际化经营的同时，为韩国大企业承担着海外基础设施和大型产业项目的建设的组织工作、谈判、建设、出口成套设备等任务。

最近几年，在韩国企业所获工程订单总额中，从韩国输出的成套设备占了60%以上。比如，建造天然气厂需要高端复杂的管道系统，核电站需要提供核反应堆，海水淡化厂需要淡化设施。阿联酋和沙特两个国家共建设了几十座海水淡化成生活用水的工厂，韩国综合商社都承担了重要的角色。

而在主导韩国企业国际化经营的同时，综合商社三星物产还肩负着提高韩国能源自给率的重任，发挥产业投行的作用。在哈萨克有三星物产、LG 商事与哈萨克斯坦国营石油公司（KMG）合资的石油合作公司，韩方持有 69% 的股份。在美国、刚果、中国、印度等国家都看得到韩国综合商社的身影。

综合商社这一以贸易为主，集贸易、金融、信息、服务功能为一体的特殊的企业形态最早产生于 19 世纪 70 年代的日本明治维新时期，是随着日本大型企业集团的形成和发展而壮大起来的，20 世纪 70 年代，一度被美国、澳大利亚、韩国、巴西、泰国等国家追捧和学习。**在移植、学习日本综合商社的国家中，与日本同为东方文化的韩国综合商社最为成功。韩国综合商社移植采取了政府推进模式，从组建到成熟只用了 8 年多一点的时间。**

前三井物产（中国）总代表副岛利宏在解释综合商社这个词的含义时曾这样说过：“‘综合’主要有两个含义，一是产品范围非常广，无所不及；二是其功能、职能也非常广泛。形象地说，就是从卫星到炮弹到拉面，无所不作。”而在我看来，所谓综合商社，实际上就是将现代战争中以集团军为基础的多兵种联合作战体系引入了经济活动中。

以日本三井物产为例，让我们看看商社的几个特征：经营商品种类极多，几乎涉及所有产业；遵循社会化大生产原则，发展规模经济；广泛的贸易活动，拥有子公司1100多家，在全球共有151家分支机构；具有信息、资源开发、贸易、金融、协调组织和服务等功能。三井物产对于生产企业的指导，主要以投融资的形式，深入渗透生产企业的生产环节，控制商品和市场环节，提高整个体系内各企业的运行效率。

虽然发端于贸易公司，但综合商社却远非贸易公司那么简单，从本质上讲它是一家金融公司。综合商社历来就有“第二银行”之称，其以商社金融为契机，参与采购原材料、生产、销售、贸易等相关企业的诸多经营层面。并且，综合商社从战略角度考虑通过促进相关企业集团不断加盟，从而确保“商权”。

所谓的“商权”，包括长期的市场渠道、长期的供应链、长期的融资渠道等。在这种商业认知中，市场占有率是第一位，利润则是第二位。因为只有较高的市场占有率才能稳定整个体系。由于综合商社掌握了众多的资讯，拥有强大的情报能力，因此成为财团体系中的“大脑”。

需要强调的是，商社一定是财团的商社，利用财团为主导的经济发展体系也是政府培植大型综合商社的微观基础。韩国由私人资本和政府权力结合形成产业、贸易、金融一体的财团，一类是以三星、前大宇为代表，从贸易起步，后转向产业发展，形成贸易产业财团；二是如现代、SK，从产业起步，后转向贸易发展，形成产业贸易财团。

韩国仅用了30年的时间，就迅速完成了工业化，创造了震惊世界的“汉江奇迹”，英国金融时报称韩国站在了富国的门槛上，其成功依赖于为数不多的几个大型财团。**事实确实如此，一个在20世纪60年代人均收入还与撒哈拉以南非洲不相上下的经济体，如今已经紧随英国与法国之后，成功最关键的因素就是其大企业财团在经济发展和工业化中发挥了中流砥**

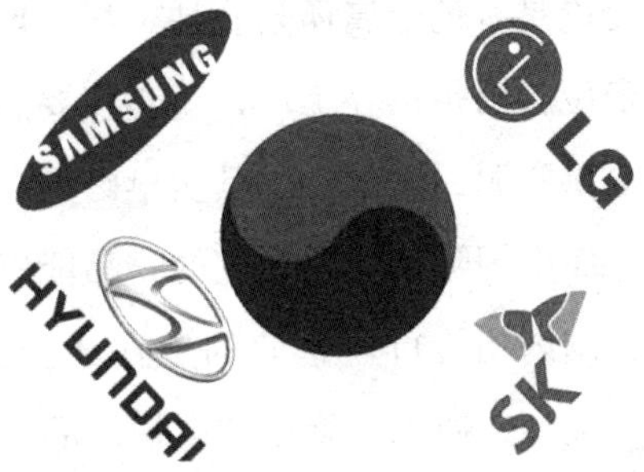

在韩国企业排行榜中，最大的特点就是综合性大财团地位突出，以三星、现代、LG、SK、前大宇集团等为代表的综合性大财团，在多个行业都有实力雄厚的财团企业

柱的作用。韩国学者林炳润曾指出“财团就是韩国经济之全部”。

韩国财团企业同日本的财团企业一样，都是以交叉持股形成参与控制或合作的关系，成为利益共同体。在韩国企业排行榜中，最大的特点就是综合性大财团地位突出，以三星、现代、LG、SK、前大宇集团等为代表的综合性大财团，在多个行业都有实力雄厚的财团企业。在上榜的75家企业中，来自这5大财团的总共有30家。韩国的电子业、重化工业等几乎全被几大财团控制或拥有，实行了垄断型的市场经济。在2009年十三家有望进入“净利润1万亿韩元俱乐部”的韩国企业，全部来自韩国前十位的财团，韩国交易所统计数据显示，位居韩国国内资产总额前十位的大企业财团旗下的上市公司的市价总值已达472万5889亿韩元，市价总值同比去年年末（300万4724亿韩元）增长了57.3%。韩国学者指出：“抛开财团就难以理解韩国经济。”真可谓一语切中要害。

中国需要自己的财团与综合商社

借鉴韩国的成功经验，从中国企业走出去、海外获取资源和能源、中国获取世界先进技术与情报信息等众多的角度出发，中国都应建立如三星物产这样的综合商社。

拿几起大家比较熟悉的事例来看，2009年底被称为史上最大的天然气“气荒”席卷了中国从南到北多个城市，使人们的生产生活受到严重影响；近期世界三大铁矿石巨头又扬言要将铁矿石价格上涨100%。实际上，中国无论是有色金属还是石油、煤等能源的供需都面临很大的缺口，况且中国定位自己是世界工厂，就不仅要给自己提供资源，还要给销往国外的产品提供资源，因此中国其实早已是一个缺资源的国家。

而中国除了低附加值的物品能够走出去，高附加值的产品不但没走出去，国内相关行业企业的生存还受到外资的威胁。街上的车的品牌是丰田、宝马、通用，乘用的电梯的品牌不是东芝就是三菱、日立，装修的涂料的品牌是多乐士、立邦，电视的品牌是三星、索尼与夏普，打印机、复印机的品牌是佳能与富士施乐，为了发展环保的设备的品牌是日立，铁矿石海运的品牌是商船三井与日本邮船，电力设备的品牌是ABB、西门子、东芝，化工厂的核心机器压缩机的品牌只能是三菱重工造，海尔已经老去，民族品牌只剩下华为能光宗耀祖。

当我们回过头去看日本、韩国，这两个东亚小国通过在国内建立了财团体制，不仅让外资在其国内很难有大的动作，还抚育了如三井、三菱、三星、现代这样的财团企业。

而通过丰田汽车、NEC、三菱重工、日立、三星电子、现代汽车、现代重工、LG 等几百家实力雄厚的财团制造企业的联合，日韩两国的重工业、装备制造业不断强化优势地位，推动研发创新与设计，真正实现了“走出去”。而作为综合商社的三井物产、三菱商事、三星物产，通过其在全世界 2000 多家机构的情报网，收集商业情报的同时，还与财团的主办银行携手为本国在海外开发石油、天然气、铁矿石、锂矿、稀土等资源和获得资源提供了保障。而财团内的海运企业商船三井与日本邮船等，又协助综合商社低价将资源运输到国内。

对中国而言，大量的钱都变成了美国的国债，而日韩因为有综合商社的存在，所以能把财团获得的钱变成资源。由此可见，以日本、韩国为代表的财团，是围绕“全套完整产业链”而构造组织结构，通过构建主办银行、综合商社和制造企业“三位一体”的方式，集研发、技术、情报、争夺原料、抵御外资、海外市场扩张等功能于一身，所以说学习日韩的财团体制正是中国之所需。

中国版财团雏形浮现

美国人用他们的金融体系管理着世界，如今美国的金融体系却面临崩溃的危险。而无论是日本还是韩国，都证明了一个国家从农业国发展成经济强国的必然途径就是发展财团。事实上中国也有这样的财团雏形，比如招商局集团、中信集团、光大集团等，它们都是改革开放初期的产物。

经过多年发展壮大的招商局集团，目前已经逐渐控制了商业的核心——流通与金融领域，现在也开始通过对工业企业的支持和牵引，进入制造业，在完成集团业务的内部整合后，开始寻求横向发展。通过对比可以发现，招商局集团与三菱财团在发展历程上有着极为相似的一面，但是离“陆海空”（制造业、贸易、金融）三位一体的财团模式还相差很远。贸易仅仅只占招商局集团整体业务的1.8%，通过贸易带动投资、组织产业，通过物流促进贸易的格局还没有形成。

事实上中国也有这样的财团雏形，比如招商局集团、中信集团、光大集团等，他们都是改革开放初期的产物

而中信集团，是以金融为主业，涉及诸多领域的国有大型跨国集团。中信虽然也有国际贸易公司，但是还不具备综合商社的产业组织能力，也没有可能通过贸易带动投资，仅是单纯地做贸易。2008年金融业务在中信集团中占到了47.93%的份额，金融力量虽然有利于较快整合产业链，但是基础并不太稳固。相比之下，中信集团更像美国企业，通过金融手段控制海外资源和制造业企业，这种方式是不稳定的，也不能很好地发挥产业链整合优势。

如果说中信集团和招商局集团的侧重点更多的是围绕金融业与产业发展，缺少综合商社的组织能力，那么重庆外经贸集团的成立似乎正在以“产业组织者”综合商社为样板，打造着重庆市股份有限公司的综合商社。

2009年9月，由重庆9家市属大型国有独资企业：渝富资产经营管理有限公司、保税港开发区管理有限公司、轻纺控股、重钢集团、化医控股、机电控股、重庆城市交通开发投资（集团）有限公司、重庆高速公路集团有限公司、建工投资控股有限责任公司分别以现金、股权、实物资产共同投资，组建了重庆对外经贸（集团）有限公司（下称重庆外经贸集团），注册资金30亿元人民币，渝富公司为控股股东，集团的业务则由4家国企［重庆五矿公司、重庆对外建设总公司、外贸控股（集团）有限公司、重庆国际公司］负责具体经营运作。

从企业运营模式来看，重庆外经贸集团的模式与三星财团的三星物产模式很相像。比如重庆外经贸集团相继拿下了苏丹、乌干达两国上亿美元的道路工程，这将带动重庆市大批施工机械设备出口和劳务输出。而三星物产也是通过建设部门去承接政府对外经济援助项目以及开展国际工程承包，从而带动韩国的劳务输出、成套设备技术进出口、第三国贸易等。并且，重庆外经贸集团还为重庆市企业对外投资、项目招商引资提供咨询服务，如进行海外铁矿山等资源的能源投资等，这些其实便与日、韩综合商社在日常经营中发挥的产业组织机能、资源开发机能、贸易机能很相近。

当然，财团、商社不可能在一朝一夕间搞好，日本财界人士曾说，中国只要踏踏实实地打造自己的财团与商社，一二十年间便可成形，百年间即会有如三井、三菱这样的超级大财团。而对中信、招商局来说，它们共同存在的问题是，中国的金融政策并不允许银行投资制造业企业，因此中信金融、招商金融只能为企业提供融资支持及相关的服务支持，并不能更深入地进入产业。而重庆外经贸集团除系统地学习、参考日韩综合商社的成熟模式，还应借助重庆市的集体力量，建造重庆市的“财团”，这样才能打造出大且强的综合商社。

■来源：《商界评论》2010 年 5 月，作者：白益民，王维

第四节

韩国各大商社抢占中国市场

2001 年底，韩国各大综合商社开始制定来年的对外贸易战略，并把抢占中国市场和集中进军中国市场作为其战略重点。韩国主要综合商社大都认为，随着中国加入世界贸易组织，中国的贸易环境将大幅度好转，市场环境将得到全面改善，投资、贸易的条件也将更趋优越。因此，能否抢先占领中国市场，对商

2001 年底，韩国各大综合商社开始制定来年的对外贸易战略，并把抢占中国市场和集中进军中国市场作为其战略重点

社的发展具有重要的意义。

一向以稳扎稳打为经营方针的三星物产公司在2002年继续坚持以效益为中心的经营原则，通过结构调整，集中开发出口前景良好的商品，开辟前景良好的市场，其中首要的目标是加强化学、钢铁等主要产品对中国的出口，并计划根据中国内需市场的发展，在中国建立销售法人，进军高附加值的中国信息技术市场。

与三星物产公司一样，现代综合商事公司（综合商社）也针对中国加入世界贸易组织和2008年“奥运特需”，致力于向中国出口钢铁产品和原材料，同时利用中国的“韩流”热潮增加对中国的文化产品出口。为此，现代综合商社把中国市场分为投资、采购、销售等3部分，重点放在建立联系、回收贷款、进行有效投资方面，同时还将集中力量进行三国贸易，即将有竞争力的中国家电产品向第三国出口。

LG商事有限公司（综合商社）继续把工业用原材料、能源、成套设备作为在竞争中决定胜负的产品。为了确保稳定的供应权，LG商事加强了在这些产品上的投资，以提高竞争力。针对中国“入世”后对中国出口将增加的趋势，LG商事集中力量扩大对中国的计算机辅助设备、石化产品和钢铁制品的出口。

大宇国际公司（综合商社）在2002年一方面继续努力扩大向中国的钢铁和谷物出口，另一方面把领域扩大到高附加值的汽车零部件和电子产品方面。大宇国际公司通过国际贸易所积累的高水平的专业市场运作能力和信息技术，在包括国际贸易在内的信息职能、项目组织、资源开发等多个领域，成功地开展各种业务，并通过遍布全世界的大约120个海外网络系统，不断获得有效的成果。

SK商事/SK NETWORKS（综合商社）把中国和亚洲地区作为化学、能源和钢铁产品的战略市场。该公司表示要从长期眼光出发，继续推进向中国的风险企业投资的工作。在钢铁产品方面，SK商事以高级钢材产品为中心，加强对中国的销售业务；在能源和化学产品方面，重点放在取得商业经营权上，为此计划在中国的物流和流通部门进行投资。

据《日本经济新闻》2004年2月2日报道，三星、LG、现代汽车等

韩国五大财团当年的投资额（包括设备投资和研究开发投资）比上一年增长25%，达到37.181万亿韩元（约300亿美元）。五大财团大幅增加在美国和中国市场以及半导体和液晶显示器等重点领域的投资，希望以此在全球竞争中获胜。

根据2004年的经营计划，由于对美国和中国的销售的增加以及韩国经济的恢复，五大财团当年的收入和利润一致增加。五大财团准备在拥有竞争力的战略领域和中国等增长市场进行集中投资，希望在与日美欧大公司的竞争中获胜。

坐头把交椅的三星集团希望税前利润能够达到14.1万亿韩元，2003年收益一直增长乏力的LG商事和SK商事也希望大幅增加收益。LG集团2004年把对化学·能源部门、电子·信息通信部门、流通等服务部门的投资增加了31%，达到9.4万亿韩元。其中，向电子·信息领域投入7.4万亿韩元。LG集团希望在等离子和液晶显示器领域超过三星集团，使自己在世界市场的份额上升到第一位，因此通过集中投资扩大生产能力。现代汽车集团正在世界的主要市场上新设和增设工厂，如在美国亚拉巴马州建立的轿车工厂希望在2005年时投产。

2014年2月，三星在北京市朝阳区的商务中心区（CBD）举行了57层写字楼的奠基仪式，该写字楼高260米

现代汽车集团在北京的合营工厂在2004年底前计划把年生产能力增加到10万辆。此外，还准备扩大在印度的生产基地。作为现代汽车集团子公司的起亚汽车公司也计划在欧洲本地进行生产。现代和起亚两家公司计划使在世界市场的销量增加18%，达到330.6万辆。现代汽车集团还准备开发环保的新型发动机以及轿车和旅行车，集团的投资额准备达到近6万亿韩元。

浦项综合制铁公司2004年投资额增加了一倍，并在今后的5年时间里投资

13.5万亿韩元。约占总投资额80%的10.7万亿韩元用于扩充国内工厂的规模和设备改良。该公司2003年的粗钢产量为2890万吨，2004年提高到2930万吨。此外，该公司还准备使国内粗钢生产量在2008年的时候达到3200万吨，并在10年时间内具备在海外年生产1000万吨粗钢的生产能力。

1975年，三星集团在中国香港设立香港三星贸易公司；自1982年起，三星物产开始设立海外办事机构；1985年，三星物产以香港星进有限公司的名义在北京设立办事处；1990年，中国内地第一家韩国企业办事处——三星物产上海办事处成立；1992年中韩建交后，三星对中国内地的投资正式开始。1995年，三星成立了中国总部；1996年3月，三星（中国）投资有限公司正式成立。

截至1998年底，三星集团在大陆已投资成立了1个投资公司、19个生产企业、21个其他企业，投资项目达41个，总投资额达22亿美元。1998年度三星中国总部的总营业额约为60亿美元，员工总数已达2.1万名。目前，三星中国总部直接管辖中国大陆及台湾、香港地区。

上海代表处于1990年4月正式成立，是第一家在中国内地注册成立的韩国企业在华代表处，已发展成三星物产中国代表处在中国内地的最大代表处，并于2001年成为三星物产中国总部。三星在中国以上海为总部，在北京、大连、青岛、广州等地分别设有代表处，拥有4个国内贸易法人公司，一个独立法人公司——三星香港有限公司，以及4个在华投资公司。

三星物产致力发展成为中国优秀的综合贸易企业，并在继续扩大贸易等原有事业的同时，不断创造开发高附加值的新事业。在贸易领域中，产品主要涉及信息技术、化工、钢铁、电子、机械、金属、纺织、水产以及生活产业等，并通过北京、上海、广州等地的贸易法人公司进行国内贸易，不断地向多元化、多样化的方向发展。

三星物产作为三星集团海外扩张的先锋，其在中国的发展与布局列表如下：

表 8－1 三星中国机构一览表

时间	事项
2003 年 1 月	成立三星（天津）国际贸易有限公司沈阳办事处
2001 年 4 月	在上海设立三星物产中国总部 立志发展为中国综合贸易公司
2000 年 9 月	成立广州三星贸易有限公司
1997 年 6 月	成立星浦钢铁加工有限公司
1995 年 4 月	成立三星物产厦门代表处
1994 年 12 月	成立三星贸易（上海浦东新区）有限公司；三星（天津）国际贸易有限公司
1993 年 5 月	成立三星物产汕头代表处
1992 年 3 月	成立三星物产广州代表处；成立三星物产青岛代表处
1991 年 5 月	成立三星物产深圳代表处
1991 年 4 月	成立三星物产北京代表处
1990 年 7 月	成立三星物产大连代表处
1990 年 4 月	成立三星物产上海代表处
1990 年 3 月	三星物产香港有限公司更名为三星香港有限公司
1985 年 9 月	成立星进有限公司北京事务所
1977 年 6 月	三星物产香港代表处转为三星物产香港有限公司
1975 年 3 月	成立三星物产香港代表处

■来源：《三井帝国启示录》中国档案出版社 2006 年 8 月，作者．白益民

第五节

借鉴韩国综合商社成功经验 助力中国企业“走出去”

经历过 2008 年金融危机的震荡与洗牌之后，全球投资布局呈现新一轮整合，这给在危机中受挫较轻且复苏迅速的新兴经济体创造了颇为有利的投资环境。在包括中国在内的新兴经济体企业纷纷大举进军海外之时，如何把握机遇、最大限度发挥企业优势，谋求海外发展的同时反哺国内并发挥鲶鱼效应，以促进本国经济转型，正在成为人们日益关注的话题。

在此领域，海外拓展起步较早的韩国企业凭借“综合商社”模式获得

了成功，也为中国企业“走出去”提供了可供吸取的经验。

面对韩企“走出去”的强大气场，中国企业是否可获得某种启示

韩国于1975年开始组建综合商社，在模式上吸取了日本综合商社以贸易为主体，集贸易、商业、金融、信息、组织和服务为一体，国内外市场并进，内外贸齐下，开展多元化、规模化、系列化及跨国化的经营特点，又结合了韩国的实际情况，获得了巨大成功。

2013年1月中旬，一批作为韩国综合商社知名代表的财团子公司正式宣布开启加速开拓全球市场的战略，积极提升在海外市场的营销能力。面对韩企“走出去”的强大气场，中国企业是否可获得某种启示？

对此，社科院全国日本经济学会理事、央视财经频道特约评论员、白益民产业经济研究所创始人白益民在接受本报记者采访时提出，其实许多中国企业都有一个“综合商社”梦，希望能够实现从“贸易公司”向具有金融投资功能的“综合商社”转型。

巨大的综合企业集团——韩国三星

三星物产作为三星集团的综合性贸易公司，主导着韩国的对外贸易，为韩国产业结构的高度化和世界化发挥着“火车头”的先导作用。三星物产将其事业领域划分为商事部门和建设部门，并将其作为核心事业予以重点发展。三星物产商事部门以贸易为主营业务，此外还开展包括物流、投资、流通等辅助业务。贸易事业是三星物产的主要业务。它从简单贸易起步，已经扩大到信息通信、化工、钢铁、纺织原料、金属、水产以及轻工业品等各种产品的进出口贸易、第三国贸易和当地内贸。三星物产以其数量众多的海外基地、优秀人才和基础设施为基石，大力开展当地内贸、第三国贸易以及中国市场采购等事业，不断强化其贸易竞争力。

正是以三星物产为基础，三星集团才能够始终拥有世界化的人才、稳定的财务结构、有效的收益机构和富有世界性竞争力的品牌价值，并成为韩国最大的综合企业。三星集团也重视开发海外市场，仅三星物产就有40多家海外子公司，特别是20世纪70年代末期以来，三星集团加快了对海外投资的步伐，先后在新西兰、马来西亚、澳大利亚、葡萄牙等地建立了多家子公司。它在海外设立的子公司，绝大多数是原料开发性质的公司，其目的是为了解决三星集团和韩国的原料来源。

三星有近20种产品的世界市场占有率居全球企业之首，在国际市场上彰显出雄厚实力。以三星电子为例，该公司连续数年获得美国工业设计协会年度工业设计奖（Industrial Design Excellence Awards 简称 IDEA），成为获奖最多的公司，仅2004年三星在美国取得的专利就高达1604项，在当年世界所有企业中排名第六。

此外，三星集团经营的产品也非常广泛，主要如下：在电子方面，有半导体、电视机、电冰箱等各种家用电器，以及通信器材、计算机、综合电机等；在机械方面，有各种产业用机械及零部件，发电用的锅炉等；在纺织品方面，有各种毛纺织品、棉纺织品、合成纤维、服装等；在运输工具方面，有各种船舶；在食品方面，有砂糖、调味品及饲料等；另外还有石油化工产品。

中国需要“商社军团”

2012年2月，美国总统奥巴马发表2012年国情咨文，“宣布成立贸易执行机构，负责调查中国等国家的不公平贸易做法。”事实上，自2008年金融海啸爆发以来，随着全球经济的低迷，国际贸易保护有所抬头。当前，中国面临的外贸环境日益严峻。

特别是中美贸易争端频繁，双方贸易领域冲突加剧。美国向中国输美的轮胎、太阳能光伏产品、纺织品、彩电、钢管、家具等产品使用贸易保护手段，提高关税，限制进口。除了日趋严重的外贸环境外，中国未来产业升级也面临巨大的挑战。

中国企业除了低附加值的物品能“走出去”，高附加值的产品不但没“走出去”，国内相关企业的生存反而也受到外资的威胁。其实，中国现如今面临的困境与韩国当年建立综合商社时的国内外环境十分相似。

日、韩商业文化与中国商业文化一脉相传，从日本综合商社可以看到中国传统徽商、晋商、浙商的影子

韩国通过组建综合商社以及财团，不仅让外资在国内很难有大动作，还哺育了三星、现代、大宇、SK等世界型财团企业。通过实力雄厚的财团制造企业的联合，帮助韩国重工业、装备制造业在世界上不断强化优势地位，并推动它们的研发创新与设计，真正实现了“走出去”。

“很多人可能认为，中国无法建立综合商社以及财团体制。其实不然。”白益民告诉记者。日、韩商业文化与中国商业文化一脉相传，从日本综合商社可以看到中国传统徽商、晋商、浙商的影子。当然，综合商社不是一朝一夕就能完成的。正如日本财界人士所说的那样，中国只要踏踏实实地打造自己的财团与商社，一二十年间便可成形，很快就会有如三井、三菱这样的超级大财团。

以日本、韩国的综合商社为代表的财团模式，围绕着“全套完整产业链”而构造组织结构，以主办银行、综合商社和制造企业“三位一体”的方式，集研发、技术、情报、争夺原料、抵御外资、海外市场扩张等功能于一身。所以说，建立日韩式的综合商社以及财团体制正是中国之所需。

■来源：《金融时报》2013年1月，作者：张环

第九章　美国探索商社之路

进入20世纪80年代，里根政府为挽救衰退中的美国经济，采用了自由主义经济学派的理论，致使美国赤字逐渐扩大，到1986年赤字已达1527亿美元。在美国汽车城底特律，停工的车间处处可见，街头到处是失业的工人，一片萧条景象，而日本的汽车工厂却日夜加班，连礼拜六和礼拜天都不休息，到处是一片繁忙景象。

美国政府一方面惊奇于日本综合商社对日本经济的巨大推动作用，一方面仔细研究综合商社的体制，最终决定在本国组建综合商社，以期望通过组建产品、地区和功能综合化的大型综合贸易商社，改变陷入困境的贸易不平衡状况，为美国生产者和海外消费者提供全方位的服务。

事实上，在美国通用电气身上隐约可以看到日本综合商社的影子，通用电气的CEO杰克·韦尔奇实现了管理哲学从科学管理到人文管理的变革。通用电气也被改造成为一个“大杂烩”公司，这个“大杂烩”公司却有着统一的价值观，其背后显现出的是与日本三井物产（综合商社）一致的经营哲学。

作者题注：

美国建立综合商社的尝试最后以失败而告终，却也给我们提供了不少经验和教训。最重要的一点：美国人从来就没有认识到综合商社不是一种单纯的企业组织模式，而更重要的是一种文化、理念和制度。

本章提要

当代管理大师彼得·德鲁克认为，市场营销的首次实践不是在西方，而是来自日本。早在17世纪中叶，日本三井家族的三井高利就在东京建立了世界上第一家百货商店——三越百货，德鲁克认为这就是世界上最早的营销观念。

在研究三井财团的东芝公司时，我们注意到东芝与通用电气有着密切的历史联系，它们既是合作伙伴又是竞争对手。正是在彼此的交往与争斗中，东芝不断从通用电气获得先进的技术，通用电气则接受了东方经营哲学的熏陶。

通用的产业和金融结合较为紧密，从战略上看，其在金融服务方面非常有特色，具备强大的实力，能为客户提供超值的服务。通用资本公司涉足的通常不是全新的、独立的金融服务领域，而是通用原有产业的衍生领域。

在通用电气，多元化的含义是多元化投资，而不是多元化经营。多元化投资是指一个投资控股公司向若干个公司投资，通过这若干个公司间接经营了若干个业务；而多元化经营是指一个公司在同一家实体内部投资，经营了若干个业务。

美国经济的特点是让市场这只“看不见的手”去调节贸易商的经营，让政府这只“看得见的手”来协调、监督它们的市场行为，这是美国综合商社得以运行的制度环境，与日本制度有着天壤之别。

美式综合商社是个人公司、合伙公司、联合公司或类似组织，主要组织和经营商品和劳务出口，虽然贸易功能比较强，但功能较单一，在信息、综合化服务和协调方面也非常弱。

第一节

美国探索综合商社

1980 年的 7 月份，美国 NBC 电视台在黄金档期播出了一个时间长达两个小时的电视专题片，片名为《日本能，我们为什么不能?》，该专题片的主题是比较美国与日本的工业。

美国成为日本的殖民地

在该电视专题片中，给人印象最深的是主持人问道：什么是殖民地？殖民地的定义就是输出原材料，输入工业成品。在这个定义下，无可讳言，美国已成为日本的殖民地。主持人把画面镜头切换到了日本的汽车工厂：日本的汽车工厂日夜加班，连礼拜六和礼拜天都不休息，到处是一片繁忙景象。而美国的汽车工厂呢？画面转向美国汽车城底特律：停工的车间处处可见，街头到处是失业的工人，一片萧条景象。

在 20 世纪 80 年代，美国哈佛大学著名的日本问题研究专家沃格尔教授（Ezra F. Vogel，傅高义）出版了一本名为《日本第一》研究专著，此书一出，立即在美国引起轰动，成为当年度美国最畅销书之一，从一般的美国市民、学者到国会议员、政府官员乃至五角大楼的军人都争相阅读，美国媒体也进行了大肆炒作。

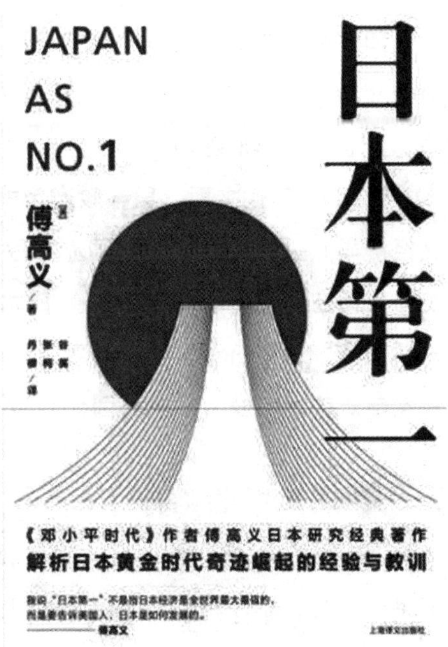

傅高义所著的《日本第一》当时在美国引起轰动，成为当年度美国最畅销书之一

沃格尔在书中写道：日本地少人多，资源匮乏，二次大战中被美国击败且被美国军事托管，但战后日本却创造了一个经济神话。到了 80 年代，日本在许多方

面已超过一直以世界老大自居的美国。虽然日本的军事战争没有打败美国，但通过经济战争却成功战胜了美国。

日本快速增长的竞争力是美国工业的最大威胁。在许多产业领域，美国只能采取一些非市场措施来减少日本的威胁。在20世纪60年代，日本纺织品有完全压倒美国纺织工业的趋势，美国用政治压力迫使日本公司“自动设限”，主动减少对美国的出口，以避免美国设置关税壁垒。

在70年代，当美国几家主要的电视机生产企业因日本的竞争而几乎被迫倒闭时，在美国政府的压力下，日本企业自动限制对美国的出口，采取了退缩的态度。在钢铁方面，美国采用了一套复杂的计算办法来限制进口。在汽车方面也存在同样的问题，通过非市场手段来保护美国的工业。

美国是经济发达的大国，领土辽阔，经济资源丰富，同时也是人口大国、消费大国，国内有广阔的消费市场。但另一方面，美国银行法和反托拉斯法中一些条款对外贸企业兼并及外贸企业财务活动的限制，阻碍了美国产品和劳务的出口。此外，在国际经济环境方面，由于1973—1974年世界石油危机的冲击，美国国内经济出现滞胀的局面；再加上当时世界经济萧条和新贸易保护主义的兴起，美国同一些贸易伙伴的贸易摩擦越演越烈，企业出口越来越困难。

进入80年代之后，里根政府为挽救衰退中的美国经济，采用了自由主义经济学派的理论，致使美国赤字逐渐扩大，到1986年赤字已达1527亿美元。而在商业流通领域，作为日本财团核心企业的综合商社无人能敌，三井物产、三菱商事、住友商事、伊藤忠、丸红和日商岩井等，它们彼此是竞争对手，但没有一家外国公司堪与匹敌。

美国开始组建综合商社

在这种情况下，美国政府一方面惊奇于日本综合商社对日本出口的巨大作用，一方面仔细研究综合商社的体制，最终决定在本国组建综合商社，以期望通过组建产品、地区和功能综合化的大型综合贸易商社，改变陷入困境的贸易不平衡状况，为美国生产者和海外消费者提供全方位的服务。作为基础性贸易实体的美国综合商社，提供跨国经营所涉及的一揽子出口服务，以刺激美国产品和服务的出口，缩小国际收支逆差。

美国组建综合商社没有规定起点标准，但制定有《出口贸易公司法》，该法系统地提出了美国综合商社的培育和发展方案，并于1982年10月8日获国会通过。法案改革和修正了美国三部主要反托拉斯法中对美国出口贸易有限制的部分和不适应综合商社发展的部分，提出综合商社只要不是不合理地抑制美国经济，不对美国消费者和竞争者产生重大的有意识的伤害，其经营活动就可以不受反托拉斯法案的限制，给予综合商社出口贸易更大的自由。

《出口贸易公司法》系统地提出了美国综合商社的培育和发展法案，法案规定，综合商社是个人公司、合伙公司、联合公司或类似的组织，在美国主要组织和经营出口商品或劳务，或出口设备，或提供劳务出口。美国综合商社法案的目标是期望通过组建大型综合贸易公司，改变陷入困境的贸易平衡。美国综合商社作为美国基础性的贸易实体，它能提供跨国经营所涉及的从市场调研到贸易金融的一揽子出口服务。这样的贸易实体能给小型制造厂商提供其产品出口的最大化，在国际贸易中大幅度降低费用支出。

法案还提出允许四种金融机构为出口贸易服务，减少金融机构对综合商社财务上的限制，允许银行持有不超过银行自有固定资本5%的综合商社股份，使贸易与金融紧密结合，促进贸易的发展。法案还要求组建专门的职能机构，积极推进综合商社的形成和协调运行。综合商社法令颁布后，美国政府还规定，出口支持仅限定在本国组建的国际销售公司范围内。

美国政府支持综合商社的主要政策是：

（1）特殊的税收优惠；

（2）低成本银行信贷；

（3）没有金融风险的出口活动保险；

（4）为出口商收集海外市场信息；

（5）给武器和农产品出口商提供特别支持。

这些政策和法案的实施，极大地推动了美国产品和劳务的出口。

美国政府推进综合商社的宗旨主要是：

（1）在尽可能短的时间内，利用综合商社——流通领域的跨国公司——的比较优势，扩大本国产品的出口，弥补贸易收支的严重不平衡；

（2）努力使综合商社经营的产品多元化及出口地区多元化，打破国际上日益增长的贸易保护主义壁垒，开拓和扩大产品在国际市场上的份额，应对世界经济衰退对本国的影响；

（3）希望通过组建组织专业化、规模大型化的贸易集团，改变原有贸易企业规模过小的状况，以寡头优势提高本国产品的国际竞争力，并把有限的政府支持运用到综合商社上，提高政策效应，优化资源配置。通过综合商社的协调机制，实现产销、销销之间的合理分工，形成规范有序的市场竞争。

综合商社并不是简单的企业组织模式

美国经济是典型的市场经济、法制经济，其市场主体是自由企业制度下的企业，这种美国综合商社得以运行的制度环境，与日本制度有着天壤之别

美式综合商社是个人公司、合伙公司、联合公司或类似组织，主要组织和经营商品和劳务出口。出口产品必须是在美国制造、生产、生长、提取的产品，产品中的原材料和元器件的成本不得超过销售价的50%；劳务出口包括金融、保险、运输等领域。在服务方面，至少50%的销售或账面价格一定要由美国公民或可归结为美国公民所提供。在金融功能方面，美国修改了银行法中不适于外贸企业出口的条款，规定银行对外贸公司要支持，减少金融机构对综合商社财务上的限制，并允许银行持有综合商社的股份，但不得超过银行自有固定资本的5%。

但是，美国经济是典型的市场经济、法制经济，其市场主体是自由企业制度下的企业。政府对经济的干预主要通过间接手段，以完善的立法来调节市场主体之间的权利和义务。

总的来说，美国经济的特点是在自由放任的微观基础上筑起政府干预的调控制度，让市场这只“看不见的手”去调节贸易商的经营，让政府这只“看得见的手”来协调、监督他们的市场行为，这是美国综合商社得以运行的制度环境，与日本制度有着天壤之别。

美国的综合商社几乎就是单纯的贸易公司，可分为专营和兼营两大类。专营公司所经营的是那些技术性较低的大宗产品，其利润来源主要依靠不同国家市场行情的变化，谋取差价。专营公司的出口量约占全国工业出口量的20%，进口约占30%，在进出口业务比重中远远低于兼营公司。兼营公司是那些经济实力比较强大的企业，实际上是跨国公司的销售部门，隶属于跨国公司。它们集生产、加工、订货、销售等业务于一身，经营的主要是技术性强，拥有某种优势的高、精、尖产品，出口的是美国在技术、资金方面有优势的产品，进口的主要是工业生产所需要的短缺原材料。

美国综合商社虽然贸易功能比较强，但功能较单一，在信息、综合化服务和协调方面也非常弱。事实上，美国建立综合商社的尝试最后以失败而告终，这也给我们提供了不少经验和教训。重要的一点是：美国人从来就没有认识到综合商社不是一种单纯的企业组织模式，而更重要的是一种文化、理念和制度。

■来源：《三井帝国启示录》中国档案出版社2006年8月，作者：白益民

第二节

美国通用电气的综合商社本质

《杰克·韦尔奇自传》中这样写道：“GE从来就是一家全球性的贸易公司。”美国通用电气公司（GE）126年历史中的9位总裁几乎都是内部

通用电气被改造成为一个“大杂烩”公司，却有着统一的价值观，其背后显现出与日本三井物产（综合商社）一致的经营哲学

提拔。从创建之初，GE 就是一家优秀商人而非天才发明家主导的企业，也是一个优秀的政客及销售者的合体。20 世纪 60 年代中期，当时的塑料部门经理杰克·韦尔奇与日本三井财团的“三井石化”合作，在塑料领域成立了合资公司。

20 世纪 70 年代，杰克·韦尔奇成为美国通用电气最高执行官，实现了管理哲学从科学管理到人文管理的变革。GE 被改造成为一个“大杂烩”公司，却有着统一的价值观，其背后显现出与日本三井物产（综合商社）一致的经营哲学。考察三井商人的故乡——近江国，我们发现了它与中国浙江天台山的宗教文化渊源，而近江国人被认为是中国东汉最后的皇帝孝献帝（180—234 年）的子孙。

世界 500 强是些数字游戏

这几年，中国国内学习美国通用电气公司的热潮汹涌澎湃，企业家们纷纷拜倒在杰克·韦尔奇的脚下，只因为杰克·韦尔奇所管理的通用电气公司连续两年位居世界 500 强第一。仅仅 17 年间，通用电气的市值由原来的 120 亿美元增加到 2800 亿美元。2003 年 6 月，杰克·韦尔奇被有关商业机构邀请来华，为此，有关机构进行了大肆炒作。据说应邀参加对话的中国企业家都要掏钱买门票，甚至前去采访的记者也不能够免票。

可是，我在日本三井物产公司工作的 12 年间，从来没人去谈论杰克·韦尔奇，更没有什么学习他的活动。有一次，我无意中和内田先生谈论到三井物产在世界 500 强中的排名从 1993 年的第一名逐年下降，美国通用电气排名上升到第一。他不无鄙夷地说：“世界 500 强的排名只是些数字游戏。”从内田先生口中我想得到更多的评论，却再也没有了，似乎通用电气公司在他眼中是个不值一提的小公司，与中国企业家们的态度截然相反。抱着一种疑惑，我不得不将我所在的日本三井物产与美国通用电气在微观角度作一个细致联系与对比研究。

中央电视台和上海电视台在1999年主办的“99财富全球论坛特别报道”，财富对话主持人是中央电视台的陈晓楠，对话人是三井物产株式会社的社长上岛重二。

主持人问道：“您对中国很了解，不过在中国其实知道三井物产名字的人不是非常多，因为三井没有非常名牌的产品。但是我们知道三井在世界财富500强当中是排在第五位。它是世界上最大的综合商社，在节目开始的最先，观众朋友和我都想有一个很清晰的概念，就是世界上最大的综合商社究竟有多大？”

上岛重二回答：“我们三井集团是一个大的企业集团，在这个集团当中，有很多企业没有加三井的名字。比如说汽车生产企业丰田汽车，再比如说生产电器产品的品牌东芝，以及生产纤维制品的TOREI（东丽），造纸企业的王子制纸等，可以说我们集团当中有很多世界性的大企业。”

主持人又问：“刚才您说了这么多，还说到很多公司没有冠以三井公司的名字，但是它可能也是三井株式会社的成员或者说是下属企业。是不是在每一个国家，都有三井的企业？”

上岛重二回答说：“包括具体名称在内的一些公司吗？在此不便举过多的企业，比如说，美国有通用公司，比如说UNISIC、德国的西门子、爱立信等等这样一些公司。在中国，我们的老朋友是宝钢，另外四通集团也和我们有着关系。这样，我们在各国可以说都有战略合作关系，不管是过去还是将来，它们都是我们非常优秀的伙伴，这样的合作伙伴非常之多。”这里首先提到的外国公司是美国通用公司。

通用电气身上的商社影子

后来，在研究三井财团的东芝公司时，我注意到东芝与通用电气有着密切的历史联系，它们既是合作伙伴又是竞争对手。正是在彼此的交往与争斗中，东芝不断从通用电气获得先进的技术，通用电气则接受了东方经营哲学的熏陶。

此时，我还从它们的身上隐约看到了综合商社的影子，而且对综合商

被誉为当代管理大师的美国学者彼得·德鲁克（Peter F. Drucker）认为，市场营销的首次实践不是出自西方，而是来自日本

社的本质有了更新的认识。在我的意识中，综合商社已经不再是一种企业组织模式，而是一种东方文化和经营哲学的代名词。这种在三井与通用之间传动的商人文化，我称之为“三井理念”或“三井哲学”。

被誉为当代管理大师的美国学者彼得·德鲁克（Peter F. Drucker）认为，市场营销的首次实践不是出自西方，而是来自日本。17世纪中叶，日本三井家族的三井高利，在东京建立了世界上第一家百货商店——三越百货，而且其经营宗旨是保证顾客满意，做顾客满意的助手，为他们设计合适的商品，保证全面供货，以及履行退款制度。这些做法直到250年以后才出现在美国的西尔斯·罗巴克（Sears Roebuck）公司。德鲁克认为这就是世界上最早的营销观念。

从1950年到1980年的30年间，德鲁克每隔两三年一定会去一趟日本，他甚至受到日本天皇的礼遇。20世纪70年代以前，德鲁克在美国本土曾经并不受关注，在日本却受到了从企业到政府的极力追捧。不难发现日本是一块难得的让德鲁克思想生根开花的土壤。

当日本企业在美国市场节节胜利之后，美国人才发现了日本企业背后的力量——德鲁克管理理念从此在美国本土兴起。而在美国，企业管理者盛行的是个人英雄主义，企业是由个性鲜明的个体组成，团队作业自然难以运转。

已退休的通用电气公司总裁杰克·韦尔奇颇有感触地说：“早在1981年，我对通用的初步核心理念，就是来自彼得·德鲁克。全世界的管理者们，都应该感谢这个人，因为他贡献了毕生的精力，来理清我们社会中人的角色和组织机构的角色，我认为彼得·德鲁克比任何其他人都更有效地做到了这一点。除了彼得·德鲁克的书外，还有哪些书可以看呢？在所有的管理学书籍中，德鲁克的著作对我影响最深。”

■来源：《三井帝国启示录》中国档案出版社 2006 年 8 月，作者：白益民

第三节

商人实践造就美国通用电气公司

美国通用电气公司作为一家拥有 126 年历史，生产从灯泡到飞机引擎到情景喜剧《六人行》的巨型实业公司。在韦尔奇之前，它已拥有六任领导者。事实上，每人都是其所在时代最优秀的经理人——通用电气的伟大是具有连续性和累积性，也确是由数任领导者共同缔造的。

“商人”的通用

1892 年 4 月，爱迪生发明灯泡 13 年后，爱迪生通用电气公司和汤姆森—休斯顿电气公司合并成为通用电气。合并双方是交流电电器设备制造行业的前两名，且各自拥有一名发明天才——托马斯·爱迪生和伊莱修·汤姆森，主导并购的是资本之手——约翰·皮尔庞特·摩根。

通用电气最早的领导人查尔斯·科芬人们评价为“天生的领导者，但从不下命令”，“优秀的政客及销售者的合体”

按照世俗之见，这家合并后拥有一万名员工及数千项专利的行业巨头，应由规模更大的爱迪生通用电气公司控制。但摩根看中了汤姆森—休斯顿电气公司高超的销售能力，并将其董事长查尔斯·科芬（Charles Coffin）扶上前台。虽然由此导致爱迪生的黯然出局，但这一

选择决定了通用电气的命运，首先它明确了通用电气应是一家优秀商人而非天才发明家主导的企业。

科芬被人们评价为“天生的领导者，但从不下命令”，“优秀的政客及销售者的合体”。除了长于谈判，他还亲笔为客户写商业计划。科芬是一位富有洞见的管理者，他改革了当时大行其道的铁路公司子公司控制模式，实现中央集权，并细致规划了中层经理的权力和责任。这些被商业历史学家阿尔弗雷德·钱德勒誉为“组织一家现代工业企业的标准方式”。在科芬任通用电气董事长的10年间，他的副手是发明天才伊莱修·汤姆森的学生、长于生产管理的公司总裁艾德温·赖斯。

1892年通用电气成立之初，赖斯阅读报告时发现了一个年轻的德国移民查尔斯·斯坦因梅茨。游说对方加盟失败后，赖斯找到科芬，表示为了得到斯坦因梅茨，希望通用电气收购斯坦因梅茨所在的公司。科芬不仅完成了这一并购，甚至协助赖斯建立了通用电气研究实验室，为性格乖张的施坦因梅茨提供研究空间。这个后来被称为“魔术屋”的研究室，是通用电气保持商业与技术平衡发展的关键。由于意识到赖斯缺乏商业天赋，科芬从未做对其移交权力之想，他选择了成长于纽约乡下的欧文·杨（Owen D. Young）。当接到科芬会面的邀请时，欧文·杨得到的是通用电气的首席律师和负责政策的副总裁的职位。

在随后数年中，依靠所表现出的折冲樽俎的能力，欧文·杨在1922年被董事会选为科芬的接班人。欧文·杨在任期间，他不仅应政府要求创立了美国无线电公司，还将通用电气的业务由商业客户拓展到诸如洗衣机、洗碗机、钟表、空调和收音机这样的大众消费者领域，由此奠定了通用电气在平民中的亲善名声。

像科芬一样，欧文·杨也是一个“优秀的政客及销售者的合体”，1924年时他曾出任美国复兴委员会委员。从他开始到雷金纳德·琼斯（Reginald Jones），通用电气每任总裁、董事长都有短暂从政的经历，这并非出于个人野心，而是响应政府号召，其直接结果是大大增加了通用电气在美国的重要性。

在20世纪40年代之前，通用电气一直是一家高度集权的大型企业。

与欧文·杨一起执政的公司的第三任总裁杰拉德·斯沃普（Gerard Swope）甚至在二战期间被《财富》杂志形容为“普鲁士式的独裁者”，在他的专断之下，通用电气处于一种“悖论般成功的混乱”之中。

一旦某人的创意得到斯沃普认可，他立即获得执行此事的授权，以及相应的头衔。虽然根本无法奢谈系统性管理，但通用电气在创新上仍保持了高度的活力，在大萧条的30年代，它成功地将年销售额由2亿美元提升至近10亿美元。但“悖论般成功的混乱”也带来了高成本和低效率。

通用电气的多元化变革

当时通用电气的冰箱由四个工厂分别生产部件，而烤面包机、钟表等小型电器同样在混乱的生产流程中组装而成。这让占整个公司30%收入的家用电器业务几乎无法盈利。于是，当斯沃普于1943年任命拉尔夫·科迪纳尔（Ralph Cordiner）任总裁助理时，后者被指派找出公司中管理及组织结构的问题。

科迪纳尔用了3年时间上下考察，最终得出的结论是：“除非我们能将决策的权责下放到离问题最近的人那里，否则公司很难与成百上千的小公司竞争。”通用电气的多元化是因其卓越的研发能力而逐渐积累而成的，确保多元化成功的，是过去60年间逐渐完善的分权体制。而科迪纳尔正是这一变革的发起者。

1950年，因朝鲜战争，董事长查尔斯·威尔逊（Charles Wilson）前去组织美国防守动员办公室，拉尔夫·科迪纳尔（Ralph Cordiner）成为通用电气总裁。于是，科迪纳尔在公司规模迅速膨胀之际开始了分权经营的努力，大刀阔斧地重新改组公司，并把权力下放，建立了目标管理机制（是美国首批这样做的公司之一），创办了史罗顿维尔中心，即现在有名的通用电气公司管理人员和员工培训中心。一时间，2000多名经理的职位被创立或重新定义，职能部门被废弃，相关人员数目被极大削减。

拉尔夫·科迪纳尔让120个部门总经理各自负责一块业务，权力委任的原则是“（每个人负责的领域）不比他的臂展宽太多”。在此期间，科迪纳尔极富创新地在董事长和总裁之间首创了首席执行官（CEO）之职。同时，他还写了一本不同凡响的书——《职业经理的新天地》。为了将分权思想发扬光大，科迪纳尔在纽约克劳顿韦尔（Crotonville）兴建了通用电气管理发展学院。多年后，这里被韦尔奇整饬一新，成为他传授理念与倾听下属声音的圣地。

拉尔夫·科迪纳尔在纽约克劳顿韦尔（Crotonville）兴建了通用电气管理发展学院（GE 克劳顿管理学院），这是全球第一所企业大学，被《财富》杂志誉为“美国企业界的哈佛”

随之确立的是八项考核指标：盈利能力、市场份额、产能、产品领先性、人力发展、雇员态度、社会责任及短期利益和长期利益之间的平衡。最终，分权制取得了巨大成功，1951—1956 年，通用电气的收入从 20 亿美元翻了一倍。在 20 世纪 50 年代，通用电气的业务主要为大型机械、家用电器、军工产品，到 1960 年拓宽到电力设备、原子能，到 70 年代更进一步进入航空、计算机领域，能够如此快速的扩展产业布局，主要得益于分权带来的灵活性。

在科迪纳尔之后，弗雷德·博奇（Fred Borch）继任通用电气总裁，他在原子能、飞机引擎和计算机三个业务上进行豪赌，并因飞机引擎一项业务的极大成功为通用电气在之后 30 年间带来数千亿合同。他曾说：“我们不再把资源仅仅定义为能、电等等，这是有限的因素。相反，资源是某些领域中的机会，即它是我们的天才（无论是技术的、生产的、还是经营的）能够作出适合于社会目标和增长目标贡献的那些机会。”

让通用电气重铸辉煌的雷金纳德·琼斯（Reginald Jones），其全部商业生涯都是在通用电气度过的。琼斯最初的审计师工作让他几乎走遍了通用电气旗下各公司，随后他进入管理梯队，先后担任消费者、公用事业、工业、建设和物流等领域的经理。1968 年，雷金纳德·琼斯成为公司的首席财务官，并于 1972 年出任总裁、董事长兼 CEO。琼斯给全世界业务最为多元化的企业之一的通用电气带来了活力和新的战略方向。琼斯的大多数多元化举措都靠内部增长支撑，而支撑内部增长的，则是强有力的研发、战略性规划以及“能为通用电气十年后的长期增长机会做好准备”的组织架构。

在琼斯的管理下，通用电气的销售由 100 亿美元翻倍到 220 亿美元，利润增长更快，从 5.72 亿美元变为 14 亿美元。更大的进步是通用电气进入了国际市场。作为美国国家出口委员会的主席，琼斯成为为世界贸易扩张和重建美国竞争力鼓吹的重要声音。但琼斯最为公众所知的是他在改变商业和政府间关系时扮演的角色。作为美国商会主席和“美国商业圆桌会议”的联席主席，他是促成企业与政府间建设性对话的带头人。

美国三任总统及内阁成员经常致电琼斯，寻求经济政策的忠告。在政治领域，他最重要的成就是帮华盛顿认清了美国在投资方面的问题。作为一个兼具洞见和公益心的公众政策方面的顾问，他在两个政党中都赢得广泛认可。对于一个商业领袖来说，这是极不寻常的一种信誉。正是如此，由《美国新闻和世界报道》周刊举办的 1979 年和 1980 年的“谁在经营美国”评选中，美国商人们公推琼斯为“美国商业最有影响力者”。

韦尔奇和他的继任者

通用电气（GE）选择接班人的做法是投入大量的时间去了解几位竞争者，同时，花更多的时间去讨论他们的情况。有许多现行的董事会确定继任人的最佳程序方案，这些方案在一般的公司需要董事投入的时间超不过 100 个小时，而通用电气董事会却花了几千个小时。1971 年底，一个叫作约翰·F. 韦尔奇（John F. Welch）的化学博士成为通用电气化学与冶金事业部总经理，他被人们称为“杰克”。1974 年，雷金纳德·琼斯开始考虑继任人选。

杰克·韦尔奇是通用电气历史上最年轻的董事长和 CEO，他带领通用电气，从一家制造业巨头转变为以服务业和电子商务为导向的企业巨人

1978 年初，雷金纳德·琼斯打算使继任人的竞争变得激烈起来。他开始针对候选人搞了一系列活动，称之为“机舱面试”。韦尔奇应召去见雷金纳德·琼斯时，明确地表达出了“推向前进”的想法。琼斯对此恰好颇为感兴趣，

认为韦尔奇有着极大的魄力，对于如何冲向前，处于领先地位，他有很好的想法……那是些关于如何作出有利的改变的想法。

两次机舱面试之后，1978 年春天，琼斯选择韦尔奇为通用电气公司的下一任董事长兼首席执行官。如果说科迪纳尔的分权为通用电气从中型公司成长为大型公司做好了准备，而琼斯让通用电气真正成为世界级大公司，那么韦尔奇的最伟大之处，就是他能让通用电气在成为巨无霸后，还能保持小型企业的灵活性。对业务的发展计划做出及时调整，是通用电气没有在高速增长过程中迷失自己的重要原因。

韦尔奇离任前没有忘记自己最后的一项重要工作：挑选一个能够超越自己的接班人。最初的原则似乎只有一条：继任者一定要在公司内部挑选出来。这既让董事会对该人选有充分的考察及了解，也能保证一旦当选，新 CEO 对公司高度的熟悉，能够立刻判断公司改变的余地在哪里。杰夫·伊梅尔特（Jeffrey R. Immelt）最终胜出。与杰克·韦尔奇的做法截然不同，伊梅尔特不刻意依靠每季度恰到好处的盈利博取华尔街的认同，而把长期战略的实施放到了首位。

为降低对金融业务的依赖，并降低其中的不透明，伊梅尔特把通用金融一拆为四，以加强管理，并着手将其中的保险业务拆分上市。伊梅尔特正在改变韦尔奇借收购实现公司增长的习惯。他拨给“魔术屋”新的巨额预算，让其发展纳米、光伏、氢动力等将在未来工业中扮演重要角色的技术。与韦尔奇频繁让管理人员变换工作不同，伊梅尔特尽可能将中高层管理者固定在一个位置上，以使他们成为专家。

通用电气内已经出现了一句伊梅尔特的新口号“ACFC”：立足于客户，服务于客户。在公司内部，对于每个人工作的最重要考虑就是：你最近为客户做了什么？以通用电气的运输业务为例，它与购买其火车机车的铁路部门合作，计算火车的最佳行车路线。接下来，通用电气会把自己的最佳实践、自己的工作流程，甚至自己的全部与客户分享。此时，几乎已经可以确定，伊梅尔特给通用电气打上了更加明显的商人标记。

“未来对于经理人的要求有何？知性纬度、战略能力、社会敏感、政治世故、全球意识，凌驾这一切的，是在变革中保持平衡的能力。”通用电气第七任 CEO 雷金纳德·琼斯曾总结说。

■来源·《三井帝国启示录》中国档案出版社 2006 年 8 月，作者：白益民

第四节

通用电气的产融结合之路

在 1929—1930 年的危机时期，随着投资者和消费者支出减少和失业增多，工商业的销售额和利润大幅下降，通用公司的状况也不例外。与此同时，在 30 年代的美国经济大萧条中，国会和联邦金融监管当局为了挽救上万家银行的倒闭，采取了许多适应当时形势发展的对策，重心放在缓解存贷机构所面临的竞争压力及降低商业银行所涉业务的风险之上。

进军金融领域

通用电气于 1932 年成立了通用信用公司（通用电气 CC），公司刚开始的主要业务是，承担购置通用大型家电产品的消费者分期付款业务。毋庸置疑，这种情况下，采用分期付款的赊销办法会增加耐用消费品的销售额。面对家用电器的销售问题，通用电气开始走上这条道路。通用信用公司通过向顾客提供信用服务以帮助通用公司的电器经销商销售其冰箱和电炉。可见，通用电气涉足金融业更多是为了主营业务市场销售而进行的业务创新。

在 20 世纪 30 年代及之后的一二十年间，美国国会制定了一系列极具大萧条时期色彩的法规，诸如 1933 年的《格拉斯－斯蒂格尔法》、1956 年的《银行持股公司法》，等等。通过上述法案，美国国会对存贷款机构能够付给存款者的利率上限进行了限定；此外国会还明文规定商业银行不允许跨州设立分行；限制银行从事某些非银行的金融业务，诸如证券和保险

的承销业务等等。这样就为通用信用公司这类非银行金融机构的发展减轻了来自银行竞争方面的压力。1943 年，通用信用公司依照《纽约银行法》将其业务拓展到其他公司和市场。

60 年代后，银行及独立的财务公司也加入分期付款等消费者信用的市场，使得通用信用公司面临巨大的生存压力，存在的必要性变得让人怀疑。但是通用信用公司的员工不愿意公司结束营业，他们极力向公司反映，通用信用 20 年来累积的经验，已足以使这家公司进一步进军金融市场的其他领域。于是，通用电气信用扩展经营范围，为履带牵引机的结构设备提供经费，当时被称为“黄烙铁”，直到 60 年代末，才开始出租其他设备。

在 60 及 70 年代，通用信用公司大举扩张。到了 70 年代末，通用电气信用公司开始变得多样化，不过规模依然很小。那时，通用电气为房屋制造、二手贷款、商业地产、工业贷款和租约以及个人信用卡提供经费。

此外，通用信用也是公司服务及材料事业部门能够成功的主要贡献者，通用电气金融部门在 1982 年的收入及获利，分别占整个公司的 10% 及 20%。与此同时，通用信用公司的利润由 1978 年的 7700 万美元增长到了 1982 年的 2.05 亿美元。从 80 年代至今，通用信用已经成为美国境内最多元化的金融公司，资产总额达 185 亿美元。

在通用电气信用公司发展后期，通用电气公司曾将其空调业务出售，这同时促使通用电气建立了另一项基本原则。通用电气使用出售这项业务获得的 1.35 亿美元资金帮助重组其他业务。通用电气出售每一项业务时都是按照同样的方式进行：从不把出售通用电气获得的收益计入净收入，相反，总是把这笔资金用来提高公司的竞争力。

在过去的 20 年里，不管是对通用电气自身，还是通用电气的下属公司，都不允许使用一次性的结构重组这个理由为完不成盈利目标辩解。结构重组的支出由通用电气单独走账。

服务金融业大扩张

20 世纪 80 年代初期，美国经济萧条，恶性通货膨胀加上石油价格上升，极大地削弱了美国产品的竞争力，美国的传统制造业开始走下坡路。

这对当时主要产品集中在传统制造业的通用电气造成了极大影响，迫使通用电气不可避免地走多元化的道路。到了 80 年代初期，通用电气开始了第一阶段的革命。第一阶段结束时，公司的经营重心已经从核心电机制造业转到高科技及服务业。

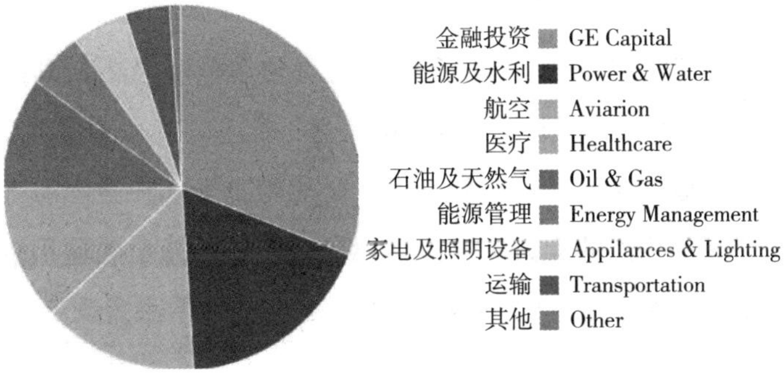

通过这张表我们可以看出，通用电气的最大收入其实来自金融，占 31%。经营范围包括个人贷款，信用卡，能源金融服务等等

80 年代的通用信用公司是一家多元化的财务公司，提供租赁、融资等服务，是美国境内最多元化的金融公司，它在承做杠杆租赁、杠杆收购的方面领先同业。在杰克·韦尔奇的大力推动下，通用资本与其他制造业的关系也越来越密切。

通用资本提供制造业财务的咨询服务，同时也获得许多宝贵的产业资讯，以帮助其拓展业务。在 1984 年 7 月 1 日，通用资本公司以 11 亿美元购买了雇主再保险公司，进一步扩大了它的营业领域。这家公司是美国三大财务及意外再保险公司，同时成立了通用电气金融公司，作为通用资本（前身为通用信用公司）及雇主再保险公司的母公司。

80 年代后期，随着市场竞争的加剧，靠市场份额领先已经无法保证利润的来源，韦尔奇敏锐地意识到，价值增长的潜力已转移到下游服务和融资活动上。他看到利润正从产品本身移往产品售出以后的过程。

他利用这种转移，改变了通用电气的价值获取机制，提出了为客户提供全套解决方案的口号，所谓全套解决方案就是要为客户提供产品以外的服务，其中最主要的是提供金融服务。通用电气的金融服务主要是通过通用资本公司来实现的。该公司的年净收入增长率达到了 18%，而通用电气的其他部门多数只在4%左右。

通用资本与通用其余事业的关系，主要是其他事业的顾客在购置通用产品时，为其提供分期付款或其他种类的融资服务。通用电气金融部门的盈余，占总盈余的比率，已由1981年的20%，上升至1986年的29%。在1988年，通用的金融服务事业资产已达750亿美元，盈利则达到7.88亿美元，比前一年上升43%。到1991年时，通用电气金融的利润已经占到集团总利润的30%，2001年这个比例又进一步上升到40%。

通用的产业和金融结合较为紧密，从战略上看，在金融服务方面非常有特色，它具备强大的实力，能为客户提供超值的服务。通用资本公司涉足的通常不是全新的、独立的金融服务领域，而是通用原有产业的衍生领域。

杰克·韦尔奇上台之后，在他的大力推动下，通用资本与其他制造业的关系也越来越密切，通用资本提供制造业财务的咨询服务，同时也获得许多宝贵的产业资讯，以帮助主业拓展业务。与工业业务相比，金融行业的利润率较高，因为这种业务本身不用过多地投资到研发、修建工厂上，这种商业完全是知识资本。

■来源：《三井帝国启示录》中国档案出版社2006年8月，作者：白益民

第五节

通用电气的综合商社化和财团形态

自从通用电气开始大规模收购，就被专家批评或者警告有沦为杂牌公司的危险。批评者认为，通用电气公司不顾反对意见随意出售或者购入企业，这些购入的企业与原来通用电气的主业差距很大，没有关联。著名畅销书《追求卓越》的作者也认为："通用电气曾经是本世纪最光彩夺目的技术类公司，现在正在变成大杂烩、变成一个杂牌公司了。"事实究竟如何呢？

统一的多样化

通用与杂牌公司有着本质的不同，通用电气的各个企业却有着统一的价值观念，是一个'统一多样化'的公司

"我们与杂牌公司有着本质的不同，"通用电气前任CEO杰克·韦尔奇曾经这样分析说，"杂牌公司是一些没有核心理念、没有统一步调的企业组合。而通用电气的各个企业却有着统一的价值观念；与此同时，通用电气还有一个市场研究机构，为通用电气所有的企业提供研究结果。**通用电气从任何一个方面看，都是一个集中领导下的公司，是一个'统一多样化'的公司。更具有说服力的是，一个多世纪以来，通用电气一直有能力购入或者售出一些公司，而且有能力在变革时代保持领先位置。**"

通用电气公司在创立后的八十多年中，以各种方式吞并了国内外许多企业，攫取了许多企业的股份，1939年，其国内所辖工厂只有三十几家，到1947年就增加到125家，1976年底，其在国内35个州共拥有224家制造厂。

在国外，它逐步合并了意大利、法国、德国、比利时、瑞士、英国、西班牙等国的电工企业。1972年，该公司在国外的子公司计有：欧洲33家、加拿大10家、拉丁美洲24家、亚洲11家、澳大利亚3家、非洲1家。到1976年，它在24个国家共拥有113家制造厂，成为一个庞大的跨国公司。

通用电气公司是摩根财团控制的一家大工业公司。它经营了几十年，攫取巨额利润，资产雄厚，规模庞大，1976年和1977年在美国大公司中都是名列第九位。据1978年5月8日美国《幸福》杂志的统计，美国通用电气公司1977年的总资产达136.96亿美元，销售总额达175.15亿美元，这一年的纯利润为10.88亿美元，在美国各大公司中占第五位，职工总人数38.4万人。

该公司从1956年开始建新厂生产导弹，并向外国提供核技术，例如在日本搞原子能、原子燃料和海军鱼雷等。1976年与法国合作研制涡轮飞机和可以装备鱼雷潜艇或运载火箭的发动机。在1973年接受美国军事订货共14.2亿美元，在各大公司中居第二位。

由于通用电气公司经营多样化，品种规格繁杂，市场竞争激烈，它在企业组织管理方面也积极从事改革。20世纪50年代初，该公司完全采用了“分权的事业部制”。当时，整个公司一共分为20个事业部。每个事业部各自独立经营，单独核算。以后随着时间的推移和企业经营的需要，该公司不断调整组织机构。1963年，当波契（Boych）接任董事长时，公司的组织机构共计分为5个集团组、25个分部和110个部门。当时公司销售正处于停滞时期，5年内销售额大约只有50亿美元。

到1967年以后，公司的经营业务增长迅速，几乎每一个集团组的销售额都达16亿美元。波契认为业务扩大之后，原有的组织机构已不能适应业务发展的需要。于是把5个集团组扩充到10个，把25个分部扩充到50个，110个部门扩充到170个。他还改组了领导机构的成员，指派了8个新的集团总经理、33个分部经理和100个新的部门领导。同时还成立了由5人组成的董事会，他们的职责是监督整个公司，并为公司制定比较长期的基本战略。

财团化的管理体制

在20世纪60年代末，通用电气公司在市场上遇到威斯汀豪斯电气公司（Westinghouse Electric Corporation，又称西屋电气公司）的激烈竞争，公司财政一直在赤字上摇摆。公司的最高领导为力挽危机，于1971年在企业管理体制上采取了一种新的战略性措施，即在事业部内设立“战略事业单位”。

“战略事业单位”是独立的组织部门，可以在事业部内有选择地对某些产品进行单独管理，以便事业部能够机动有效地将人力物力集中分配使用，对各种产品、销售、设备和组织编制出严密的有预见性的战略计划。这种“战略事业单位”可以和集团组平级，也可以相当于分部的水平，例

如医疗系统、装置组成部分和化学与冶金等；还有些是相当于部门的水平如碳化钨工具和工程用塑料。

通用电气公司的领导集团很重视建立“战略事业单位”，认为它是“十分有意义的步骤”，对公司的发展是一个“重要的途径”，1971年，该公司在销售额和利润额方面都创出了纪录。从该公司60年代到70年代中的迅速发展的情况看，这项措施确乎也起了不少作用。从1966年到1976年的11年中，通用电气公司的销售额增长了一倍，由71.77亿美元增加到156.97亿美元；纯利润由3.39亿美元增加到9.31亿美元。同时期内的固定资产总额由27.57亿美元上升到69.55亿美元。

“战略事业单位”是独立的组织部门，可以在事业部内有选择地对某些产品进行单独管理，以便事业部能够机动有效地地将人力物力集中分配使用，对各种产品、销售、设备和组织编制出严密的有预见性的战略计划

70年代中期，美国经济又出现停滞。于1972年接任为通用电气公司董事长的琼斯，担心到80年代可能会出现比较长期的经济不景气，到1977年底，他又进一步改组公司的管理体制，从1978年1月实行“执行部制”，也就是“超事业部制”。

“超事业部制”的管理体制，是在企业最高领导之下、各个事业部之上的一些统辖事业部的机构。这种体制就是在各个事业部上再建立一些“超事业部”，来统辖和协调各事业部的活动，也就是在事业部的上面又多了一级管理。这样，一方面使最高领导机构可以减轻日常事务工作，便于集中力量掌握有关企业发展的决策性战略计划；一方面也增强了企业的灵活性。

在改组后的体制中，董事长琼斯和两名副董事长组成最高领导机构执行局，专管长期战略计划，负责和政府打交道，以及研究税制等问题。执行局下面设5个“执行部”（即“超事业部”，包括消费类产品服务执行部、工业产品零件执行部、电力设备执行部、国际执行部、技术设备材料执行部），每个执行部由一名副总经理负责。执行部下共设有9个总部（集团）50个事业部49个战略事业单位。各事业部的日常事务，及有关市场、产品、技术、顾客等方面的战略决策，以前都必须向公司最高领导机构报告，而现在则分别向各执行部报告就行了。

多元化投资 VS 多元化经营

在通用电气，多元化的真正含义是多元化投资，而不是多元化经营。多元化投资是指一个投资控股公司向若干个公司投资，通过这若干个公司间接经营了若干个业务，当然，该投资控股公司并不直接经营具体的业务；多元化经营是指一个公司在同一家实体内部投资，经营了若干个业务。

它们的最大区别在于，“多元化投资”投资中某一项或几项业务的失败只会给投资者的投资收益带来影响，并不累及投资控股公司的现金流；而“多元化经营”投资中某一项或几项业务的失败在给投资者的投资收益带来直接影响的同时，还将累及公司的现金流和生存问题。

实际上，自从通用电气的核心业务逐渐脱离电气制造而开始进入飞机发动机、金融服务等“非电气”业务以来，通用电气就一直有意识地将一个企业或者一个业务成功所必需的整个运转系统，诸如人力资源、技术、财务等合理安排在新业务和新公司的周围，从而确保新业务的成功。而这套系统在原来的通用电气是成熟的，也是通用电气的一个最大优势。

通用电气公司在全球化的过程中，也的确曾经设想过根据世界不同的国家、区域形成不同的价值观和企业文化。后来，通用电气否定了这种设想和方向，进而在全球推行了一套统一的核心价值观和企业文化。

在一般情况下，通用电气在兼并一家企业之初就会考虑到，两家企业是不是很匹配，更具体地说是在文化上是不是契合或者能不能契合。业界人士比较关注的是，通用电气在对大量来自不同企业文化群体的人进行兼并和接纳的过程中，会不会因为对利润的追求而在企业文化上有所妥协。

通用电气现任 CEO 伊梅尔特曾经对此专门阐述过自己的看法：尽管通用电气提倡和鼓励多样化，鼓励成员企业和职员按照自己的创新方法去进行探索，但是，无论如何，多样化的前提是通用电气不能放松和改变自己的核心价值观。

表9-1 通用电气（GE）当前各事业部组织结构

消费者金融	隶属于GE Money旗下，GE消费者金融服务向世界各地的消费者、零售商和汽车经销商提供信用服务和金融产品，如私人信用卡、个人贷款、银行卡、汽车贷款和租赁、抵押贷款、团体旅行和购物卡、账务合并、家庭财产贷款和信用保险
商务金融服务	为促进世界各地的业务增长，GE商务融资提供一系列融资服务和金融产品，包括借贷、运营租赁、融资项目、商务保险和再保险等
工业	向全球提供范围广泛的产品和服务，包括家用电器、照明和工业产品、工厂自动化系统、塑料、硅树脂和石英产品、安防和传感技术以及设备融资、管理和运营服务
基础设施	GE是基础设施技术服务全球领先供应商之一，其业务覆盖发达国家、发展中国家以及新兴国家，包括飞机发动机、能源、石油和天然气、铁轨和水处理技术。GE基础设施还提供航空和能源方面的租赁和金融服务
医疗	GE医疗处于领先地位。GE医疗在医疗成像和信息技术、医疗诊断、病人检测系统、疾病研究、毒品检测以及生物制药方面的技术都是致力于更早地发现疾病，并帮助医生为病人治疗
NBC环球	NBC环球是一个全球领先的媒体和娱乐公司，为世界各地的观众开发、制作和营销娱乐新闻、时事信息

这就是说，每一家被并入的企业都必须更多地向通用电气的价值观和文化靠拢，通用电气（中国）有限公司公关负责人把这种文化上的整合称为“通用电气化”。

具体说来，被购入的企业必须遵循通用电气共同的严格的制度，比如报告财务状况等等；但是，在另一方面，被并购公司通常能够保留原来的名称、营销策略和首席执行官。当然，被并购公司人事的稳定要建立在该企业高管层愿意合作、乐意接受通用电气价值观和文化的前提下。

■来源：《三井帝国启示录》中国档案出版社2006年8月，作者：白益民

第十章　共筑中国商社梦

1994 年 12 月 31 日，国务院正式批准中化公司在全国首家进行综合商社试点，并把中国对外经济贸易信托投资公司（以下简称为“外贸信托”）划归中化旗下，以加强其金融功能。中化公司试图学习日本的管理模式，模仿三井、三菱这样的国际大财团，对实业、贸易、研发、海外扩张等多个领域同时开拓、混业经营。

2003 年，浙江物产找到了一个新商业模式的标杆——日本三井物产株式会社。切入供应链的方式，是浙江物产最终形成“上控资源，中联物流，下控网络，形成贸易、投资、金融一体化的营运模式”和“集贸易、加工、金融、物流、投资于一体的一体化赢利模式”不可或缺的基础条件平台。

杉杉集团董事局主席郑永刚表示：“杉杉未来以日本成功的商社性管理模式，作为学习的体制和模式，也结合美国模式的先进性，但我们有创新，不会照抄照搬。杉杉集团以中国特有的企业文化为基因。只不过在选择的过程中，觉得日本的商社管理模式更适合杉杉未来的发展。”

作者题注：

其实西方的经济、商业并不是最先进、最发达的。我们传统的中国商业文明也是非常发达的，而且靠这种发达的文明，我们在唐宋，包括明朝时期都是全球最厉害的经济体。

本章提要

浙江物产“流通产业化”的想法与三井物产的“综合商社”有相似之处。综合商社是商业、工业和金融协同发展的模式，而流通产业化是基于中国国情和浙江物产集团的实际，首先打通商业资本和工业资本的发展模式。

在中国，最有希望在海外成功进行商业运作“海外农场”的是新希望集团。四川“新希望”是一家以饲料加工、养殖业为主的民营上市公司，目前已经从原来单一的实业企业，逐渐过渡到复合投资型公司。

徽商、晋商开钱庄，相当于有一个贸易公司，而贸易公司其实就类似现在的综合商社，只不过进行了改造。商业、金融都在里面，再通过这种活动控制产业，对产业形成宏观的控制，这是我们中国传统的商业经济。

关于综合商社，众人的理解并不完全一致，但是大致的理解基本相同。浙江中大集团副总裁胡小平的观点可谓是其中代表，他把综合商社特点归纳为四条：以贸易为基础、以金融为支撑，多元化经营、交叉持股，组织严密。

日本财团最终形成从外看是资本主义，从里看是社会主义的一种模式。而且这些大财团之间通过相互持股进行情报共享，产业链的分工和协作，它们所形成的长期战略，可以定5年、10年甚至100年的发展战略。

中国不是美国，中国的政治制度跟美国完全不一样，同时文化、理念也都是不一样的。我们有货币发行权吗？我们占据了全球的资源吗？没有，所以我们不能玩美国那一套，玩不动，如果按照美国的游戏规则去玩肯定只能亏损。

第一节 中化集团：中国首家综合商社试点

首家商社试点

1994 年 12 月 31 日，国务院正式批准中化公司在全国首家进行综合商社试点

中国中化集团公司（简称“中化公司”）是中国国有重要骨干企业，前身为中国化工进出口总公司。公司在石油、化肥、化工领域实施全球化运作，是中国四大国家石油公司之一，也是中国最大的化肥进口商和磷复肥生产商。“中化”（SINOCHEM）品牌在全球业界享有良好的声誉。公司已先后十多次入围《财富》全球 500 强企业排名，在 2005 年发布的排行榜中列第 287 位，在贸易类企业排名中位列第四。

中化公司的前身是 1950 年成立于首都北京的“中国进口公司”，它是新中国第一家专业从事对外贸易的国有进出口企业。在国家完全垄断进出口权的时期，物资能源类的国企有其特有的生存优势。20 世纪 80 年代中期是中化最辉煌的时期之一。当时，公司的进出口额近 200 亿美元，占据了国家进出口贸易总额的 1/4。1987 年底，国务院批准中化公司进行国际化经营试点。

1994 年 12 月 31 日，国务院又正式批准中化公司在全国首家进行综合商社试点，并把中国对外经济贸易信托投资公司（以下简称为“外贸信托”）划归中化旗下，以加强其金融功能。中化公司试图学习日本的管理模式，模仿三菱这样的国际大财团，对实业、贸易、研发、海外扩张等多个领域同时开拓、混业经营。

中化公司已隐然成为全国贸易行业中的一艘旗舰。这家成立于 1950 年 3 月份的国务院直属大型贸易公司，1994 年的营业额已经达到了 150 亿美元，仅海外分支机构就已经遍布20多个国家和地区。

更重要的是，中化当时的业务已经远远超越了单纯的贸易公司的范畴。借助在石油、化工和化肥领域的强势的国有进出口贸易垄断特权，在进入20世纪90年代之后，中化加快了多元化投资的步伐。

到了1994年，除进出口业务之外的其他业务，在中化的营业额中所占比重已经达到了52%。这种趋势，很像从20世纪六七十年代在日本和韩国崛起的诸如三井、三菱、伊藤忠以及三星、现代、大宇等由政府主导的综合商社，按照业内人士的说法是，这些商社的业务“从方便面到导弹”，无所不包。在当时很多人看来，日本这些营业额动辄在10万亿日元的综合商社，俨然是这个经济帝国的航母级助推器。

在获得综合商社试点的身份后，中化更是在当时担任总裁的郑敦训的率领下，制定了雄心勃勃的10年计划。按照这一规划，从1995—1996年，公司将争取形成综合商社的基本框架；从1997—2000年，初步建成贸易、金融、产业等功能健全的具有国际竞争力的综合商社；最后，从2001—2005年，建立以贸易为龙头，贸易、金融、产业紧密结合，具有中国特色的综合商社型跨国公司。

亚洲金融危机后的西化改革

然而，这种改造让中化公司付出了高昂的代价。在多年贸易垄断政策的喂养之下，中化的营业收入尽管一直颇高，但内部管理尤其是财务较为混乱。改革进行到20世纪90年代中期时，集团负债沉重，许多项目管理失控。

在当年综合商社的扩张思路下，各路诸侯各自为政，在投资决策和资金管理上拥有超常的独立性，总公司财务和管理几乎处于失控状态。到1997年亚洲爆发金融危机，中化公司改革中所有问题集中显现，整个企业差点濒临崩盘。

1998年3月，刘德树从中国机械进出口总公司总经理的职位上空降至中化集团就任总裁，其时不到46岁的他刚刚从中欧国际工商学院获得EMBA学位。刘德树上任后，立刻开始在内部进行大整顿，开始“铁血削藩”。据统计，在长达两年多的轰轰烈烈的“削藩变革运动”中，中化公司共计有289家二级、三级甚至四级机构被关闭或出售，主业逐渐清晰，中化公司初步完成总公司集权的管理模式，建立了一套严密的管控体系，管理改善工程得到较为全面实施。中化从此走上“有限多元化和专业化”结合的道路，并尝试更好的公司治理形式。

1999年初，早在三年前就已经与中化有过接触的麦肯锡公司开始介入，为公司设立新的管理流程和业务发展战略。最后执行的方案对“麦肯锡方案”有所修订，其中的十大管理系统，以及业务架构上的“一二三”战略。所谓“一二三”战略，就是指培养一种面向市场的核心竞争力，向产业的上下游两端延伸，并且兼顾国内外两个市场。同时，在巩固和发展传统主营业务的同时，积极进入与主业相关的高科技投资和金融服务领域，建立核心价值的三大支柱。

这一颇为西化的变革模式，对于几乎与共和国同龄的中化而言，并不是件容易的事情。第一个进行大规模调整的是化肥中心。据称，100多人的团队，最后“基本上都走了”。当时，化肥中心的业务员大多与国外公司交往甚密，而且随着公司推行ERP管理，某些员工也感受到了不适应，加上对中化的前景感到悲观，纷纷选择了“孔雀东南飞”。

道铁血令被下达到各子公司和法人机构，四种权力必须限时上交：投资决策权、资产处置权、关键岗位的任免权以及财务上的支配权，这几种权力几乎是决定一个机构命运的关键因素。与此同时，摆在中化面前最大的难题，却是如何重建新的集团管理架构，以及如何对已有的庞大的投资进行清理。

在长达两年的疾风暴雨式的“运动”中，中化出售了包括裕龙大酒店、青岛黄金海岸大酒店以及公司在海外的大批房地产项目，并且彻底退出了包括广告、展览等在内的行业。

2000年3月，中化公司控股的中化国际（600500）在上海证券交易所成功上市，驶入了国内资本市场

1999年开始，中化开始在总公司下面，按照业务归类，重新

构建此前形同虚设的二级业务中心，最早是石油中心和化肥中心，后来又延伸到了国内经营中心以及物业酒店中心。在重组之后，二级业务中心作为一个相对独立的完整实体来运营。2000 年 3 月，“中化国际”正式在上海交易所上市。随着中化国际对中化原有化肥业务的收购的展开，中化国际的角色正在逐渐清晰。

2000 年 3 月，中化公司控股的中化国际（600500）在上海证券交易所成功上市，驶入了国内资本市场。中化国际贸易股份有限公司 2001 年 8 月 28 日将总部从北京南迁上海，入驻“中华第一高楼”金茂大厦，成为驶抵浦东的又一外贸“航母”。

但是，“后 WTO 时期”贸易公司即将面临的冲击，目前已经开始浮出水面。中化这艘曾经历过惊涛骇浪的巨轮，仍然面临着很多未知的漩涡。有一点值得注意的是，随着中化集团的上市公司“中化国际”总部从北京迁往上海，这个中国首家综合商社试点企业开始接受南方文化的洗礼。

除了在资本市场的动作，中化的金融业务，其中重要的一个砝码是其全资子公司外贸信托，由于现存的外贸信托当年合并了中化财务公司，主要业务仍然是针对中化总公司的。但中化却显然不满足于 2001 年 11 月 8 日获得中国人民银行重新认证的外贸信托，仅仅充当“财务公司”的角色。中化希望恢复中化财务公司，以便能够开展外贸信托业务，更多地承担社会信托的功能。中化通过外贸信托持有宝盈基金管理有限公司 25% 的股份，该公司旗下有两只封闭式基金：鸿飞证券投资基金和鸿阳证券投资基金，2002 年 9 月 5 日，该公司又发行了首只开放式基金——宝盈鸿利收益证券投资基金。

2003 年，中化公司 2003 年工作会议提出把中化公司建设成为具有全球地位伟大公司的目标，并发出“加速发展，开创中化公司新局面”的动员，标志着公司步入加速战略转型的新发展阶段。同年 9 月，中化公司在《2004—2008 战略发展纲要》中提出要树立产业观，将中化公司在五年内转型为营销服务型企业，十年内转型为产业服务型企业。2003 年 11 月 10 日，公司更名为中国中化集团公司。

学习通用电气

中化集团总裁刘德树认为，进出口公司是我国经济发展特定时期的产物，随着我国经济的快速发展，国内企业与国际市场的联系将越来越紧密，中化集团如果仍走进出口贸易的老路，未来将难以生存。在他心中一直有个梦：渴望在自己的任期内将麾下的中化集团由以往的贸易型企业向技工贸相结合的实业公司方向成功转型，最终使中化集团成为“中国的通用电气（GE）”。

在克劳顿韦尔（Cortenvill）大学的学习是刘德树对中化战略思路的一个完善阶段，杰克·韦尔奇亲自讲授的通用电气的成功之道，耳闻目睹加深入考量，刘德树明确了中化走“有限多元化和专业化”结合的道路，并尝试更好的公司治理形式。

2008 年 11 月，中化集团公司总裁刘德树当选“中国改革开放 30 年 30 名经济人物”

刘德树非常欣赏通用电气的管理模式，回来后就开始在公司中进行推广、实践。不少管理层被送入中欧国际工商学院进修，吐故纳新的进度大为加速。到了 2003 年，这家有着 53 年历史的大型国企，员工的平均年龄已经下降到了 32 岁。参照通用电气模式，中化公司被分成七大事业中心，包括：石油、化肥、化工品、国内经营、境外机构、金融、物业。

2004 年 3 月 18 日，中化公司控股成立中化山东肥业有限公司；4 月 26 日，收购涪陵化工有限公司 60% 股份，计划投资 20 亿，将涪陵化工高浓度磷复肥年产量提高到 200 万吨，成为国内最大的生产基地；6 月 15 日，收购盐湖钾肥 20% 的国有股份，成为其第二大股东；10 月 18 日，参股天脊高平 60 万吨尿素项目；11 月 18 日，参股投资成立云南三环中化化肥有限公司，参与建设国内最大的磷复肥生产基地。

2005 年 7 月 28 日，中化香港控股有限公司（股票代号 0297，简称中化香港控股）在完成对中化集团公司的化肥资产收购项目后，在香港重新上市。中化化肥由此实现了在香港资本市场上市，成为中国化肥业海外上市第一股。谈到以此次化肥收购事件为序幕的产业重组战略，刘德树这样认为：非常时期的变革“要是没有这几年的苦练内功，中化不可能去做这件事情”。

中化公司主营石油、化肥、化工业务，是四大国有石油公司之一，也是目前国内最大的化肥供应商和磷复肥生产商。中化公司历史上是国际市场上最大的化肥采购商。但无论如何，在刘德树的事业布局中，这是经历了综合商社模式之痛和亚洲金融危机的中化集团，在完成管理变革之后，朝着新的战略布局挺进的一个重大手笔。

2004年12月9日，中化国际召开2004年度第三次临时股东大会，启用的三位高管中有两位曾经在美国通用电气公司担任过重要职务。就短期而言，中化公司更大的企图，显然是冀望这些金融业务，最大限度地发挥与主业的协同功效，像通用电气的金融部门一样，扮演“利润倍增器”的角色。鉴于目前的金融制度环境问题以及历史问题，中化的金融业务短期之内“不会走得太快”。

■来源：《三井帝国启示录》中国档案出版社，2006年8月，作者：白益民

第二节

浙江物产：三井供应链试验

自2008年1月3日始，中大股份（600704. SH）连续3个交易日涨停。该公司拟定向募集约13亿人民币购买大股东手中汽车销售业务的消息公布后，“中大股价翻番”“它就是内地和记黄埔”等亢奋性语言在网上迅速扩散。一个总盘子仅3. 74亿股的小型上市公司何以会让人“亢奋”如此呢？因为它有一个潜力巨大的大股东——浙江物产集团公司。

浙江物产集团源于1954年成立的浙江省人民政府物资供应局。1996年，由浙江省物资局成建制变身而来，并成为国家重点培育发展的20家大型流通企业集团之一。集团以生产资料流通为主业，现已形成金属材料、汽车服务、能源、化工、现代物流、木业六大主业。2007年，浙江物产实现经营规模800亿元，利税15亿元，位列“浙江省百强企业”之首和“中国企业500强”第65位。

尽管浙江物产的企业排名一流，但与诸多如雷贯耳的浙江制造企业相比名气并不大。许多浙江当地的百姓甚至都不知其名。但这并不妨碍它创新能力的提高和新型商业模式的建立。事实上，正是这家不为人熟知的物产集团占据了浙江省内钢材市场贸易量的25%和20%的汽车新车销售份额。

打开浙江物产集团的网页，在内部论坛上，一名员工的豪言壮语清晰地映入眼帘：衷心祝愿物产集团5年内迈进世界500强。

“现在看，我们用不了5年。目前世界500强企业的门槛大概在1000亿元人民币左右的经营规模，依照现在浙江物产的发展速度，只需要一年多时间就可以达到，”浙江物产集团公司一位内部人士对《商务周刊》说，“但速度和规模并不是最重要的，近年来我们更关注的是企业增长质量和模式。”

价格发现权的弱点

过去6年中，浙江物产经营规模从161亿元扩大到现在的800多亿元，年平均增长速度超过22%，2001—2003年的增长速度更是高达60%多。

规模扩大的同时，网络也得到了迅速发展。1996年，浙江物产成立集团后，在中国东南部地区密布金属、汽车和能源分销体系。浙江物产金属公司，经营钢材、铁矿砂、铁合金、废钢、电解铜、电解铝等，与首钢、鞍钢、武钢、马钢、唐钢、菱钢、攀钢、

浙江物产以生产资料流通为主业，经营范围涉及国内外贸易、现代物流、配供配送、流通加工、金融服务等领域

沙钢、邯钢、太钢、建龙等60多家大中型国内钢厂以及斯坦科、奥钢联、蒂森克虏伯等众多国外钢厂建立了长期稳固的战略合作关系，在浙江省的市场占有率达到25%以上。

物产元通公司是集团最早实施品牌战略的业务板块，主要经营新车销售和二手车交易，是通用、丰田、沃尔沃、一汽－大众、上海大众、上海通用、东风日产、北京现代、戴克、三菱等近60家国内外知名汽车品牌的特许经销商。2003年，元通公司就已占有浙江省新车上牌量的16%。

集团旗下的物产燃料公司则经营煤炭、焦炭和油品等，煤炭业务承担着全省生产、生活用煤供应的主渠道任务，除电力煤外，销售规模列浙江省首位。公司与山西煤炭进出口、晋城煤业、中煤科技、兖州煤业、潞安煤业、榆林煤业、大同煤业、内蒙古伊泰等以及油品领域的中石化、中石油等大企业集团建立了稳固的资源渠道。

然而，这些都不能掩盖浙江物产转型的迫切性。尽管浙江物产作为国有企业，拥有许多渠道和网络上的独特优势，但辐射范围却是有限，供应链上的话语权很弱。

做了50年流通生意的浙江物产很迷惑——它非常熟悉传统的买进卖出商业模式，这种模式的特点是赚取“三差”，即时间差、空间差、批零差。但显然这一传统模式已经不能很好地适应新市场条件下的竞争。

2003年，浙江物产在复旦大学管理学院专家的帮助下，着手集团十年发展战略规划的研究制定。也就是这一年，浙江物产找到了一个新商业模式的标杆——日本三井物产株式会社。

2004年，浙江物产集团董事长胡江潮率考察团到日本三井物产总部拜访。第二年，浙江物产还特邀三井物产旗下上海贸易有限公司总经理濑户山来集团讲课，介绍三井物产的基本价值观念、内部运行控制等。2004年上半年，经过国家和浙江省有关部门组织的两次专家论证，《浙江物产集团发展战略规划》正式实施。浙江物产集团确定了“推进流通产业化，加快实现由传统流通向现代流通产业战略转型，提升和努力打造千亿（规模）企业，建设具有国际竞争力的一流现代流通企业集团”的战略发展总任务。

“流通产业化”的想法与三井物产的“综合商社”有相似之处。浙江物产的这位内部人士解释说：“综合商社是商业、工业和金融的协同发展的模式，而流通产业化是基于中国国情和浙江物产集团的实际，首先打通商业资本和工业资本的发展模式。”

标杆的意义并不是简单的模仿。三井物产与浙江物产在企业性质和规模上差距都很大，以 2005 年为例，三井物产公布的收入总额合 2814 亿元人民币，而浙江物产只有 400 亿元人民币。但通过比较双方财务数据的细节，浙江物产还是找到了学习的路径。

在近年的发展速度上，三井物产与浙江物产基本持平。三井的年报显示，2005 财年，该商社的收入总额增长为 17.76%；而根据天华会计师事务所提供数据显示，浙江物产 2005 财年收入总额增长 17.79%。利润的总额比较引起了浙江物产集团的关注，2005 年，日本三井的利润总额同比增长 49.76%，而浙江物产的利润反而下降了 4.14%。

在毛利率方面，2005 财年三井商社的销售毛利率为 10.59%，浙江物产集团复核后的数据显示为 4.06%，三井的销售毛利率是浙江物产集团的 2.6 倍。另外，三井的净资产报酬率为 14.45%，而浙江物产年净资产报酬率为 9.41%，三井是浙江物产的 1.54 倍。

在所有财务数据的比较中，浙江物产占优的只有两项：存货周转率和总资产周转率。2005 年三井的存货周转率为 4.81 次/年，浙江物产为 12.18 次/年；三井总资产周转率为 0.51，而浙江物产是 3.25。总资产周转率体现了企业经营期间全部资产从投入到产出周而复始的流转速度，反映了企业全部资产的管理质量和利用效率。一般情况下，这两个指标数值越高，周转速度越快，销售能力越强，资产利用效率越高。同时，结合毛利率和资产回报率的数据，浙江物产发现它们与三井最大的不同：三井具有很强的产品价格权，而浙江物产几乎没有。在价格优势形成上，浙江物产凭借规模效益和高市场份额来影响局部市场价格，而三井则是通过成员企业合作和投资持股来控制价格。

这时他们非常清醒地认识到，浙江物产在进货成本控制方面的能力还非常不足，尽管他们销售的一些产品拥有高市场占有率的优势，但往往是通过价格竞争的手段来实现的。很显然，仅此一点浙江物产实现利润的能力就远远不及三井。

浙江物产决定在价格要素管理上向三井学习。三井在价格控制上一贯采取主动出击的战略，与大量供应商建立投资与合作关系，从上游开始便控制价格，利于形成长期的价格优势。另一方面，在分销上，三井是通过投资与合作关系，借助其他企业分销渠道发展，它在分销方面的投资多数只是象征性投资，股份比率小于10%，并不耗费大量财力，但却以共赢的关系纽带将大量企业的分销渠道纳入自己潜在的或事实上的分销网络，形成良好的杠杆作用。

早年时浙江物产也曾持有相关金融机构和上下游产业的股权，如浦东发展银行、福建兴业银行、宝钢、武钢等。“但当时我们持有的目的是帮助他们进行股份制改革，同时自己也赚些钱，所以后来这些股份大多也都处理了。”浙江物产这位内部人士说，现在浙江物产有了明确的想法：像三井那样，以资本合作来增加渠道网络和价格控制力。

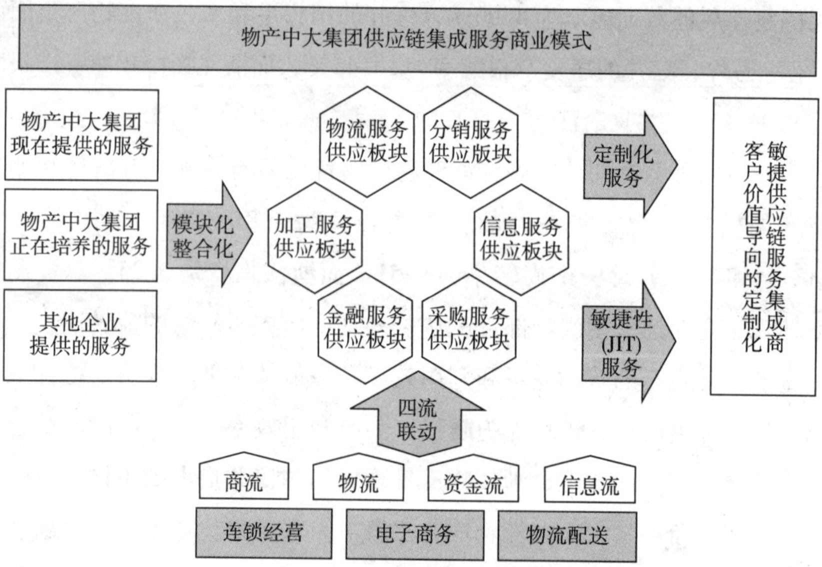

供应链是浙江物产的主营业务板块，营收规模约占集团总额九成，利润贡献一半以上

然而，在一个供需均与日高涨的市场背景下，流通企业参股上下游产业并不容易。近两年，无论钢铁、汽车还是煤炭、石油，浙江物产涉及主

业的上游产业均处于高速发展中。“他们不缺钱，也不缺市场，财大气粗，与我们合作的动力不足，”该内部人士说，“我们主要措施是扩大自身优势的同时，寻求小的突破口来切入供应链。”

浙江物产金属是浙江省金属材料流通领域的“老大”，经营规模已连续10多年位居全国省市同行首位。近年来该公司在加强与上游钢厂战略合作、巩固资源渠道的同时，下大力气狠抓省内外市场的营销网络建设，先后在绍兴、宁波、台州、金华和广东、天津等地设立“浙金钢材”连锁企业。

2007年，由物产金属控股，并联合马钢、酒钢等生产企业和消费大户共同发起的“上海大宗钢铁电子交易中心”成立。这家电子交易中心是目前国内最大的钢铁产品电子交易平台和价格发现平台，依托互联网和现代电子商务技术，开展钢材远期合同、专场合同、约期合同等多种灵活的电子交易。

与此同时，浙江物产集团依托自身强大的钢铁资源优势、充足的资金资源和良好的商业信誉，开展船舶制造供应链的新业务。2007年，浙江物产的船舶供应链模式还吸引了中国进出口银行的关注，并获得了美元贷款。

这项新业务是在近年国际造船业向中国转移的背景下开展的。现在国外船东大多到中国寻求造船企业，但有需求的买卖双方很难达成交易，这不仅是由于信息不对称，更主要是因为缺少一个组织者。现在在这个供应链中，除了制造环节外的所有服务业务浙江物产都可以完成。

首先，国外船东向浙江物产国际贸易公司反映他们的需求；根据散货船、液体船等不同类型和不同工艺的要求，由物产国际寻找造船企业，将订单转给浙江大量的中小船厂；然后由物产金融帮助造船厂垫资（融资）采购；采购后的钢板，还可以由物产国际帮助进行预处理工艺。2006年5月底，在长江边的江苏江阴市，浙江物产国际贸易有限公司和湖南湘钢集团共同出资组建江苏湘钢物产钢铁配送有限公司，这是浙江物产国际为推进船舶制造业供应链服务而设立的专业船板剪切加工和预处理生产企业。

另外，物产国际还负责船舶主机的境外采购，主要是从日本和韩国进口；船只制造完成后，还要以出口方式交到船东手中。这些报关、报检环节也全部由浙江物产完成。“一个船舶供应链服务，其实是集原材料供应、机械设备采购、融资支持与进出口流程服务为一体的多层次、全方位的供应链整合服务，而我们是这条供应链的主导者。”这位人士指出，以船舶供应链服务为切入点，一改以往“单兵作战”的传统经营方式，浙江物产已经初步形成了在集团统一组织协调下，“多兵种、兵团化作战”的现代流通专业化协同和区域集成运作服务模式。

为进一步整合好供应链，2008 年 1 月，浙江物产集团在台州收购了一个可以打造 10 万吨级船只的造船厂。

除金融外，在汽车和能源销售上，浙江物产也在试图突破。物产元通近年来一直积极推进实施“一牌两网”战略，即依托物产元通的品牌，在努力构筑全省汽车营销网络、拓展汽车销售市场的同时，积极创新业态，延伸服务，开拓汽车装潢、用品、租赁、快修以及二手车交易、报废车回收拆解、汽车俱乐部等一系列“后服务”，从而形成了汽车经营前、后网联结互动“从生到死一条龙服务”的全方位经营格局，进一步奠定了其在浙江汽车流通服务领域的领先地位。以此为基础，物产元通也在尝试进入上游产业。目前，浙江物产已经在贴牌生产一些汽车用品，为今后可能真正进入造车领域奠定基础。

浙江物产集团在煤炭方面的产业链延伸也取得初步进展，2008 年 1 月，投资嘉兴热电厂，还收购了一家散货船运输企业神华海运，后者主要从事近海运输。“这两年，散货运费越来越贵，我们有货但找不到船，所以收购了一家海运公司，”这位内部人士说，“事实上，三井的造船和海运都是很发达的。”

总体来说，目前浙江物产还处于工业为流通业服务的阶段，它入产业上下游的主要目的是增强自身对行业的判断。现在的切入供应链的方式，是浙江物产最终形成“上控资源，中联物流，下控网络，形成贸易、投资、金融一体化的营运模式”和“集贸易、加工、金融、物流、投资于一体的一体化赢利模式”不可或缺的基础条件平台。

千亿之后

通过几年的发展，浙江物产集团已能感觉到流通产业化是相当复杂和艰难的。显然，像三井那样将商业资本、工业资本与银行资本三者进行结合将会更难。多年来，融资问题一直是困扰浙江物产集团发展的一个瓶颈。因此，在流通产业化的基础上加入金融元素，是浙江物产未来发展必须要迈出的一步。

“董事长胡江潮经常问我们的一句话就是，经营规模上千亿之后，我们集团应该怎么发展？其实在他的想法中，金融已经提到浙江物产未来的日程上了。”这位人士说。

三井综合商社的资金主要来自三个方面：一是与三井物产相关的商业银行，二是日本输出入银行和开发银行等政策银行，三是发行股票、债券和商业票据等直接融资。

1954 年成立以来，浙江物产就是一家国有控股企业。“因此银行不可能成为我们股东，而我们现在参股商业银行的机会也很少。目前我们能做的就是搞好内部资金运营中心，加强银企合作。”这位人士说。

浙江物产中大集团（前身为浙江物产）明确将金融定位为两大核心主业之一，目前旗下拥有十余家金融企业，涵盖融资租赁、期货、财务公司、平台交易、典当、保险代理等多个领域

2006 年浙江物产集团资金运营中心成立，集团所有成员公司的账户都开在中国工商银行。2005 年，集团与工行浙江省分行展开更紧密的银企战略合作，在加强企业信贷管理和风险控制的同时，依托工行快捷完善的网络结算体系和丰富的资金管理经验，共同推进集团金融服务平台建设。通过商业票据、网上信用证、银行保函、仓单质押、物流质押、保理业务等一系列贸易项下金融业务的创新应用，有力地促进了集团经营业务的快速发展和流通产业化项目的推进。

同时，浙江物产充分发挥金融服务平台功能，在账户归集管理的基础上，运用集团内部银行功能和机制，通过现金、票据管理，进一步提高集团资金集中度和利用效率，加大内部头寸调度，降低融资成本，加速资金周转，提高资金使用效益。

因为很好地发挥了金融杠杆和集团金融政策调控的作用，2007 年集团为成员企业增加资金调度和头寸调剂 40 多亿元，节省了大量的财务费用。据透露，不久浙江物产可能会成立一家财务公司，建立企业真正的内部银行。

2006 年起，浙江物产集团还扩大了直接融资范围。两年中，经中国人民银行核准，由中国工商银行主承销了该公司共 14 亿元的短期融资券。短期融资券的成功发行，再次显现了浙江物产的综合实力，也进一步有效解决了集团推进流通产业化的资金需求，降低了企业财务费用。由于融资券的成本很低，此后两年仅此一项为浙江物产集团省下的财务费用每年就有上千万元。

除债券融资外，2007 年浙江物产开始进入国内 A 股市场。当年 8 月，浙江省人民政府决定将原浙江中大集团控股有限公司持有的中大股份 22.67% 的国有股权无偿划转给浙江物产集团。9 月 14 日，物产集团正式成为中大股份第一大股东。2008 年 1 月，中大股份拟以物产集团为特定对象，向其发行股票，认购物产集团的汽车销售及售后服务资产。增发之后，浙江物产对中大股份的持股比例从 22.67% 提高至 36.08%。

浙江物产集团用物产元通换来中大股份 13% 左右的股份，提高了集团在上市公司的比例。“中大股份的股权太分散，分散会影响未来的改革进程，一些浙江的上市公司因为股权分散导致的控制权争夺战时有发生。”这位内部人士透露，未来中大股份可能还会再次定向募集资金，将投入中大股份的房地产和汽车销售中去。另外，另一家上市公司 S 南建材（000906.SZ）也即将收入浙江物产旗下。

“其实，搞金融不能心急，通过学习形成自己的一个商业模式更不能心急，关键是把握住眼前的机会。”他认为，当前中国已进入了“消费通过流通决定生产”的时期，浙江物产在各个供应链上的话语权会越来越大。

■来源：《商务周刊》2008 年第 2 期，作者：吴金勇

第三节

杉杉集团：千亿综合商社梦

杉杉“千亿梦想”

2009年2月，杉杉集团与世界500强企业、日本伊藤忠商事株式会社在浙江宁波签署全面战略合作协议。杉杉控股将其持有的杉杉集团28%的股份转让给伊藤忠。杉杉集团董事长郑永刚表示，出让股权的目的就是借助外资的管理和资源优势，帮助杉杉集团转型为一家“综合商社”。

2009年2月16日，杉杉集团与日本伊藤忠商事株式会社在宁波签署战略合作协议，伊藤忠商事受让杉杉集团28%股权，伊藤忠商事将有4名代表进入杉杉集团管理层

杉杉企业2008年的销售额是118亿元——这个销售额被郑永刚称为杉杉的“天花板”。但郑永刚希望通过与伊藤忠的合作冲破这个“天花板”，“10年以后销售额可能是1000亿~2000亿元”。

事实上，这是杉杉自1994年6月成立以来的又一次重大转身。从“中国本土最大的服装产业集团”到“现代化、国际化的大型产业集团”，再到将来的“综合商社”，杉杉在近20年的企业历史上经历了两次重大转型。那么，杉杉为什么要进行这些变革？变革的效果如何？千亿元级企业的目标究竟靠什么来实现？

2009年3月下旬，杉杉的旗舰企业——上市公司杉杉股份迎来了一次大的人事变动。3月19日，杉杉股份发布公告称，代明华因工作需要，辞去公司董事长、董事职务，由现任总经理庄巍接任。而在一天之前的杉杉董事会上，日本伊藤忠商事的代表中分孝一被任命为董事总经理。

此时距杉杉和日本伊藤忠商事株式会社签订股权转让协议已一月有余。这意味着杉杉的转型正式拉开了序幕。

对赌协议

“杉杉从20年前的资不抵债到在我手上起死回生，再到现在的‘全国

500强’，我个人是呕心沥血，无形中形成决策的一言堂，这将会给未来的发展带来弊病。要淡化个人一言堂和个人崇拜，强调制度化、科学决策，近几年来我一直在寻求公司管理模式的突破。”

2009年3月11日，奔波于沪甬两地、风尘仆仆的杉杉投资控股有限公司董事局主席郑永刚在接受《浙商》记者专访时说：“杉杉要寻求更大的突破，必须要寻找自己的管理模式，即有中国特色的综合性商社模式。”

郑永刚所指的，就是杉杉和伊藤忠合作的新模式。

2009年2月16日，杉杉集团与日本伊藤忠商事株式会社在宁波签署战略合作协议，伊藤忠商事受让杉杉集团28%股权。杉杉集团在杉杉企业中处于重要的位置。在整个杉杉企业群中，杉杉控股位于最上层，杉杉集团、杉杉科技、杉杉生物等位于第二层。其中，杉杉集团是上市公司杉杉股份（SH·600884）的第一大股东。之前郑永刚通过持有杉杉控股51%股权间接持有超过40%的杉杉集团股份。

转让之后，杉杉控股依然为杉杉集团的最大股东，而郑永刚的间接持股则下降到30%左右。伊藤忠商事将有4名代表进入杉杉集团管理层。此间较为特别的是，此次转让给日方的股权按账面净值计价，并非以市值计算。

郑永刚解释说，杉杉集团与伊藤忠实际签署的是“对赌”协议：三年后如果伊藤忠参与运营杉杉集团未能达到预期目标，则杉杉集团可以单方面提出原价回购股权；作为“对赌”方，三年后伊藤忠如果认为无法融入杉杉集团的管理或是企业文化不合，可以单方面提出原价转让股权。

“2008年，伊藤忠商事仅纺织纤维业务的销售额就达到117亿美元，而杉杉集团的整体销售额只有118亿元人民币，差距显著。”在新闻发布会上，郑永刚直言此番对赌的用意，引入伊藤忠投资主要是希望同时引入日方先进的管理模式和渠道，资源上可以实现协调效应，帮助杉杉集团“走出去”实施国际化战略。

千亿战略

事实上，这只是杉杉再次转型的第一步。

2007年7月下旬，杉杉控股在青海省西宁市召开了当年上半年工作会议，会议上郑永刚提出了“千亿战略”。所谓的“千亿战略”，是指到2018年企业市值达到1000亿元，其中上市公司杉杉股份的市值目标为500亿元，营业收入300亿元。

“杉杉股份要通过对服装、新能源、新材料等主要产业板块的整合，并以金融投资为手段，研究进入主渠道、把握股权控制的方式，进入大行业，贯通产业链。” 而在过去的十几年间，杉杉从10亿元的销售收入做到100多亿元，其间的五味杂陈只有当事人可以说清。

1997年，杉杉当时最主要的企业杉杉服装完成了10亿元的销售，谁也没能料到这将成为该企业在此后相当长一段时间不可逾越的高度。

一年之后，杉杉的掌门人郑永刚感受到了形势的严峻。“那种原先依照传统方式建立起来的销售网络，代价是极其昂贵的，包括运行成本和库存。这个系统要有效运转，必须有一个前提：市场胃口极大，有多少货销多少货。一旦市场的需求趋缓，渠道就不再是渠道，而成了‘库房’。”在销售整体下降的同时，库存在大幅增长。

虽然在1998年的年报中，杉杉股份的利润创下历史最好水平，但是郑永刚知道这样的业绩不可持续。于是他在一年后推出“特许经营”的战略，即砍掉当时已建成的销售网络，改为主加盟商体制，以解决销售带来的库存问题。

这种类似于“休克疗法”的激进措施虽然有效，但是不乏副作用，自此保持了7年的西服市场占有率的宝座易主，杉杉的销售陡降。

而在另外一边，郑永刚则在进行艰难的布局，首先是引入服装的多品牌战略，从西装发展到衬衫再到休闲装等系列产品后，杉杉在业界首先引入了设计师品牌，尔后开始和伊藤忠商事等日本企业合作。几年下来，杉杉拥有了一大批杉杉服装品牌，包括3个自创品牌、“玫瑰黛薇（Roseew）”等9个设计师品牌、“玛珂·爱萨尼”等8个国际合作品牌，合计超过20个。

大规模的多元化

除了服装领域的多品牌战略，杉杉还大规模拓展多元化业务。

1999年后，郑永刚提出“大企业要进入大产业”，随后选择了锂电池负极材料作为第一个突破口。很快，杉杉在这个领域成为全国第一、世界第三大的生产企业。

杉杉集团宁乡新能源材料生产基地全景

接下来的几年间，杉杉在锂电池材料领域进行了横向的多元化，先后进入正极、电解液等领域。

几年后，杉杉股份成为国内最大规模的锂离子电池材料综合供应商，正极和负极材料产量国内排名第一，电解液排在第三。

在此期间，杉杉通过法人股的并购进入长春热缩（SH·600110，后更名为中科英华），随即进入锂电池材料的另外一个领域——铜箔生产，由此成为锂电池材料综合供应商。这次并购带来的还包括一个油田、一个网游，这两个项目都是杉杉在这十几年间值得称道的杰作。

2006 年，A 股在结束了长达 5 年的熊市之后，终于迎来了一轮大牛市。杉杉在此期间的投资也获得了大幅的溢价——这轮牛市中，包括股权、商品在内的资产价格被大幅重估，杉杉也是这轮重估的受益者。当年，杉杉的销售超过 100 亿元。一年之后，杉杉持有 1.79 亿股的宁波银行（SZ·002142）上市，杉杉获得了十数倍的账面投资收益，当年杉杉系上市公司的总市值超过 200 亿元，提前 3 年完成 1999 年郑永刚提出的目标。

但是，杉杉的经营却遇到了“天花板”。2008 年杉杉的销售收入为 118 亿元，这已经是杉杉跨过百亿销售大关后的第三年了。其中服装业务实现营业收入 14.7 亿元。

管理体系之变

从 10 亿元到 100 亿元是个坎，而从 100 亿元到 1000 亿元是个更高的坎。

为了更好地布局和管理产业，杉杉在 2003 年时进行了控股公司、集团公司和产业公司三层架构，随后演化为控股公司、事业部和产业公司——

杉杉集团董事局主席郑永刚表示："杉杉未来以日本成功的商社性管理模式，作为学习的体制和模式，也结合美国模式的先进性。"

当时的设想是控股公司出资，集团公司（事业部）进行行业管理、服务，产业公司具体负责运营。

但是在实践操作中，郑永刚发现这并不是最好的方式。"现在我们在淡化这个概念，"郑永刚说，"事实上这些公司并不是上下级的关系，一旦有了等级观念，运营就会有很多问题。"

最终，杉杉选择了另外一套管理体系：经营和管理独立，出资方承担股东的责任、履行股东的义务，通过董事会、财务、审计三条线实现管理。

郑永刚透露，在过去的10年间，杉杉还储备了一批技术，包括环保、生物以及新材料领域。其中，杉杉几年前收购了一条生产线——从德国进口的亚洲最大的生产线，可以用于二氧化碳超临界萃取，在这种技术下不会有常规萃取溶剂的残留物。

"新能源汽车是个几万亿的大行业，将来杉杉做到百亿不成问题；奥特莱斯的服装销售也可以有200亿，二氧化碳超临界萃取也可以做几十亿元，还有太阳能领域，我们可以用特炭材料做生产单晶硅的坩埚……"在接受《浙商》记者采访时，杉杉控股总裁胡海平掰着手指计算未来杉杉的千亿计划将如何从中诞生。

中国版的"综合商社"

但在郑永刚看来，这些都不是帮助企业继续高速成长的根本。

"从大的范围来说，世界上经济管理模式分为两类：一类是欧美模式，也是目前世界上绝大部分企业在采用的；另一类模式则是日本的模式，典型的就是商社型的管理模式。"

郑永刚说，21世纪初的华尔街金融危机是对美国模式的挑战。美国的管理模式是有问题的，很多公司在金融海啸中受到了很大的冲击，比如说通用汽车，当然也包括美国的金融企业。美国的管理模式需要创新。

在他看来，和美国模式相比，日本模式注重团队、制度，而美国模式更注重企业家个人。“在美国一说通用（电器）你会知道杰克·韦尔奇，但是如果问你伊藤忠（商社）、三井物产的社长是谁，恐怕没几个会知道。”

郑永刚认为，这就是日本企业成功很大的一个秘密。“索尼、松下都是很大的企业了吧，但是它们都是三井财团的，这个公司已经有300年的历史。实际上，三井是非常大的，在1994年的时候就是世界500强的第一位了，只不过现在通过分立‘隐身’了。”

提起三井，显然让郑永刚兴奋了很多。“日本人的综合商社模式代表了亚洲文化，这种模式是以金融财团为背景、以商社为主体，能够培育出大量的优势产业。这和美国式的做专业的经营管理是有区别的。”

在郑永刚的设想中，引入伊藤忠的管理模式后，杉杉能培育出一批世界级的公司。比如科技板块，从源头矿产到下游的动力电池，形成强大的产业链，再找机会和日本其他大公司结合——这是实现杉杉“千亿梦想”的唯一途径。

“杉杉未来以日本成功的商社性管理模式，作为学习的体制和模式，也结合美国模式的先进性，但我们有创新，不会照抄照搬。我们是以中国特有的企业文化为基因。只不过我们在选择的过程中，觉得日本的商社管理模式更适合杉杉未来的发展。”

综合商社：产业组织者

1994年，《财富》杂志评选上一年度世界500强企业，三井物产名列第一，紧随其后排在第二至第五位的是另外几家日本综合商社三菱、住友、伊藤忠和丸红商事。

2005年，三井物产的排名是148位——表面上大幅下降，但是实际上其已经将很多重要的部门独立出来形成了新的产业公司。“世界500强”是按照一家公司的营业收入来计算的，因此商社的大量资产都不再计入其营业收入。

而三井物产作为三井财团的母体已经培育出众多的世界级的企业，包括丰田、东芝、索尼、三井住友银行、商船三井等等。在日本，三井物产被认为是“产业组织者”，并且是日本资源战略的优秀执行者，为日本的产业结构转换作出了巨大贡献。

事实上，我们可以看到综合商社和“财团”制度密切相关。日本有六大财团，即三菱、三井、住友、富士、三和、第一劝银。这些财团与银行、制造企业保持着紧密的联系，各大成员企业间形成松散的联合体。这六大财团部分的前身是四大财阀——安田、三井、住友、三菱，亦不乏战后新兴者。

财团有三股力量，综合商社、主办银行以及大型制造企业，金融机构为财团成员发展提供资金。而综合商社这种独特的经济组织，在日本社会中扮演着极其重要的角色。

日本的综合商社的基本定位是提供交易服务，为出口商开发海外市场，为进口商提供最有效的商业动态、市场行情等信息，监督贸易双方的商业信用，帮助筹措资金或安排贸易，甚至提供全球范围的运输服务。

虽然发端于贸易公司，但综合商社却远非贸易公司那么简单，从本质上讲它是一家金融公司。综合商社历来就有“第二银行”之称。综合商社以商社金融为契机，参与采购原材料、生产、销售、贸易等相关企业的诸多经营层面。并且，综合商社从战略角度考虑促进相关企业集团不断加盟，从而确保“商权”。

所谓的“商权”，包括长期的市场渠道、长期的供应链、长期的融资渠道等等。在这种商业认知中，市场占有率是第一位，利润则是第二位。因为只有较高的市场占有率才能稳定整个体系。

综合商社由于掌握了众多的资讯、强大的情报能力，成为财团体系中的“大脑”。最终，这些综合商社成为日本经济的总参谋部、日本国家经济战略的制定者。日本政府对世界经济事务的认识和研究，几乎完全依赖于财团的研究机构。

1973 年，韩国政府邀请伊藤忠商事社长濑岛龙三为韩国经济出谋划策，后者提供的对策就是设立综合商社。两年后，韩国第一家综合商社——三星物产成立。

有研究者认为，日韩这种以综合商社和大型银行为核心的财团体制的特点在于，组织关系稳定，是有利于培育出技术革新和产品市场化的温床。

让我们以三井物产为例，看看商社的几个特征：经营商品种类极多，几乎涉及所有产业；遵循社会化大生产原则，发展规模经济；广泛的贸易活动，拥有子公司1100多家，在全球有事务所89个；具有信息、资源开发、贸易、金融、协调组织和服务等功能。

三井物产对于生产企业的指导，主要以投融资的形式，深入生产企业的生产环节渗透，控制商品和市场环节，提高整个体系内的企业的运行效率。

千亿级企业的成长逻辑

虽然杉杉控股董事局主席郑永刚给杉杉冠以“综合商社”的称号，但是杉杉版的综合商社，显然和日韩的综合商社大相径庭。

关于综合商社，众人的理解并不完全一致，但是大致的理解基本相同。浙江中大集团副总裁胡小平的观点可谓是代表，他把综合商社特点归纳为四条：以贸易为基础、以金融为支撑，多元化经营，交叉持股，组织严密。

“中国曾经有一些大的国企想走这条路，事实证明走不通”，胡小平说，对民企而言综合商社更像是个美梦。

而力挺在中国发展商社模式的白益民在接受本刊采访时补充说：“综合商社还是一种经营哲学，即通过参股来控制商权，它包括人的培养等一系列的思想。”白曾经深入日本经济心脏12年，在三井物产工作，并著有《三井帝国启示录》《三井帝国在行动》两书。

虽然杉杉被冠以“综合商社”的称号，但是杉杉版的综合商社，显然和日韩的综合商社大相径庭对比之后，我们可以发现，杉杉和众人公认的“综合商社”相去甚远。

但这并不妨碍郑永刚建立“杉杉版”的综合商社。事实上，细究郑永刚的谈话，我们可以了解他的真实思路　　引入外界的战略投资者，有了这个强势的投资者，可以解决“一言堂”的问题。

杉杉控股二号人物胡海平在接受采访时，也提到在当前杉杉的管理体系中，还是有不少企业的管理会绕过规章，给“大老板打电话”，最后出于信任，郑永刚多半会认同这些管理者的个人想法。引入伊藤忠商事，显然这类的情况将不复存在，至少会大大地减少。

而另外一个方面，这也体现郑永刚从百亿企业做到千亿企业的企业思路。

与其说是杉杉转型成为“综合商社”，不如说是杉杉“被综合商社化”。郑永刚的思路是，把企业或者是部分产业绑在其他的“战舰”上，从而获得最大的发展。事实上，杉杉高层最近一直都在思索如何对多元化的产业格局进行梳理。

按照郑永刚的介绍，杉杉今后多元化的产业板块会固定下来，一个参照系便是伊藤忠商社，拥有 7 大固定事业部门，从事多元化产业的运作和经营。在此基础上，杉杉多元化产业的梳理思路也会变得清晰：“我们将保留那些最有竞争力的行业龙头，并继续做大做强，如果不是行业龙头的话，就会退出。”郑永刚说。

这其实和郑永刚此前的管理思维一脉相承。在最近 10 年的经营中，用郑永刚自己的话说，他已经从经营者的身份转变成了“投资银行家”。

“我所要干的，是战略投资人的事，比如决策用人、控制资本，整合企业、进行企业的战略定位等。杉杉所有的公司都是独立法人，要放手让他们去干。在一个成熟的企业，每个岗位都有自己明确的职责，绝不是需要我一天忙到晚的。”

而如何体现自己的利益呢？杉杉的方法就是实行董事会制度、审计和财务制度，日常工作由杉杉派出的董事会人员负责，再通过审计、财务两条线保证执行中不会出现大的偏差。

在这个体系中，很重要的做法是通过股权把经营层和原有股东的利益捆绑在一起。“管理层可以在增量上做文章，因为存量和他们没有关系。”胡海平解释说。

在这样的体系下，郑永刚既可免于过于操劳，把精力留给战略决策，同时又可以坐享企业的发展成果。

可以这样说，“中国版的综合商社”就是一个理念的升级版。和强大的人一起玩，也会使自己更强，虽然放弃部分股权，但换来的是更多利益。

■来源：《浙商》2009 年 5 月，作者：俞技峰

第四节

新希望：优秀供应链管理模式

与三井携手

“速生鸡”事件还在持续发酵中，六和背后的四川新希望集团也被人“揪”了出来。确实，六和集团在食品供应管理上存在纰漏，但不可否认，纵观整个新希望集团，其打通、整合农牧业产业链、供应链的核心战略正在一步步完善自身食品安全体系。

2009 年 3 月“两会”期间，四川新希望集团董事长刘永好提出有关食品安全的提案，他说道：“要想彻底解决食品安全问题，必须坚持走现代规模农牧业的道路，走产业链建设的道路。”此后，“新井物产”成立。

2010 年，新希望集团与日本三井物产（三井财团）合资设立新井物产贸易有限公司，总投资 1.5 亿元人民币

2010 年 3 月 24 日，新希望集团与日本三井物产（三井财团的综合商社）就合资设立新井物产贸易有限公司在成都正式签约。新井物产总投资 1.5 亿元人民币，计划先在国内从事饲料原料、添加剂的贸易，此后将建

立包含物流、饲料、乳业、化工、金融、人才、技术等全方位合作关系的平台。可见，新井物产并不是简单的定位为贸易公司。

此次合作成为三井物产首次在川投资，更成为新希望集团八大战略板块之一。签约当天，新希望集团董事长刘永好表示，此次和三井物产的合作，将推动新希望集团实现第二个五年计划的重点目标——成为世界级农牧企业。

事实证明，新井物产不负众望。在成立的第一年，新井物产便开始赢利，以6000万元人民币注册资金创造出6亿元人民币的销售收入。到2012年10月，新井物产已经从一个起初只有20多人的公司，成长为拥有员工70余人、全国9省市11个驻外办事处的颇具规模的贸易公司。

在2012年10月新井物产第三季度总结培训会议上，新希望集团副总裁王航直言，新井物产是新希望集团向三井物产学习做国际化百年企业的重要媒介。新井物产致力于把员工培养为供应链管理专家，员工在这里受到训练，希望未来成长为新希望重要的管理干部。

供应链管理专家

那么，三井物产又如何成为供应链管理专家呢？我们不妨以三井物产在禽类产业的供应链模式为例。负责混合饲料生产的是三井物产子公司日本配合饲料株式会社，它下面又有十余家直属和委托饲料生产工厂，而其饲料原料则是由三井物产进出口部门进口。以2003年为例，三井物产每月进口玉米的25%和高粱的30%是直接送到日本配合饲料的下属饲料厂。

在养殖环节，三井物产则与美国IBEC种鸡公司各出资50%建立APAK株式会社管理，APAK下属有都宇市的字都种鸡场和静冈县的富士农场。两种鸡场的种蛋由日本本地各处孵化场提供，这些孵化场也都与APAK有合同关系，而且60%以上是同三井物产有所属关系。三井物产的肉鸡养殖则是由一冷株式会社负责，包括肉鸡的屠宰、分割、加工、包装和冷冻。

在终端，三井物产把鸡肉交给西友、忠实屋、三德等大型超级市场，企业的部分是供给大型食品加工公司，如高崎火腿、雪印和GLK畜产等公司，最终到达消费者手中。

在这一整套产业链管理模式下，三井物产的鸡肉食品安全得到极大保障，同时企业成本也大大降低。对于新井物产食品安全问题，三井物产副社长古川寿正在成立新井物产当天就强调，中国经济将有更大成长和发展，对食品的要求也会日益发生变化，“特别是对饲料、乳制品的需求会有变化，不仅是量上的增加，在安全和放心上也将引起更广泛的重视”。

供应链管理离不开物流，三井物产相关人士同样表示，在中国饲料原料供应方面，玉米等主要原料产地与销地分离，中国每年仅在运输过程中就损耗玉米800万吨。因此，新公司的目的之一就是在物流领域发现课题，通过市场化手段降低物流成本、减少物流损耗、降低饲料原料成本。

日本“海外农场”启示录

20世纪40年代，日本在东南亚建了农场，80年代将垦荒范围延至中国等地。现在日本与巴西、阿根廷、俄罗斯、乌克兰、中国、印尼、新西兰、美国等地的农场签订了玉米等饲料作物种植协议。日本在世界各地拥有1200万公顷农田，相当于日本国内农田面积的3倍左右。

带头走在前面的是日本大财团三井物产。2007年8月，三井物产首先购买了一家瑞典公司25%的股份，该公司的子公司MULTIGRAIN S. A. 专门在巴西从事以黄豆为主的农产品贸易，这样保证了三井公司在全球大豆贸易上的主动权。

此后，三井物产又获得了在巴西经营农田生产XINGU AG公司的股份，XINGU AG公司的一家子公司在巴西拥有土地，专门从事农业生产。此举使三井物产掌握了粮食的出口渠道，也掌握了粮食生产上的自主权。

截至2007年，三井物产在巴西已经投资100亿日元，参与当地巨大的农场经营。据报道，该农场面积达10万公顷，除种植玉米和棉花外，仅黄豆的种植面积就有2.7万公顷，而目前日本境内黄豆种植面积只有14万公顷。

三井物产为到巴西投资农场准备了很长时间，对投资结果、风险等各种因素进行了分析。目前巴西可耕地面积为2.8亿公顷，其中已耕种的仅有 1/5 左右。三井物产认为，巴西是理想的投资地。

日本《东洋经济周刊》一篇题为“食品战争”的文章说：“对三井物产的举动，竞争对手的管理人员认为，粮食种植的投资很复杂，但不管怎么说，在进入粮食战争的现在，确保拥有一定农田的意义十分重大。”

截至 2007 年，三井物产在巴西已经投资 100 亿日元，参与当地的农场经营

三井物产在日本被称为产业组织者，主要从事贸易和投资，它的最大股东都是银行、保险、信托等大型金融机构，同时又与三井财团的成员企业合资成立上千家企业分布全球。三井物产有一个食品总部，下设谷物油料部、饲料部、砂糖部和食品部。

这个食品总部下属的日本配合饲料株式会社，由 11 家直属加配合饲料生产工厂和 3 家委托生产饲料的工厂组成，这些满足日本本土禽肉需求的配合饲料，原料都由三井物产的进出口部门进口。

这些原料中的绝大部分不是本土原料生产出来的，而是由三井物产的海外农场供应。

三井物产还控制着庞大食品产业链的上端，比如供应日本本土的肉鸡，是三井物产同美国 IBEC 种鸡公司各出资 50% 建立的 APAK 株式会社管理。三井物产肉鸡的“一冷株式会社”掌管的业务包括肉鸡的屠宰、分割、加工、包装和冷冻。三井物产加工处理的肉鸡主要提供给西友、忠实屋、三德等大型超级市场；另外一部分供给大型食品加工公司，如高崎火腿、雪印和 GLK 畜产等公司。

除了生产环节，通过大型贸易公司直接在农业国建立稳定的供货基地，也是另一种海外食品供应战略。作为日本重要的食品来源地之一，中国在某种意义上也可以说成了日本的农场。从 1985 年到 2003 年，日本食品企业在中国共开设了 310 家分支机构，其对华食品投资分布于中国的 20 个省市。

中国虽是粮食生产大国，但在某些农产品种类上也有一定程度的对外依赖。据中国商务部统计，2005年中国进口大豆主要来自美国、巴西和阿根廷，进口量分别为1105万吨、795万吨和740万吨，分别增长8.3%、41.6%和68%，合计占中国大豆进口总量的99.3%。

看到中国大豆需求增长如此迅速，阿根廷、巴西、玻利维亚、巴拉圭和乌拉圭等国都大幅度扩大了大豆种植面积，这些国家的农民甚至砍伐了森林，开辟成田地种大豆。但中国公司却没有利用海外农场平抑国际大豆价格的能力。

中国需要完整产业链

在“海外农场”方面，中国也有一些事例，但主要是政府行为，多为孤立的种植示范，没有像日本三井物产这样的综合性大型商社来组织。

比如，湖北省农垦局在非洲国家莫桑比克建起了示范农场。该农场始于2005年，湖北省领导访问莫桑比克期间，莫方主动提出赠送1000公顷土地给湖北省开办示范农场，随后经过湖北农垦局反复论证、考察，最终决定注册成立湖北省联丰海外农业开发有限公司，到莫桑比克投资开发，目前农场已经种植了大量水稻、玉米等粮食作物，总计投资额接近1000万美元。

此外，陕西省农垦局也表示，2007年开始的在喀麦隆的农业投资项目总投资额高达5亿元人民币，计划种植5000公顷水稻，并且建设年加工3万吨大米和年加工5000吨木薯粉的加工厂各一个，这个项目目前也在争取商务部、农业部的政策支持。

在中国，最有希望在海外成功进行商业运作“海外农场”的是新希望集团。四川“新希望”是一家以饲料加工、养殖业为主的民营上市公司，目前已经从原来单一的实业企业逐渐过渡到复合投资型公司。

2001年10月“新希望”董事长刘永好透露，“新希望”在海外业务拓展方面做了两件大事：一是在委内瑞拉买了一部分土地，搞一个“中国现代农业示范农场”。“新希望”利用中国农业技术在那里发展，很有前景，委内瑞拉当局也希望用中国的农业技术带动当地农业发展。另一件事是在菲律宾马尼拉附近建一座现代化饲料工厂，目前已正式签订协议，“新希望”控股70%，菲方占30%股份。这家公司有3套台湾产的膨化饲料生产线。

2008年，“新希望”集团海外发展的步伐加快，计划两年内在海外建10家公司。除了已经进入的越南和菲律宾外，还将以印尼作为新的重点投资区域。集团在印尼投资的两家现代化饲料厂今年将建成投产。

在中国，最有希望在海外成功进行商业运作“海外农场”的是新希望集团。四川“新希望”是一家以饲料加工、养殖业为主的民营上市公司，目前已经从原来单一的实业企业，逐渐过渡到复合投资型公司

三井物产与“新希望”的合作，有可能形成中日合作建立“海外农场”的模式。2007年10月8日，山东六和集团与日本三井物产株式会社就阜新六和农牧有限公司部分股权转让在北京长富宫饭店举行签约仪式。

身兼“新希望”集团和六和集团董事长的刘永好、执行董事长张效成、三井物产食品零售本部藤田本部长等参加了签约仪式。

2005年，“新希望”集团与六和集团完成了强强联合，形成了一个新的经营格局，对中国农牧业的发展产生了重要影响，现已发展成为集饲料生产、畜禽养殖、良种繁育、畜产品加工、动物保健、生物技术开发等产业和国际进出口商贸为一体的大型农牧业企业集团。

“新希望”控股的六和集团又在辽宁阜新设立阜新六和农牧有限公司，带动阜新当地2000多家养殖户，直接带动就业人员6000多人，为农民增收上亿元。阜新六和投产以来，通过组织企业、政府、农民、金融、保险等社会各方面资源，建立了“公司＋农户＋基地”的合作养殖模式，实行统一提供种苗、统一供应饲料、统一提供兽药、统一生产规范、统一技术服务、统一收购、统一信息管理的“八统一”规范养殖方式。

这种产业化模式使得质量管理得以贯穿整个产业，产品质量能做到全程可追踪、可控制、可追溯，吸引了日本三井株式会社参与股权投资。

但“新希望”能否借助三井物产丰富的海外经验，扩展出一条完整的海外农产品产业链，还需要观察。

■来源：《现代物流报》2013年1月，作者：白益民

第五节 综合商社试水日本模式

2011年3月11日日本发生9.0级史无前例的大地震，日本国内余震不断，而在各个灾害之中最引人关注的就是福岛核电站的核泄漏事故。随着日本政府将核泄漏事故等级提升至最高的7级，核电站背后的东京电力公司面对日本乃至全世界民众的责难与索赔，早已不堪重负。

日本甚至出现了准备拆分东电的传闻，但实际上这次的拆分并不像大多数人所想象的所谓“破产”，作为日本经济产业链上不可抛弃的一环，东电很可能将会被财团进行业务上的重新梳理，从而改头换面继续存在下去。这次的拆分行动将会是日本财团对产业链进行的一次的重新梳理，这就是产业升级。

什么是财团体制？

中国企业无法进行产业升级，最大的问题就在于没有财团的体制帮助企业进行产业链的重新梳理，那么什么是财团体制？

日本的企业有一个概念，综合商社，综合商社实际上是产业商业和金融的一个结合体。中国的经济体制基本上是分离的，产业是产业，商业是商业。日本之所以能够有独立的完整的产业体系，能有持续的竞争力，产业升级能力，就是因为有这样的商社。

商社的功能叫作产业组织者，中国没有这样的组织。中国人平时谈的都是企业管理、企业竞争，都从企业的角度出发，然后再去谈宏观经济，

汇率和 GDP。一个是微观，一个是宏观，但是没有中观，商社其实就代表着中观。中国现在还处于企业竞争的时代，还没有人想到真正的竞争实际上是一种产业竞争。如果占领了某个产业在全球的市场，这个产业很自然就能盈利。如果在这个产业中我们被压在最底层，这个产业中的上下游企业实际上最多只能苟延残喘。

《产业就是脊梁》，中国经济出版社，2016 年 7 月

在这种情况下，产业竞争是最主要的问题，日本的综合商社其实给我们提供了一种模式，表面上是一个贸易体，一个大的垄断性的贸易，却又跟沃尔玛不一样，沃尔玛是销售型的大超市，日本关注得更多是产业方面需要的原料、技术以及人才、信息、物流方面的组合。

目前我们中国所缺乏的，就是这样一种财团的机构，包括中铝收购问题的发生，都是在即将大跌前的高点买进，这都是被欧美的投行给“忽悠”的。市场上有一本书叫《起诉高盛》，这本书里面谈的问题，其实是很触目惊心的。

通过以上分析我们可以看到，当前的中国企业都处在同一个层面，没有人能站在高处把它们进行整合，而且整合完了之后还能在一个整体的产业链上紧密聚合，这种整合跟美国的高盛摩根不同，不是美国投资银行那种拆分公司然后包装一下再卖掉的模式。像日本的财团会把你有秩序地放在这个产业链上几十上百年，经过多年的发展，日本的财团最后就可以梳理全球的产业链，三洋最后的拆分就是这样做的。

建立中国人自己的综合商社

明白了问题，也有了解决问题的模式，那么为了解决问题，现在已经到了中国人建立自己的综合商社的时候了，因为综合商社就是产业组织者，我把它定义为产业投行，在做贸易的过程中这种综合商社的管理者会发现很多商机。

要知道商人对投资的敏感性要比银行家强得多。商人是直接跟企业、产业打交道的，而银行家更多的是看报表，他们并不真正了解商业过程中的一些细节，所以日本的综合商社其实就相当于美国的投资银行，引导着日本在海外的扩张与投资。

当然日本现在也学了一些美国投行的东西，变得两手都会玩：既会玩美国投行的那种模式，从金融的角度根据财务报表、资金这种金融手段进行投资，又能继续坚持他们一些产业上的传统模式。

日本财团在贸易过程中经常会成立一家子公司，这实际上也是一种战略，其目的就是为了获得情报，就是为了得到竞争对手公司的股东席位，股份不用太多，5%、10%就可以。这种股东席位会给财团提供很多的信息，一旦到了产业重组的时候，各大财团就大规模地全过来，一下子把产业链全部拿下，获得巨额利润。

中国不是美国，中国的政治制度跟美国完全不一样，同时文化、理念也都是不一样的。我们有货币发行权吗？我们占据了全球的资源吗？没有，所以我们不能玩美国的那套，我们也玩不动

1997年东南亚金融危机的时候，很多从美国回来的学者占据了高校和研究机构的制高点，所以现在中国的经济模式都是批判日韩的，因为在那次金融危机当中，日韩受到了很大的冲击，但实际上这些冲击并不是它自身的体制造成的，而是由美国那些对冲基金在泰国对日本进行打击造成的。

为什么美国会做如此选择？因为日本当时正在泰国投资，泰国跟日本借债，所以美国在那儿打击泰国，实际上就是在打击日本。把日本公司打击了以后，整个东南亚都受到影响，很多专家看到了这些表面现象，就认为美国的模式是最优秀的。

但中国不是美国，中国的政治制度跟美国完全不一样，文化、理念也都是不一样的。我们有货币发行权吗？我们占据了全球的资源吗？没有，所以我们不能玩这套，玩不动。如果按照美国的游戏规则去玩肯定只能亏损，但日本就是坚持它独有的那套规则、体系和文化，反而美国玩它很难。

这就好比我们中国是围棋的老祖宗，非要去下欧美的国际象棋，让下围棋的选手去下国际象棋，能行吗？商界同样如此，我们东方式的文化和国情是用那种围棋的方式去运作的，但是欧美是用这种搏杀象棋的方式去竞争的，所以这是两种完全不同的模式。

东方经济学体系

这里面就关系到了经济体制的问题，产商结合实际上是符合中国现阶段发展的，像日本和韩国，从后进追赶先进的过程中进行产业升级，最后甚至进入高端的产业链，在短时间内就是产商结合形成的。我们为什么不能这样做呢？其实中国传统的晋商、徽商很早就懂得这种模式。

徽商、晋商开钱庄，相当于有一个贸易公司，而贸易公司其实就相当于现在的综合商社，只不过进行了改造。商业、金融都在里面，然后再通过控制产业，对产业形成宏观的控制，这是我们中国传统的商业经济。

其实西方的经济、商业并不是最先进、最发达的。我们传统的中国商业文明也是非常发达的，而且靠这种发达的文明，我们在唐宋，包括明朝时期都是全球最厉害的经济体。

产商结合实际上是最符合中国现阶段发展的，就像日本和韩国一样，那么我们为什么不能这样做呢？其实中国传统的晋商、徽商很早就懂得了这种模式

如果要改变目前我们的经济颓势，找到正确的方向，必须要改变现有的经济模式，就是说我们现在用的是美国的模式。现在的理论家、经济学家都是从美国回来的，我们的大学基本上都是被美国人包围了，很多教授都是从哈佛商学院毕业的。我们要改变这一状况，从教育体系里引进对日本的研究，对东方传统的、跟中国的商业文明有渊源的那一部分的研究。

目前而言，可以在大学里面建立东方经济学系，或者东亚经济学系，在这里进行东方经济学人才的培养。我们应该有相关的立法，开办综合商社，以前美国也曾经这样做过，想学习日本模式，但是最后没有坚持下去。为什么？因为它们的土壤不适合学东方的东西，所以我们需要去立法做综合商社、财团这套体系，需要向日本模式学习，我们以立法的方式，或者以法律文件的方式要求向这个方向走。

现在立法是禁止金融持股产业，这是最大的问题。要把这个法规改过来，因为产商结合是一种经过实践得出的结论，不是理论造就的。实践造就出来的东西才是最真的，本身也可以成为一个系统。

如果问日本毕业生首选的公司，一般都是三井、三菱这种综合商社，但在中国就不是这样。我们能看出来，财团体制造就了今天日本整体的竞争力。日本财团最终形成从外看是资本主义、从里看是社会主义的一种模式。而且这些大财团之间通过相互持股进行情报共享，进行产业链的分工和协作，它们所形成的长期战略，可以定 5 年、10 年甚至 100 年的发展战略。日本的这种模式，正是我们需要学习的。

■ 来源：《国有资产管理》2011 年，作者：白益民

后记　从树木到森林

——揭秘产融财团的商业模式

财团的概念

提起“东芝”大家可能都很熟悉，但我相信很多人都不知道它就属于三井财团体系。往往我们在中国经常听到某某集团，但是很少听到财团这样的企业。实际上财团不仅仅是一些制造业的企业集团，它同时还包含着商业集团还有金融集团。这样三个体系的一种结合，我称之为财团，很多国内的经济界谈到的产商融结合，实际上就是这个概念。

财团，我还把它称为“陆海空的集团”。为什么叫“陆海空”呢？因为产业相当于陆军、金融相当于空军、商业相当于海军，财团是在这样一个立体的“作战系统”中进行商战。

往往企业竞争的时候，中国很多企业还处于陆军阶段，都是制造业，组合在一起也都是陆军的炮兵部队或者坦克兵部队，进行组合和推进，但是在现在的国际竞争大环境下，需要立体作战。实际上谈财团的概念，很多都是谈一些大型的企业集团的活动。

很多中小企业的企业家也跟我交流，他们想了解作为一个中小企业是不是也需要这样的一个财团体制，而且在这个财团体制里面有一个综合商社，是不是一定也要像大型的三井、三菱这样的财团去运作。实际上小企业自身发展很难形成这样一个上百年积淀起来的大的财团体系。其实我更多想传达给企业界的想法就是，中小企业实际上要把财团当作一种经营哲学、一种经营理念去学习，而不一定要去模仿三井规模的发展。

日本财团模式的优势

在讲日本财团的经济模式之前，我觉得首先解决要一个问题，就是我们是不是还有必要向日本学习。关于这一块的舆论很多，现在国内很多人都把日本经济描绘得很衰弱，认为它们已经处于夕阳期。但实际上通过我在日本财团工作的经历以及对日本的研究，我认为，日本其实不是一种衰弱而是一种隐藏。另外，日本的产业不只在国内发展，它已经向海外活动了，所以我们看到日本经济内部衰弱的现象，实际上并不是日本经济竞争力下降，而是它的企业军团财团向海外转移。日本目前在海外已经打造了1.8个日本，它在海外的国民生产总值已经超过国内的1.8倍，加起来实际的生产规模已经达到日本本土GDP的2.8倍（整体的包括本土和海外的）。

目前中国在GDP（国内生产总值）上超越了日本，但如果要用GNP总量来衡量的话，还是远远落后于日本的总体数据，要从GNP角度考虑的话，我们跟日本还有将近10倍的差距。现在，中国的经济内部发展已经到了一个新的阶段，特别是我们很多企业，不管是国营企业还是民营企业，都在谋求向海外扩张。

过去二三十年，日本在海外布局，“悄悄地进村”，这种方式并没有引起海外的警惕，也没有引起海外的反感。反观我们中国的企业，在海外遇到很多敌对势力，对中国有很大的警惕；此外，我们在海外投资的很多方面，其实做得并不规范，引起当地一些反对的情绪。

如何做到在海外巧妙布局，也是值得我们向日本学习的一个地方。过去的二三十年，日本的企业不断向海外拓展，日元也不断升值。日本财团用它们的资产购买了海外的矿产资源，然后又将这些矿产资源大量卖到中国，从中获得很大的收益。

与此同时，在过去几年矿山价格上涨的过程中，中国的企业也大量抢购海外资产。但这两年海外资源的价格在不断下跌，这些企业大多被套牢。为什么会这样？因为国内的企业与日本财团的海外贸易观念不同。日本企业的目的并不在于大量控股海外矿山，更多的是在物流渠道上进行布局，而中国企业恰好与之相反，所以价值下跌的时候会损失惨重。

同样是中小企业的发展，我们可以看到中国中小企业目前存在的一种发展困境，比如融资难、获得市场渠道支持难……这些都阻碍了我国中小企业的发展。反观日本，它们的中小型企业与大财团的企业形成了一种

“森林体系”式的共生关系。在这种体系下，以大的财团组织（比如丰田）为主的大树，庇护着若干小企业，形成一个完整的生态体系，以维持整个经济的可持续发展，然后再不断向海外拓展。这样的一套体系，中国现在也需要重新思考。

此外，我们看到日本的企业之间已经形成了一套新的经济体制，这套体制与目前中国和美国的体制有很大的区别。美国强调产融分离专业化，而日本的企业之间形成法人之间的交叉持股，你中有我我中有你，金融和产业实际上是互为依存的，甚至金融主要是为产业服务，作为产业的润滑剂，而美国的产业已经基本上被日本和德国掏空，现在主要是以金融为主题进行钱生钱的运作。

在这样的一个情况下，中国更要思考的是学习美国还是日本。日本企业发展到现在，很多大的财团企业并不是私有的，虽然还有三井、丰田这种家族名称，但实际上家族成员在企业里头基本上股权已经稀释掉了，几乎可以忽略不计。

在这样一个体制下，日本形成的交叉持股、法人持股这种体系中已经看不到私有企业的影子，而是更像一种社会企业，一种公有制。我把它称为“集体所有制”或者“国民集体所有制”。这样一种企业形态，真正实现了国有和民营的混合体制。这一块主体实际上还是围绕市场来运作，资本实际上是社会化。

这种集体所有制的财团企业制度，并不是说日本不存在家族个人所有的企业。一般中小企业大多还是以家族性质和私有形式存在。但是它们基本上和大企业集团形成一种依附和共生关系。实际上大企业集团做得越来越大、越来越社会化，家庭或者是小的合伙人的中小企业则做得越来越专攻。很多日本的精细化产品的核心来自它的零部件，其主要出自这些中小企业。也就是说我们看到的无论是丰田还是东芝，实际上都已经转化成一种平台。这些企业本身也已经财团化，并不是完全以制造为主，它们更多的是做一种平台、提供一种综合服务，把中小企业捆绑成这样一个森林体系，进行共生发展。这样，中小企业就避免了大风大浪的风险，可以在这些平台里持续。不过，外界很多人认为大财团实际上对中小企业形成了一种压榨，这种情况在韩国的财团企业表现比较明显。但日本其实已经度过了那个家族企业的阶段，更多地实现了社会化的“你中有我、我中有你”。

而我们过去二三十年基本上是采用的美国经济模式。我们大学的教科书以及企业管理 EMBA 都是按照美国经济模式以及它们在企业管理等方面的运营哲学来进行构架的，所以在理解日本这种东方式的企业模式上面，还欠缺一些基础知识和信息。

在财团商业模式里，中小企业该如何纠正“财产”的观念和现有的经营哲学？

中小企业其实也要考虑一个产商融结合发展的问题，特别是中小企业往往都是制造业出身，当然也不排除有些做服务业出身的，这些企业需要从传统的生产观念转变为服务的观念，或者要找到一个类似财团的体系进行依附，并不是说独立发展一个制造业就能发展起来的。制造业的发展真正要形成规模、保证可持续发展，一定要有一个综合配套服务体系做支撑。所以，中小企业要么转型自己做服务体系，要么去寻找大的金融体系进行嫁接。

中国大多中小企业现在都处于困难时期，这里头最大的问题就是融资难。基本上中小企业发展制造业的时候，可抵押的资产或者固定资产是有限的，而它需要的资金又非常多。在这样的情况下，一旦它的资金链断裂，就无法继续生存。对于这个问题，日本是怎么解决的呢？日本有一个公投商社，其实是从一个贸易公司发展起来的，并不是简单地像银行金融贷款一样只赚利息，更多的是在这样的过程中，通过金融服务为生产流通进行服务。

前几年，中国的中小企业在温州曾经出现联保问题。联保制度本身也是一种相互信用担保的融资方式，但由于这种体系缺少一种制度联系和法律的保护，所以在发展过程中出现了很大问题。反观日本，在这个过程中，它们通过企业发展以及金融的并购，实际上让很多企业进行了交叉持股和相互持股、共同投资，完成自己一系列的运作。这样，它们就形成了一套联保机制。这种体制不是纯粹理念上的担保，而是互相持股的担保体系，关系非常紧密。

中小企业要想合作联盟，需要形成一种相互联系的命运共同体，靠自身力量是很难做到的。因为每个企业有自己的专攻领域，又很难跳出这种相互的市场，很难实现共同开拓和抱团竞争，这背后就需要金融整合。在中小企业很难获得金融支持时，可以采用私募股权基金的形式。它其实也是一种金融，相当于日本财团发展初期的主办银行，这样的私募股权基金通过运作让很多中小企业形成股权的相互并购，把它们联系了起来。

实际上国内已经开始了类似操作。但是，国内很多私募股权基金有一个最大的问题——很多都是由搞金融的人来组建和操作，他们其实缺少对产业的认识，更多的是想赚快钱。所以很多私募股权基金的目标并不是进行产业整合，而是进行 IPO 上市，然后快速获取股民收入。这实际上是一个纯金融化的私募股权基金。而我在这里说的是它其实要结合产业的概念，实际上这一块的工作我已经开始进行了，跟国内的一些金融机构正在洽谈如何打造这种产业基金。这里头运作的理念与原来我们说的投行还是有本质区别的。

所以我的第一个建议是，中小企业家首先要重新认识自己的企业发展。在这个过程中我们要重新学习。也就是说原来我们的“陆军”——我们的制造业企业家，怎么样去掌握“海军”的知识和技能，掌握“空军”的知识和技能，这是要重新学习的一个过程。其次，我们要重新思考发展的新定位及组织模式。

通过这种学习的过程，我们发现有些企业家的理念是靠在一起可能就会抱团，这个抱团不是在“陆军”的层面抱团，而是在“海军”。比如共同组建产业基金，进行金融整合，在这抱团，回过头来，去整合“陆军”，或者服务“陆军”，或者“掩护”陆军往前推进。

回过头来看，其实中小企业也需要这种财团的组织结构或者组织模式，产业是陆军、商业是海军、金融是空军。虽然是小的企业，但是它往前发展中也需要这三个要素，而不是简单的“陆军”直接往前挺进，这个肯定会在国际化的竞争中败下阵来。所以我们在这里更多的要谈的是：中小企业如何跟服务业结合、跟金融结合。或者我们有些中小企业自己要抱团，建立商业的服务体系以及金融的服务体系，来为一群中小企业服务，共存共生、往前发展。这一段时间其实在产融结合这方面谈得比较多，国家开始意识到这个问题，一些中小企业也意识到这个问题，但到底产融结合怎么搞，实际上还是一头雾水。

这里出现了一个最大问题，就是缺少“商”。这个“商”实际上就是产业和金融联系的纽带，它实际上处于经济活动的核心而不是边缘。我们过去认为生产是最重要的，那是在短缺经济情况下。现在的时代，我们会发现可以通过商业达成，包括贸易物流、工程承包都是商业活动。

在制造业向服务业转型的过程中，我们可以看到原本耳熟能详的日本企业，松下、索尼、日立、东芝等，现在几乎看不到了。并不是说这些企业衰退了，可能是它在某些组装以及一些产品方面退出了。但是它在两个方面获得了加强：一是零部件。你看日本大地震，索尼的工厂受到影响，然后全世界的工厂、电子制造业、汽车行业都受影响要停产。还有东芝的企业一受影响，全世界很多企业都受影响，包括 iPhone 都断货。所以我们看到，实际上日本已经在核心零部件领域得到了加强而且取得了更大的利润并走到了后台。

二是商业和金融方面。我们再看索尼，最近听到的好像是亏损，但实际上我们看到的只是索尼的一个小部分，是原来的电子产业发展到现在，组装体系出现了亏损。实际上索尼早就已经转移进入了服务业和金融业。比如说它的产业方向已经向娱乐化发展，美国的这些大片都是由索尼拍的，它在这里赚钱。同时索尼的金融业非常发达，在金融领域已经获取了很多利润，整个索尼已经财团化了，它实际上走向商业和金融方面。

日本财团模式的弊端

讲了这么多财团模式的优点，那么它有没有弊端呢？财团模式从某种意义上讲，也是一种产业保护体系。一些竞争力弱的企业通过联合形成了竞争优势。但是在面临新产业转型的时候，它会出现一些问题，就是一些新产业突然冒出来以后，会打破传统产业的一些结构，会打破它的利益共同体。这样，可能会在一些新产业转型的时候存在滞后，它的转型速度慢，但同时又处于一种稳定期，尽量让转型企业在这个过程中得到保护。

很多事情是利还是弊，实际上要辩证地看。从某个角度看，财团模式可能阻碍了一些企业的新的升级，但是从另一个角度出发，它也保护了这些企业。日本财团形成最大的体系，首先想到的是企业利益整体的最大化。在某些领域它可能会在财团形成过程中，在新的产业竞争、新的产业或产品出来时，有所损失，但是它如同打仗一　有部分部队最后都被消灭光了，但是它为战友争取了时间，也就是为其他关联企业的发展奠定了基础，并让这些企业形成了包围。所以，财团体系看似太大、动作太慢，但一旦调整好布局之后就能通吃，能把整个产业给端下来。它在新产业出现初期，看似有一定的弊端，但一旦形成了布局，其优势又凸显出来。

财团一荣俱荣，一损俱损，这既是它的优势，又是它的弊端。打个比方，比如说我们知道赤壁之战，赤壁之战的初期，曹操不懂水战，他的部队也不善水战，会晕船，没有战斗力。然后有人给他出了个主意：你把所有的船捆绑在一起，这样船就稳定下来，你的陆军也可以跟周瑜的水军作战。曹操一想这是一个好事。后来没想到被诸葛亮钻空子，火烧联营，那个船拆不开了，烧了一把船就全毁了。

面对这种情况，曹操其实应该有所防范。比如，他在把所有船全都连到一起时，完全可以采用另一种方式：假设原来总共有一百条船，把一百条船连到一起，还不如把十条船连在一起。然后每十条船中间再加　条链子，那就是每十条船的一个组合中间再有一个连接点，一旦有人来放火，就可以将链子解开。对财团企业而言，这些放火的人，一般都是搞基金的。在这个过程中，你可以尽快地切断，十组十组地运动，在财团的捆绑形式上有所变化。就好比日本的财团企业，其实也不是一个紧密无间的组合，它中间的捆绑是有很多松散点的。

我曾经在自己的书中分析联想收购 IBM 公司 PC 业务的案例，IBM 的 PC 其实是一台日本电脑；而用品牌赚钱，对于日本财团来说，实际上早就过时了。

在产业转移过程中，日本重新优化了产业的组织结构，形成了新的产业分工。联想能够成长起来，其实是因为代理了东芝笔记本。2000 年前后，联想代理东芝连续四年在中国销量第一。联想脱颖而出，形成了自己的销售渠道。与此同时，IBM 也发展起来，实际上 IBM 第一台电脑是由日本提供的设计和核心技术，在日本的实验室面世。联想收购了 IBM 之后才发现，真正的技术中心是在日本的“大和实验室”。现在你到网上查联想大和实验室，会看到联想很多技术还是来自日本。

还有曾经辉煌的长虹，从一开始它的生产线就是来自松下。长虹背投实际上都是东芝的电视背投的翻版，只是贴了长虹的标签。还有大金空调，也是基本照搬东芝的技术，然后装上了大金的壳子。

而今经过一轮竞争之后，日本的家电生产又卷土重来。大金空调、三菱空调又重新占领这个市场。我们看到的原来老牌的大财团的制造业，像东芝，都是做发电站这样的建设工程，实际上已经舍弃了家电业务，包括日立之类的企业都已经舍弃了。后来，原来给这些大型的日本制造业企业做配套零部件的企业，如大金这些零部件企业经过一轮竞争又杀出来，等于又重新占领中国的空调领域。与此同时，我们看到，日本在相机、复印机还有很多办公领域形成了垄断，到现在都很难有人跟它竞争，包括韩国企业。

现在的情况是，我们只是看到了一些家电业务表面上的退出，但是没有仔细看日本的电子产品实际上还是遍布中国。另外来看我们每天用的手机，里头的核心零部件基本上都来自日本，包括 iPhone 34% 的零部件是由日本提供的。虽然富士康和三星为美国苹果公司组装苹果，但实际上很多核心零部件都是来自日本。其实富士康本身就是日本的一个组装企业，只不过是台湾人管理，富士康在中国大陆建立了血汗工厂，实际上也是变相在为日本打工。前一段时间富士康跟韩国三星的争斗，其实背后也是日本跟韩国企业财团之间的博弈。

中国能否打造财团模式

我们现在的问题是，中国未来可能会产生类似日本的财团吗？

其实中国的财团早就存在，如果追溯到晋商时代，我们看过电视剧《乔家大院》，乔致庸先做的是贸易，实际就是商业；做贸易过程中要有货币的兑换，所以后来他做了钱庄；钱庄做成连锁之后，形成了商业和金融体系。在这样的一个体系下赚了很多钱，回过头来他又巩固他的整个体系，又收购产业，所以形成了从商业开始后的金融，然后再去反过来整合产业这么一个过程。

目前在中国，我们也能看到这样的形势的存在，而且与互联网有关系。首先我们看到现在炒的最热就是马云，马云说过一句话："我不懂互联网，我实际上只是在做商业模式。"我们都知道，阿里巴巴和淘宝是网上的综合商社，网上的贸易公司和贸易平台，其在发展的过程中形成了大量的金融需求，还有资本的沉淀，所以阿里巴巴集团做了支付宝，实际上就是网上的银行。在这样的商业和金融具备的情况下，它回过头来再做物流，同时又收购产业，像文化中国，还有体育商业，最近它又瞄准了健康产业。这方面，阿里巴巴集团围绕跟生活有关的产业发展，形成的其实也是一个财团的模式。

我研究三井这个财团，因为我在那里工作了 12 年。我出的第一本书《三井帝国启示录》考证了三井这个财团的名称。三井就来自浙江的天台山，现在的温州宁波台州地区。浙商文化跟日本的财团是同根同种同源。如果追溯这种财团的模式，可能会追溯到唐代、宋代，中国的商业发展中就蕴含着这种基因。这样一套体系，实际上是一种客观存在的规律，而并非是谁设计出来的。

现在，中国浙江已经陆续出现很多财团，并不断整合和发展。最近媒体报道比较多的有"明天系"还有"复星系"，这两个财团实际上就在进行金融整合，形成一个企业的森林体系。它的这种玩法并不是完全从贸易开始的，其实已经直接上升到产业投行，"复星"和"明天"做的并不是金融，而是产业投行和商业体，通过这个产业投行获取基金，加上银行、金融机构的支持，来进行产业的并购。所以我们看到它们已经形成了一种基于制造业的财团体系。

再看看作得最早的财团组织——鲁冠球的万象集团，它在改革初期就已经开始发展，只不过非常低调。还有一些地方政府，本身也是一种财团模式，只不过是以地方国企的形态存在。

20 世纪 80 年代改革初期，第一步就是向日本学习。当时就发展出了像中信、招商局、光大还有华润这样一些体系。我们看到中国的财团早就存在，只不过后来国内一边倒学习美国，而美国是把金融和产业分离的，所以这种财团没有人去研究甚至是空白的。我们现在批判日本和韩国的经济发展模式，认为它已经衰弱了，实际上是忽略了对财团的研究。

回过头来看2007年爆发美国金融危机之后，大家才重新认识到产业被掏空、只做金融的悲剧。在这样的一个新的形势下，美国这种经济偶像实际上已经出现了坍塌。大家重新审视经济发展模式的时候，还是因为跟日本有钓鱼岛问题的牵扯，就不去细致地观察日本的实际发展状况。如果我们在很多方面能更多地关注日本的一些经验，对我们自身企业的发展以及国民经济的发展都会有更大的帮助。

中国如何打造财团模式

接下来，我们谈四个问题。第一个问题，如果有资金投资企业，企业应该如何处理股权问题，防止被资本控制？很多制造业的企业家，都有这种困惑。但是，我们有一点要知道，很多的企业总是从技术的角度谈发展。拥有了好的技术，好像就拥有了产业和市场，就能获得利润。其实这是一种错误的观点，真正的技术制造可能只在商业活动的要素中占到30%甚至更少。更多的要素是渠道、贸易和金融方面，所以说一个产业能不能成功要考虑这样一个有机的组合。

不是说谁掌握了技术，谁就能控制这个产业。我的建议是技术一定要跟渠道和资本进行有机的结合。有些股权要让出来，特别是我们这些做技术的企业，实际上是“陆军”，缺少“空军”和“海军”的视野，缺少这种拓展的能力，需要进行联合竞争、立体作战。至于说谁拥有主导权，如果你的市场被人占了，如果你没有资金的支持，没有“空军”的掩护，在发展中你就会碰到巨大的风险或者错过很多的战机，所以我的建议是让出一部分股权来进行运作，而贸易和资金本身无法解决技术问题，所以并不会产生控制反而会形成一种对技术的依赖。

技术和资本、渠道的结合，也一定要有很好的时机。别人来收购你、获得你股权的时候，你可能失去了这次机会，这样有可能就跟渠道和资本形成了一种对立关系，渠道和资本有可能会转向你的竞争对手，去扶持它或者跟它结合，最终有可能使你的企业无法做起来。所以如何和资本、渠道也就是贸易商进行整合，我觉得需要一个更广阔的视野和胸怀。当然还要有一定的手段，保证你的技术占有一定的发言权和主导权。

日本的百年企业有很多，其实跟这种财团制度有关系，但是财团不仅仅是一种制度，其实从某种意义上讲是一种文化，我把日本的财团模式称为“农耕文化模式”，美国的是“游牧文化”。农耕文化的特点就在于它是可以长期可持续发展。比如说种庄稼，它需要有农具配套、手工业者，同时在种庄稼的过程中还要挖渠道修路、与外界进行资源交换。挖水渠实际上是商业，同时还要建水库，这就是做金融，保证“旱涝保收”。农业水库相当于我们说的金融，这样的体系就是一种财团体系，实际上就是农耕文化。

有一位朋友问在现在中日关系紧张的情况下，如何与日本企业进行合作。我们看到在政治关系紧张的情况下，中日的直接贸易额出现了下降的趋势，但其实并不是中日的经济联系就减少了，它们通过另外一个渠道在不断地拓宽。比如说很多日本企业在台湾设立了据点，包括在东南亚以及在中国香港、新加坡等地区设立了中转站，与中国的企业进行经济上的对接，很多产品或者说零部件还有贸易，实际上是通过这些地区进行交易。所以中日贸易额下降，中日的联系好像在减少，但其实这是一种错觉。

日本给中国的另一个错觉是日本在中国的投资减少。日本已经逐步退出了制造业组装业，基本上由中国台湾和韩国这些企业站在前面，它们其实躲在后头，同时日本更多地加强了跟中国的物流还有金融的联系，甚至还有商业地产，这些方面都是不带有品牌的，大家看不到，但这块的活动是过去几年日本投资的重点或者说与中国进行连接的重点，只不过隐藏到品牌的后头看不到。如果我们仔细去寻找资料或者去体会的话，还是会发现有很多类似的活动。

第二个问题，在移动互联网时代，我们中小企业如何互联互通、获取发展机遇？

互联互通是什么？就是商。中国现在已经意识到这个问题，包括我们正在打造的丝绸之路，其实就是打造一个商路。中国在过去的一段时间，把重点放在扩大产能、扩大制造业的量的方向上，现在开始意识到，有很多瓶颈，包括我们的商权被控制。比如海上的商权，日本为什么一直跟中国在争东海的同时暗中支持南海？这些国家实际上是在获取商权，争取商权的主导作用。中国打造丝绸之路实际上是在重新获取商权。

中小企业在这样的互联互通的环境里如何获取发展的机遇，我觉得首先是要站到一个新的高度，从原来的工业思维转变到商业思维和金融思维，同时积极参与商业与金融体系的构建过程，即原来是制造业，怎样进入商业资本和金融资本的活动中去，形成联系。我觉得这个非常重要，也就是说我们既要坚持原有的产业的发展，同时也要更多地进入服务业领域，与这些商业和金融进行新的紧密的结合，这是一个新的机遇。

第三个问题，在当下的中国，中小企业如何进行产融的整合？

前面我提到过，我们不可能像大的企业集团那样搞银行信托这种金融。我们可以采用私募股权基金的方式。这么做的目的是股权的整合，而不是简单地去做 IPO 上市。同样是股权基金，国内基本上由金融人士来主导，形成的是这种钱生钱，快速挣钱。而产业人士主导的私募基金一定是为产业联系的整合服务的。这种基金，它首先要制定自己的原则，主要是服务于产业的发展，对产业进行链接，而不能够简单地将这种产业基金变成尽快地钱生钱。它更多的是一些战略性持股，而且这个基金比如说要封闭五年，不像金融的这种私募股权基金，恨不得一年马上就要挣出钱，要翻倍。

私募股权基金一定要看操作或者集合私募股权的领导人，还有这个团队的价值观和成长背景，这个非常重要。如果他纯粹是从美国回来的背景，他肯定是按照美国的思路；如果他是从产业、商业领域或者本土实际出发，他的操作以及经营理念，可能更多的是从企业本身发展的需求出发，来制定投资方向以及重心。

我们一定要看领导人这种理念，这很重要。产业基金的投资思维实际上更多地需要商人的参与，因为商人跟企业家不一样，跟金融家也不一样，他更懂产业，在贸易的过程中了解每个企业的节点。所以说这种产业基金应该更多地由企业家及制造业人员参与，还应该更多地由做商业活动的企业家来参与，金融参与只是一种辅助，主导私募股权基金的管理层人员的组成非常重要，要由具有产业战略的人士承担。

第四个问题，日本财团的发展到现在，已经看不到在日本有人创业了，这跟日本行业的体制有关吗？

实际上如果大财团体制形成了这样一种格局，它已经形成一种新的生态、一种稳定的结构，而且这种结构的实质是很多的浮躁因素沉淀了下来。其实创业既是一种积极因素，同时也是一种浮躁的因素。大家都想挣快钱，都想尽快地发财。如果一个社会已经进行了有序的社会化分工，各就各位的话，创业的机会其实是在减少，更多的是在这个体系里大家按照自己的定位去发展。我们的创业者到底是基于梦想和奋斗精神去拼去创业，还是基于美国的价值观，通过创业快速发财呢？事实上在当下中国，通过创业快速发财的阶段已经过去了，机会也越来越少。原来的改革红利在释放，改革中很多的漏洞实际上也都被填补了。所以很多发财的人并不是真正靠努力去发财，而是钻了很多的空子。中国的经济发展到了一个相对成熟的阶段以后空子会越来越少，而且财团体系化，大企业与中小企业捆绑，秩序化，个人活动的空间会越来越少，所谓的一些暴富的机会也不多。

现在有很多搞成功学的，开了很多讲座，进行创业激励。当然，大学也出现了就业困难的问题，所以政府也在号召创业。但实际上我们看到社会上创业的机会在逐渐减少，创业越来越困难，门槛越来越高，对创业者的素质要求也越来越高，包括互联网的很多机会也都是在过去的十年二十年里面才出现，而现有的这种新的竞争态势，可能最多也就再出来一两个人。真正能够大批量再出创业成功者的机会会非常稀少。

未来的机会不是在于创业而在于整合，未来的十年是一个大整合的时代，过去有一些拥有资本、人脉等各种商业要素的人，是未来十年被整合的主体，离开这种整合的个体将被淘汰。而且，这种新的整合体会不断地向前发展，像滚雪球一样壮大，最终会将很多的中小企业卷入进去，形成一个体系，游离在这个体系之外的企业基本上将会被淘汰。个人其实也是这样，未来也是一个团队竞争的时代，而个人竞争的机会会越来越少。

■来源：《创富志》2014 年 11 月，主持：袁姿姿，整理：陈菁

引用文章

[1]铁矿石真实“暗战” [N]. CCTV - 2 中国财经报道, 2009 - 12 - 05.

[2]白益民. 日本综合商社的全球矿业布局[N]. 第一财经日报,2009 - 07.

[3]白益民. 澳洲铁矿石争夺:日本财团的身影[N]. 第一财经日报,2009 - 08.

[4]白益民. 日本布局澳洲煤矿资源 演绎钢煤携手[N]. 第一财经日报, 2009 - 09.

[5]袁瑛,王晓君. 隐者三井[N]. 商务周刊,2008 - 01.

[6]白益民,王维. 日本财团瓦解中国铁矿石保卫战[N]. 环球财经,2009 - 12.

[7]黄锫坚,陈伟,方浩. 说出日本财团的“阳谋” [N]. 东方企业家,2008 - 12.

[8]白益民. 铁矿石金融化之后[N]. 能源, 2011 - 06.

[9]白益民. 蒙古能源中日争夺战[N]. 环球财经,2013 - 06.

[10]白益民. 谁是蒙古煤矿的最大股东? [N]. 能源,2011 - 09.

[11]白益民. 日本文化“渗透”蒙古的经济图谋[N]. 环球财经,2013 - 06.

[12]白益民. 日本能源战略的“大蒙古阳谋”[N]. 环球财经,2013 - 06.

[13]佟凯敏. 日资全球统合资源[N]. 环球财经,2009 - 03.

[14]白益民. 资源争夺引发“核大战” [J]. 现代企业文化,2008(34):93 - 94.

[15]白益民. 中广核铀业受挫“日本商权” [N]. 中国能源,2012 - 01.

[16]白益民. 日本,未来的稀土大国[N]. 财经国家新闻,2012 - 11.

[17]白益民. 日本如何应对“稀土危机”? [N]. 能源,2011 - 11.

[18]白益民. 三井物产引领北大荒出海[N]. 现代物流报,2013 - 01.

[19]白益民,王维. 汽车物流:借力“长子”地位收获主场利益[N]. 环球财经,2010 - 12.

[20]白益民. 商船三井,到底是什么来头? [N]. 现代物流报,2011 - 11.

[21]白益民. 透视三井物产在华冷链物流布局[N]. 现代物流报,2013 - 03.

[22]曹亚慧. 中国物流的最大缺失[N]. 现代物流报,2012 - 02.

[23]黄杨. 打造大庆成为中俄能源合作桥头堡[N]. 环球财经,2012 - 07.

[24]白益民.中国应建东北亚能源物流中心[N].环球时报,2013-02.

[25]白益民.日资百货借台企进军大陆 抢夺中国零售高端市场[N].环球财经,2012-12.

[26]信晓霁.丰田通商上演“盗利空间”[N].时代周报,2010-11.

[27]梁志坚.三井谜语[N].环球财经,2006-08.

[28]白益民.三井资本迷宫[N].环球财经,2006-12.

[29]萧三匝.三井物产模式透视[N].商界评论,2007-06.

[30]王缨.转型服务 利润并非来自控制[N].中外管理,2007-04.

[31]白益民.全球手机价值链中的日本魅影[N].环球财经,2012-12.

[32]白益民.商权天下,日本综合商社的启示[N].北大商业评论,2012-06.

[33]白益民.产商融结构支撑强大的日本企业[N].中国产经新闻,2012-05.

[34]徐英.财团:日式产融的实践者[N].财经国家周刊,2011-04.

[35]白益民.产业、商业、金融应“立体作战”——从日本汽车业看中国汽车如何发展[N].中国汽车报,2013-01.

[36]白益民.三井:永续控制产业链核心的秘密[N].经理人,2011-02.

[37]白益民.日本综合商社:超级商业情报局[N].第一财经日报,2009-07.

[38]白益民.三井物产:比中情局更牛的情报网[N].商界,2011-08.

[39]白益民.获取中国的情报,日本不屑用间谍[N].环球财经,2009-07.

[40]白益民.日本商社——人人都是情报官[N].中欧商业评论,2011-07.

[41]白益民.离职员工自曝日本商社情报链[N].第一财经日报,2009-07.

[42]白益民.综合商社建立的内外因素[N].商界,2013-01.

[43]白益民,王维.三星物产:财团凶猛[N].商界评论,2010-05.

[44]白益民.三井帝国启示录[M].北京:中国档案出版社,2006(8).

[45]刘影,赵刚.中化集团:国企图强[N].中国经营报,2004-12.

[46]吴金勇.浙江物产:三井供应链试验[N].商务周刊,2008-02.

[47]俞技峰.杉杉集团:千亿综合商社梦[N].浙商,2009-05.

[48]严学峰.重拾“东方力量”,关于发展模式的反思[N].董事会,2012-06.

[49]白益民.优秀供应链管理模式“新希望”[N].现代物流报,2013-01.

[50]白益民.日本“海外农场”启示录[N].瞭望东方周刊,2008-09.

[51]白益民.综合商社试水日本模式[J].国有资产管理,2011:74-75.

[52]陈言. 日本综合商社应对金融危机之路[N]. 经济,2009-01.

[53]张环. 借鉴韩国综合商社成功经验 助力中国企业“走出去”[N]. 金融时报,2013-01.